普通高等学校"十四五"规划公共管理类实验实训精品教材

编委会

学术顾问
朱立言（中国人民大学公共管理学院教授）
朱正威（西安交通大学公共政策与管理学院教授）
张再生（天津大学管理与经济学部教授）
蔡立辉（中山大学政治与公共事务管理学院教授）
谢　舜（广西大学社会科学与管理学院教授）
刘旭涛（国家行政学院公共管理教研部教授）
孙　健（西北师范大学马克思主义学院教授）
李家福（中国人民大学公共管理学院教授）

总主编
胡晓东（中国政法大学政治与公共管理学院教授）

编　委（排名不分先后）
刘俊生（中国政法大学政治与公共管理学院教授）
谢　明（中国人民大学公共管理学院教授）
汪大海（北京师范大学政府管理学院教授）
高鹏怀（中央民族大学管理学院教授）
张　强（华南师范大学政治与公共管理学院教授）
高慧军（中国传媒大学政府与公共事物学院教授）
陈宏彩（浙江省委党校公共管理教研部教授）
辛传海（对外经济贸易大学政府管理学院副教授）
饶常林（华中师范大学公共管理学院副教授）
刘兰华（华东师范大学政治学系副教授）
潘　娜（首都经济贸易大学城市经济与公共管理学院副教授）
李永康（云南财经大学财政与公共管理学院副教授）
李国梁（广西大学公共管理学院副教授）

普通高等学校"十四五"规划公共管理类实验实训精品教材

公共政策学实验实训教程

主　编：李永康

副主编：马国芳　胡晓东　谢和均　郭晓玉

华中科技大学出版社
http://www.hustp.com
中国·武汉

内 容 简 介

《公共政策学实验实训教程》是"普通高等学校'十四五'规划公共管理类实验实训精品教材"中的创新之作。它将公共政策主流教材和最新研究中的中外公共政策模型提炼出来,独立成为模块,并进行实验实训分析。本书以实践案例为基础,不编造案例,由本专业领域的专家对案例进行专业问题提问与解答,同时由本专业硕士研究生和优秀本科生进行分析。另外,本书配备了拓展材料、PPT、习题库等数字资源,助力实现信息化教学课堂。

教材的设计与开发以国内著名公共政策专家谢明、杨宏山等编写的教材为基础,以政策过程为依据,尽力覆盖公共政策学中能进行实验实训的所有模块。其中除了注重国外的公共政策经典模型外,还特别关注中国特色的公共政策模型,同时在实验案例材料的选择中注重课程思政的设计和引导。本书适合公共管理类专业综合性及设计性实验课程单独使用,也适合与公共政策经典教材配合使用。

图书在版编目(CIP)数据

公共政策学实验实训教程/李永康主编.—武汉:华中科技大学出版社,2022.9
ISBN 978-7-5680-8353-9

Ⅰ.① 公… Ⅱ.① 李… Ⅲ.① 公共政策-实验-教材 Ⅳ.① D035-01

中国版本图书馆 CIP 数据核字(2022)第 155919 号

公共政策学实验实训教程	李永康 主编
Gonggong Zhengcexue Shiyan Shixun Jiaocheng	

策划编辑:周晓方 宋 焱
责任编辑:江旭玉
封面设计:原色设计
责任校对:张汇娟
责任监印:周治超

出版发行:华中科技大学出版社(中国·武汉)　　电话:(027)81321913
　　　　　武汉市东湖新技术开发区华工科技园　　邮编:430223
录　　排:华中科技大学出版社美编室
印　　刷:武汉开心印印刷有限公司
开　　本:787mm×1092mm　1/16
印　　张:19　插页:2
字　　数:450 千字
版　　次:2022 年 9 月第 1 版第 1 次印刷
定　　价:59.90 元

本书若有印装质量问题,请向出版社营销中心调换
全国免费服务热线:400-6679-118　竭诚为您服务
版权所有　侵权必究

总序

在我国,公共管理学作为一门学科、一个专业正在蓬勃发展,自1997年国家教委(现教育部)学科目录调整后,其正式成为管理学门类下的一级学科,当时包含行政管理、社会医学与卫生事业管理、教育经济与管理、社会保障、土地资源管理等5个二级学科,并且在教学层次上逐步提升。在本科专业发展方面,从1984年起我们国家才开始设立行政管理专业,1985年有7所大学的学生从大学二年级转入行政管理专业,直到1987年,国家才正式批准7所大学招生。但到2009年,据教育部统计[①],公共管理相关本科专业迅速扩张,已经从行政管理专业的一枝独秀发展到包括行政管理、公共事业管理、劳动与社会保障、土地资源管理、公共关系学、公共政策学、城市管理、文化产业管理、公共安全管理等17个本科专业,这些专业成为高校中普及的专业,其中,设行政管理专业的高校有321所,设公共事业管理专业的高校有472所,设劳动与社会保障专业的高校有143所,设土地资源管理专业的高校有82所。在研究生教育与高层次人才培养方面,自1986年武汉大学率先招收行政管理方向研究生,1988年中国人民大学首次设立行政管理硕士学位点以来,近百所高校开展了公共管理硕士(MPA)学位教育,有博士点的学校达到26所,有一级学科的学校达13所,并已有7所大学拥有公共管理博士后流动站。可见,公共管理学科经过20多年的发展,成绩斐然。但我们仍然应该清醒地认识到,在公共管理专业教学中,普遍存在着公共管理的知识理论性很强、操作性稍差的问题,这个问题已被许多学界同仁提出。娄成武教授也曾撰文指出:"目前,我国公共管理学界关注于理论的规范研究,而忽视了应用研究,这与学科自身的特性相违背,也与腾飞发展的中国市场经济不相适应。"[②]

在我国大学本科教育中,重知识性、理论性,轻操作性、实践性的教学模式不仅在公共管理学科教育中有所体现,在其他许多学科中也都有不同程度的表现,因此,我国在2010年《国家中长期教育改革和发展规划纲要(2010—2020年)》中提出:高等教育要重点扩大应用型、复合型、技能型人才培养规模,加强实验室、校内外实习基地、课程教材等基本建设。强化实践教学环节,更新人才培养观念,创新人才培养模式,建立科学、多样的评价标准。《教育部高等教育司2011年工作要点》指出:"着力创新人才培养模式,着力培养学生创新创业和实践能力……大力培养应用型人才、复合型人才和拔尖创新人才。"2012年,

---

① 中华人民共和国教育部高等教育司. 中国普通高等学校本科专业设置大全(2009年版)[M]. 北京:首都师范大学出版社,2009.

② 娄成武. 我国当前公共管理学科发展的若干问题探讨[J]. 中国大学教学,2010(5):4-6.

教育部又提出要加大高等院校人文社科类专业学生的实践学分比例(从5%加大到25%)。由此可见,我国从国家层面开始逐渐重视大学生应用型人才的培养,而传统的本科人才的培养体系偏重于基础知识教学和理论体系的完整性,忽视应用能力的构建。应用型人才培养的重要特征就是应用能力的培养,而应用能力的关键要素就是学生的实践能力和职业素养。应用型人才培养体系应该围绕对应用型人才知识、能力、素质协调发展的要求,以应用能力培养为主线,构建实验与实践教学体系,做到理论与实践并重。实验、实践教学相对于理论教学,独立而不孤立、联系而不依赖。实验教学主要包括学生在校的实验、实训,实践教学主要包括学生校外的见习、实习。两种教学体系在提高学生实践能力方面不可偏废。

值此契机,由中国政法大学政治与公共管理学院教授胡晓东任丛书主编的"普通高等学校'十四五'规划公共管理类实验实训精品教材",汇集了中国人民大学、北京师范大学、中国政法大学、中央民族大学、中山大学、西安交通大学、天津大学、广西大学、国家行政学院、西北师范大学、华南师范大学、中国劳动关系学院、首都经济贸易大学、云南财经大学等20余所大学长期在教学一线从事公共管理专业教学,并有丰富的公共管理实践经验的专家、学者的智慧,由他们组建的编写团队,根据已有的公共管理理论,结合公共管理教学特点,基于公共管理实践过程,编写了公共管理系列实验实训教材。他们旨在通过设计与开发实验实训教学体系、实验实训教学方案、实验实训教学大纲、实验实训系列教材、实验实训配套软件来培养公共管理专业的应用型人才。本系列教材被华中科技大学出版社确定为"普通高等学校'十四五'规划公共管理类实验实训精品教材",并即将由该社出版发行。该系列教材属于我国公共管理学科体系中的创新工作,在未来的公共管理实验实训教学中必将起到提升教师和学生公共管理能力的作用。

实验实训教学的特色体现在以下几个方面。

第一,实验实训教学能够弥补传统灌输式教学方式的不足,缩小教学情境与实际生活情境之间的差距。在传统的教学方式中,最普遍的做法是教师把本专业的理论知识系统直接地教授给学生,这样的教学过程是迅速的,但缺乏学生的主动参与,不能充分激发学生的学习热情。实验实训教学则可以扭转一些传统教学的弊端,实验实训的讨论一方面缩小了理论知识与现实生活的差距,使学生身临其境,激发学生对该课程学习的激情,巩固所学的理论知识;另一方面,学生在实验实训教学中学到的知识是内化了的知识,能够帮助学生理解现实中出现的两难问题,掌握对现实问题进行分析和反思的方式。

第二,实验实训教学有利于学生综合能力的培养。实验实训教学对学生和教师的能力都有较高的要求,从而可以从多方面提高学生的综合素质。通过本系列公共管理实验实训教程的训练,学生可以了解和掌握公共管理相关知识的流程、设计和操作,掌握已经确立的最基本、最可靠的实验方法,学会基本的实验设计,具备基础的实验技能及科研能力,并对公共管理前沿性的研究课题和方法、技术有所了解;通过实验实训教学,培养学生的实验意识和动手能力,为他们专业素养的提升奠定坚实的基础。

第三,实验实训教学可推动我国公共管理学科的发展。公共管理理论的产生与发展本身就是大量实践活动的结晶。我国的公共管理学科起步较晚,需要对现有的理论进行丰富、充实和本土化。实验实训教学中对实验实训内容的筛选、补充与讨论,更加充实了学科内理论素材的积累,实践活动的多样性、复杂性以及动态性,对公共管理理论提出了新的要求。尤其是我国正处于经济与社会双重转型的关键时期,大量管理实践中出现的问题需要理论的解释与支持;同时,实验实训教学需要关注现实,从现实中获取大量鲜活的素材,这样理论与现实的相互促进,能够带来我国公共管理学科的进一步发展和完善。

公共管理实验实训教学是理论教学的深化和补充,具有较强的实践性,是一门重要的技术基础课。实验实训的课程安排主要分为三个步骤:首先,教师讲解相关理论知识和实验要求,说明实验中应该注意的问题;然后,学生操作实验相关工具进行实验,实验结束后学生完成实验报告;最后,教师对实验报告进行批改,并点评。公共管理实验实训系列教材以2012年重新修订的高等学校公共管理类专业核心课程目录为基础,覆盖公共管理相关课程,主要包括《管理学实验实训教程》《公共部门人力资源管理实验实训教程》《公共政策学实验实训教程》《公共经济学实验实训教程》《行政管理学实验实训教程》《公共事业管理学实验实训教程》《土地资源管理学实验实训教程》《社会保障学实验实训教程》《卫生事业管理学实验实训教程》《教育行政学实验实训教程》《公共危机管理实验实训教程》《公共部门人才测评实验实训教程》《公务员考试模拟实验实训教程》《公共管理案例分析实验实训教程》《政府绩效管理实验实训教程》《公务员绩效管理实验实训教程》《电子政务实验实训教程》《政务管理实验实训教程》。

该套公共管理实验实训系列教材为我国公共管理教材界的一支新秀,在促进我国公共管理教学的同时,也为我国公共管理学科发展起到了补充作用。该系列教材的大部分编写者都为我国公共管理学界已崭露头角的中青年专家、学者,他们既有深厚的理论基础,又具备丰富的实践经验,必将推动我国公共管理学科的发展。真诚希望公共管理学界与读者朋友广泛关注这套教材并提出宝贵意见,以便再版时参考,并在未来更好地为我国的公共管理学科发展做出更大的贡献。

中国人民大学公共管理学院教授、博士生导师

2014年6月

  《公共政策学实验实训教程》是"普通高等学校'十四五'规划公共管理类实验实训精品教材"中的创新之作,具有以下四大特点。第一,本教材克服了公共政策实验实训教学中的诸多问题,立足于教师的"教"和学生的"学"的特点,将公共政策主流教材和最新研究中的中外公共政策模型提炼出来,使其独立成为模块,并查询能够与相关模块进行匹配的案例材料,进行实验实训分析,并提供答案。同时还提供多个供教师布置给学生进行实验的案例材料。第二,强调案例分析有要求,案例分析有步骤,案例分析有问题,案例分析有答案,突出以实践案例为基础,不编造案例。第三,实现"双把关",由本专业领域的专家对案例进行专业问题提问与问题解答的把关,同时由本专业硕士研究生和优秀本科生进行分析,指导教师把关。第四,本书是纸数融合教材,配合精美 PPT、试题、案例等数字资源,助力实现信息化教学课堂。

  在我国,所有设置公共管理专业的高校都开设了公共政策案例课程,并在公共管理硕士(MPA)学生的培养中也开设了这一课程。我们在选用教材时,曾对传统教材进行分析,发现了一些问题,在教学过程中,这些问题会集中表现出来。第一,现有教材着重实验案例,缺乏案例分析与解答。在现有的公共政策案例教材中,内容大多是对我国或国外有关公共管理案例的收罗与加工,并未对案例真正进行分析或解答,这样一来,教师在教学、学生在学习时,就没有标准与方向,教与学效果都不好。第二,现有教材案例过于陈旧,缺乏"新、实、典"的案例。现有的公共政策案例教材选用的案例都较陈旧,例如,在市场上能够找到的教材中,最新的案例也是 5 年前的案例,这些案例随着时间的推移,在现有政策框架与经济环境中都很难进行分析与应用,因此,应该选用新案例、实用案例、典型案例等。第三,现有教材的编写侧重于教师的讲解,缺乏学生的互动与参与。在现有的公共政策案例教材中,案例的编写多以教师为本位,因此,在教学中多是教师讲解,学生的参与和互动很少,失去了案例教学的真正作用和真实魅力。目前,在我国出版的书籍中,很少有关于公共政策案例经典模型实验实训的内容,这些都为我们开发《公共政策学实验实训教程》提供了充足的信心。

  本教程的设计与开发以国内著名公共政策专家谢明、杨宏山、陈振明、宁骚等编写的教材为基础,以政策过程为依据,尽力覆盖公共政策学中能进行实验实训的所有模块,内容包括公共政策问题的识别与设定实验实训、公共政策规划实验实训、理性决策模型实验实训、渐进式决策模型实验实训、多源流模型实验实训、博弈决策模型实验实训、精英决策模型实验实训、政策试验模型实验实训、中国特色的"上下来去"决策模型实验实训、共识决策模型实验实训、"学习—适应"模型实验实训、"路径—激励"模型实验实训、政策执行

过程模型实验实训、政策执行的互动模型实验实训、政策执行的沟通模型实验实训、政策执行循环模型实验实训、政策执行系统模型实验实训、政策执行综合模型实验实训、政策执行中政治势能模型实验实训、政策工具选择实验实训、公共政策评估实验实训、公共政策监控实验实训、政策变迁与政策终结实验实训、政策周期实验实训,共24个模块。

我们根据新时代中国治理现代化的最新进程,从课程思政、经典和新颖等角度出发,把公共部门最为鲜活的一手资料拿来作为案例提供给学生作为实验材料。从《公共政策导论》《公共政策学》《公共管理学报》《中国行政管理》《行政论坛》等相关的教科书及专业期刊中提炼出实验技术和部分实验材料,并依据教师教学和学生学习的流程进行实验设计,为学生提供相关的实验报告模板以方便学生填写,把业界比较认可的成果改写为实验答案提供给教师和学生,作为实验答案供教师和学生参考。我们在本教材的编写中除了注重国外的公共政策模型外,还特别关注中国特色的公共政策模型,比如中国特色的"上下来去"决策模型、政策试验模型、共识决策模型、"学习—适应"模型、"路径—激励"模型和政策执行中政治势能模型等由中外学者依据中国实际提出的模型。同时在实验案例材料的选择中注重课程思政的设计和引导。案例的开发流程是:教师收集案例—专家为案例提出问题—学生团队针对案例与问题进行分析—选出学生代表讲解案例—专家筛选优秀案例—指导教师开发教程—出版社出版成书。案例编写的每一个环节都以兼顾教师的教学需要与学生的学习需求为原则,精心设计,优中选优。实验实训的实验环节包括实验技术、实验设计、实验材料、实验报告和实验答案五大板块。实验技术涵盖公共政策基础知识点的框架性内容;实验设计有实验目的、实验步骤、实验要求、实验成绩等内容;实验材料包含公共政策案例的背景、发生、发展、高潮、结果等环节;实验报告为学生实验设计了相应的报告模板,供学生填写;实验答案是针对实验材料的分析及实验要求而设计的参考答案。我们还为每一模块配备了拓展材料,供教师和学生在教学或学习过程中进行选择和使用。本书适合公共管理或公共政策实验实训课程单独使用,也适合与公共政策经典教材配合使用。

《公共政策学实验实训教程》具有三个方面的价值:一是响应国家"双一流"和"新文科"建设中关于创新大学生实践能力培养的要求,使学生掌握公共政策与管理的实践技能,并满足市场用人的需要;二是提高公共管理专业本科生和硕士生在公共管理中的实践操作能力;三是填补我国目前在公共政策实验实训教程领域的空白。

本书是云南财经大学、中国政法大学、云南大学等多所高校的学者共同努力的成果。李永康副教授负责全书的框架设计和统稿;马国芳教授、胡晓东教授、谢和均副教授、于洋航博士、杨振宇副教授、马琼丽博士、王文惠博士和姜科副研究员参与了本书的设计和讨论,郭晓玉在全书的成稿中负责管理和协调工作。各章节编写分工如下:夏鸿博负责第一、四模块;王晓冉负责第二、六模块;高雅负责第三、七模块;郭晓玉负责第五、十七、十八模块;徐望负责第九、十四、十五、十九模块;史可星负责第八、十模块;牛梓琳负责第十一模块;孙琦琦负责第十二模块;蒙思羽负责第十三、十六、二十二模块;桂雨晴负责第二十、二十四模块;王红丽负责第二十一、二十三模块。艾军、刘文凯、李鹏丽、卜雄宸宇、饶巧巧、缪彩月、桑羽蒙、肖春娟、赵成琳、李雪燕、李红艳、董素蕊、郭钊希等同学参与了部分模块的资料收集工作。

前言

本书是"普通高等学校'十四五'规划公共管理类实验实训精品教材"和"云南财经大学财政与公共管理学院新时代公共管理教材系列"之一,同时也是云南省一流本科专业行政管理、云南省本科一流课程公共政策、云南省研究生优质课程公共政策、云南省研究生课程公共管理学和公共政策案例库建设、云南省硕士研究生导师团队建设"组织行为与边疆治理"、云南财经大学课改项目"公共政策学实验实训教程"、云南财经大学研究生公共管理学课程思政示范等项目的建设成果。在编写本书的过程中,我们参阅了大量文献资料,在此谨向这些作者表示由衷的感谢!由于编者的能力有限,本书还存在许多不足之处,敬请各位专家和读者批评指正!

编　者

2021 年 12 月 8 日

目录 Contents

第一模块　公共政策问题的识别与设定实验实训 /1
第一节　实验技术　/1
第二节　实验设计　/8
第三节　实验材料　/9
第四节　实验报告　/10
第五节　实验答案　/11

第二模块　公共政策规划实验实训 /14
第一节　实验技术　/14
第二节　实验设计　/19
第三节　实验材料　/21
第四节　实验报告　/22
第五节　实验答案　/23

第三模块　理性决策模型实验实训 /25
第一节　实验技术　/25
第二节　实验设计　/28
第三节　实验材料　/30
第四节　实验报告　/32
第五节　实验答案　/33

第四模块　渐进式决策模型实验实训 /35
第一节　实验技术　/35
第二节　实验设计　/38
第三节　实验材料　/39
第四节　实验报告　/40
第五节　实验答案　/41

第五模块　多源流模型实验实训　/44

第一节　实验技术　/44

第二节　实验设计　/50

第三节　实验材料　/51

第四节　实验报告　/54

第五节　实验答案　/55

第六模块　博弈决策模型实验实训　/60

第一节　实验技术　/60

第二节　实验设计　/64

第三节　实验材料　/65

第四节　实验报告　/67

第五节　实验答案　/68

第七模块　精英决策模型实验实训　/74

第一节　实验技术　/74

第二节　实验设计　/78

第三节　实验材料　/80

第四节　实验报告　/82

第五节　实验答案　/83

第八模块　政策试验模型实验实训　/85

第一节　实验技术　/85

第二节　实验设计　/88

第三节　实验材料　/89

第四节　实验报告　/90

第五节　实验答案　/91

第九模块　中国特色的"上下来去"决策模型实验实训　/94

第一节　实验技术　/94

第二节　实验设计　/99

第三节　实验材料　/100

第四节　实验报告　/101

第五节　实验答案　/102

第十模块　共识决策模型实验实训　/106

第一节　实验技术　/106

第二节　实验设计　/111

第三节　实验材料　/112
第四节　实验报告　/114
第五节　实验答案　/115

第十一模块　"学习—适应"模型实验实训　/118
第一节　实验技术　/118
第二节　实验设计　/121
第三节　实验材料　/122
第四节　实验报告　/125
第五节　实验答案　/126

第十二模块　"路径—激励"模型实验实训　/129
第一节　实验技术　/129
第二节　实验设计　/133
第三节　实验材料　/134
第四节　实验报告　/137
第五节　实验答案　/138

第十三模块　政策执行过程模型实验实训　/142
第一节　实验技术　/142
第二节　实验设计　/145
第三节　实验材料　/146
第四节　实验报告　/147
第五节　实验答案　/148

第十四模块　政策执行的互动模型实验实训　/154
第一节　实验技术　/154
第二节　实验设计　/156
第三节　实验材料　/157
第四节　实验报告　/161
第五节　实验答案　/162

第十五模块　政策执行的沟通模型实验实训　/166
第一节　实验技术　/166
第二节　实验设计　/169
第三节　实验材料　/170
第四节　实验报告　/171
第五节　实验答案　/172

第十六模块　政策执行循环模型实验实训　/176
第一节　实验技术　/176
第二节　实验设计　/178
第三节　实验材料　/179
第四节　实验报告　/180
第五节　实验答案　/181

第十七模块　政策执行系统模型实验实训　/187
第一节　实验技术　/187
第二节　实验设计　/190
第三节　实验材料　/191
第四节　实验报告　/192
第五节　实验答案　/193

第十八模块　政策执行综合模型实验实训　/198
第一节　实验技术　/198
第二节　实验设计　/202
第三节　实验材料　/203
第四节　实验报告　/204
第五节　实验答案　/205

第十九模块　政策执行中政治势能模型实验实训　/208
第一节　实验技术　/208
第二节　实验设计　/212
第三节　实验材料　/213
第四节　实验报告　/216
第五节　实验答案　/217

第二十模块　政策工具选择实验实训　/221
第一节　实验技术　/221
第二节　实验设计　/227
第三节　实验材料　/229
第四节　实验报告　/230
第五节　实验答案　/231

第二十一模块　公共政策评估实验实训　/234
第一节　实验技术　/234
第二节　实验设计　/238

第三节　实验材料　/240
第四节　实验报告　/244
第五节　实验答案　/245

第二十二模块　公共政策监控实验实训　/250
第一节　实验技术　/250
第二节　实验设计　/255
第三节　实验材料　/256
第四节　实验报告　/257
第五节　实验答案　/258

第二十三模块　政策变迁与政策终结实验实训　/260
第一节　实验技术　/260
第二节　实验设计　/266
第三节　实验材料　/268
第四节　实验报告　/269
第五节　实验答案　/270

第二十四模块　政策周期实验实训　/275
第一节　实验技术　/275
第二节　实验设计　/279
第三节　实验材料　/280
第四节　实验报告　/281
第五节　实验答案　/282

参考文献　/286

第一模块 公共政策问题的识别与设定实验实训

第一节 实验技术

一、社会问题的界定

1. 客观性的事实依据

社会问题具有客观意义,这种客观意义必然有其外在的表现形式,即一种现象、一个事件或一种行为,而且这种表现形式是十分具体的。社会问题是社会生活中确实存在的某种具体的客观事实,而不是存在于人们头脑中的臆想。

2. 影响多数人的"公共麻烦"

社会问题具有一种数量意义,引起社会问题的现象通常是一种公共问题而非个人烦恼。

3. 违背社会的主导价值原则和社会规范

社会问题也具有主观方面的意义。这是指社会成员的知觉判断对社会问题的界定起着重要作用。将某种社会现象或社会行为定义为社会问题,是因为绝大多数社会成员认为这种现象或行为有悖于主导价值和社会规范,这正好反映了大家的价值观念和

认识的标准。如果一种现象或行为仅为某个人或某一集团深恶痛绝,就不会被认为是社会问题。

4. 社会问题的产生与人的道德抉择有关

人们在现实生活中的行为具有社会目的性,行为设计由人们的主观意志支配。同时人们也知道,为达到一定的行为目标,必须支付一定的行为成本。对于一些问题,虽然人们难以接受,但其并非人的意志行为导致或不一定是人们有意识造成的,人们一般不将其看作社会问题。

5. 社会问题具有可改变性

社会问题与社会成员的主观能动性有关。社会问题的发生不是由个人或少数人引起的,它所造成的后果是社会性的,涉及整个社会生活,它的消除和解决也不是依靠个别人或少数人的努力就能做到的。只有通过社会力量的合作,才可能改善和解决社会问题。

二、社会问题的确认

社会中有时存在一些不良的社会现象,比如个人的犯罪、贫困,等等,但这些现象并不一定就是社会问题。只有当社会中的大部分成员和相当一部分有社会影响力的人认为某种社会状况是社会问题时,它才是社会问题,其中权力因素起着非常重要的作用。

在社会问题的主观认定方面,经常存在很大的分歧。我们就拿贫困这个问题来说,一些人认为:如果没有穷人,谁会去买那些便宜的食品?谁去雇佣那些收费低廉的医生和律师?社会救济和福利工作人员到哪儿去找工作?一些以穷人为主体的社会团体和党派要如何在社会中生存?在他们看来,一个社会中必然存在贫富差距,贫困是有利于社会均衡发展的一种自然安排,它起到的是一种积极的作用,破坏这样一种均衡可能会带来更严重的社会问题。而另一些人则认为,贫困只是有利于有权有势的富有阶层的一种社会安排,如果对这种社会状况不加以控制,就会出现严重的社会对立,由此引发激烈的矛盾和斗争,阻碍和破坏社会的良性运行。总之,观点认识上的统一有时是很难的,一般情况下,那些在社会上真正有影响力的人在社会问题的认定过程中发挥着非常重要的作用。

另外,人们的主观认识、思想信仰、生活态度等价值因素在社会问题的形成过程中具有决定性的影响,这些意识形态方面的内容左右着人们对一些问题的根本看法。随着社会的发展和各方面条件的不断变化,人们的价值观念会有所改变,所以社会问题的概念自然也会发生一些变化。

三、关于社会问题的理论

1. 社会冲突论

社会冲突理论以科塞、达伦多夫为代表,重点研究社会冲突的起因、形式、制约因素及影响,是对结构功能主义理论的反思和对立物提出的。结构功能主义强调的是社会的稳定和整合,代表社会学保守派;社会冲突论强调社会冲突对于社会巩固和发展的积极作用,代表社会学激进派。

(1)科塞的冲突理论。科塞在《社会冲突的功能》(1956)中最早使用了"冲突理论"这一术语。他反对帕森斯理论中关于冲突只具有破坏作用的片面观点,力图把结构功能分析方法和社会冲突分析模式结合起来,修正和补充帕森斯理论。科塞从齐美尔"冲突是一种社会结合形式"的命题出发,广泛探讨社会冲突的功能。他认为,冲突具有正功能和负功能。在一定条件下,冲突具有保证社会连续性、减少对立两极产生的可能性、防止社会系统的僵化、增强社会组织的适应性和促进社会的整合等正功能。

(2)达伦多夫的冲突理论。达伦多夫认为,社会现实有两张面孔:一面是稳定、和谐与共识;另一面是变迁、冲突和强制。社会学不仅需要一种和谐的社会模型,同样需要一种冲突的社会模型。为此,社会学必须走出帕森斯所建构的均衡与和谐的"乌托邦",建立一般性冲突理论。在《工业社会中的阶级和阶级冲突》(1957)中,达伦多夫主要吸取了韦伯关于权威和权力的理论,以此为基础建立起阶级和冲突理论。他认为,社会组织不是寻求均衡的社会系统,而是强制性协调联合体。社会组织内部的各种不同位置具有不同量的权威和权力。社会结构中固有的这种不平等权威的分布,使社会分化为统治和被统治两大彼此对立的准群体。在一定条件下,准群体组织表现为明显的利益群体,并作为集体行动者投入公开的群体冲突,从而导致社会组织内部权威和权力的再分配,社会暂时趋于稳定与和谐。但权威的再分配同时也是新的统治和被统治角色的制度化过程。和谐中潜伏着冲突的危机,一旦时机成熟,社会成员就会重新组织起来,进入另一轮争夺权力的冲突。社会现实是冲突与和谐的循环过程,而权力和抵制的辩证法是历史的推动力。

2. 社会越轨论

所谓越轨行为,即包括社会成员(社会个体、社会群体和社会组织)违反法律、规章制度、道德规范和社会习俗的所有行为。

它的特点主要表现在以下几点。

(1)越轨行为具有相对性,即它总是在特定的时间、地点和条件下才成为越轨行为。某一社会或群体中的越轨行为,在另一社会或群体中可能是正常或正当行为。

(2)越轨行为是多数人所不赞成的行为。任何社会或群体的大多数成员在其一生中都会或多或少地发生某种越轨行为。但是,只要人们不再重复此种行为,就不会被视为越轨行为者。

(3)越轨行为不完全等同于社会问题。只有当某种越轨行为频繁地发生且对社会造成危害,使大多数人的利益受到威胁时,才会转化为社会问题。

(4)行为越轨的程度以及此种行为受到惩罚的程度取决于该种行为所触犯的规范在维系社会稳定中的重要性。越轨行为触犯的规范越重要,该越轨行为要受的惩罚必然也越严厉。

3. 社会解组论

社会解组是指社会规范和制度对社会成员的约束力减弱、社会凝聚力降低的一种状态。

(1) 文化堕距。这一观点认为,在文化变迁中,构成文化的各部分变化速度不一致,造成了相互间的差距和错位,由此导致社会解组。

(2) 异化。这一观点认为,在传统社会向现代社会过渡的过程中,出现了个人在精神上与其周围世界相分离或相对立的现象,这是引起社会解组的重要原因。在传统社会里,人们从事农牧业生产,以家庭为中心承担特定角色,有特定的生活目标。然而,现代的工业化和城市化将这些秩序打乱了。在工业生产中,传统知识功能弱化,家庭的管理、教育等功能逐渐丧失,它们不再是人们生活的中心。工业社会产生了一系列人们不熟悉的新角色,提出了一些新的生活目标。人们普遍感到已置身于一个完全陌生的世界之中,周围的一切都与自己相分离或相对立。现代大城市的"匿名式"人际关系、工业流水线以及事务性工作中那种"非人格"的劳动方式,进一步增强了社会异化的程度,从而导致社会解组。

(3) 社会失调。这一观点认为,社会解组是在个人或群体目标无法充分实现的情况下发生的社会问题。依此观点,任何社会均有两种因素起着重要作用:一是目标,即在某种社会或文化中为人们所追求的事物;二是规范,即该社会或文化所规定的、实现上述目标的合法手段。在理想状态下,社会结构为人们实现这些目标提供了较充分的合法手段,机会与目标协调,因而越轨行为较少发生。但是在有些情况下,机会与目标之间发生矛盾,如积累财富的目标与致富机会有限的矛盾,这样一来,一些很难通过社会认可的合法途径去实现目标的人就有可能违反规范,或认为没有必要遵守这些规范,于是就会发生社会解组现象。

4. 标签理论

标签理论是以社会学家莱默特(Edwin M. Lement)和贝克尔(Howard Becker)的理论为基础而形成的一种社会工作理论。这种理论认为每一个人都有"初级越轨",但只有被贴上"标签"的初级越轨者才有可能走上"越轨生涯"。一个人被贴上"标签",是与周围环境中的社会成员对他及其行为的定义过程或标定过程密切相关的。因此,社会工作的一个重要任务就是通过一种重新定义或标定的过程,使那些原来被认为是有问题的人恢复为"正常人"。

5. 社会分层理论

社会分层(social stratification)是指社会成员、社会群体因社会资源占有不同而产生的层化或差异现象,尤其指建立在法律、法规基础上的制度化的社会差异体系。社会学家发现社会存在着不平等,人与人之间、集团与集团之间,也像地层构造那样分成高低有序的若干等级层次,因而借用地质学上的概念来分析社会结构,形成了"社会分层"这一社会学范畴。

四、政策问题的确认

政策问题的确认包括以下几个环节。

1. 问题的察觉

问题的察觉是指通过媒体报道等方式向公众曝光某个公共事件,使这个事件进入公共视野,持续受到关注。

2. 问题的界定

一个社会问题如何成为政策问题呢?只有当一个社会问题进入政策议程后,才能被称为政策问题。首先,我们要对这个问题进行归类,根据问题的作用范围,我们可以将问题划分为全局的或局部的、国际的或国内的、全国性的或地区性的。然后,我们需要把情境性的问题转化为实质性的问题。

3. 问题的描述

问题的描述就是用简单的语句把问题讲述清楚,比如,问题涉及多少人,有多严重,一定要确定量的概念。之后还要收集一些信息来进行数据的比对。

4. 确认问题的过程中应当注意的两个方面

一方面,一定要将问题描述得详细、真实。问题必须是实际发生的,不能凭空想象,在描述的过程中,一定要将重要的部分讲清楚,次要部分则可以一笔带过。

另一方面,在详细描述问题的前提下,要做到简明扼要。在描述事件细节的同时,一定不能长篇大论,层次不要太多,链接也不要太多。

五、政策议程的建立

1. 政策议程的类型

(1)公众议程和政府议程。

公众议程是指某个社会问题已引起社会公众和社会团体的普遍关注,他们向政府部门提出政策诉求,要求采取措施解决问题的一种政策议程。从本质上讲,公众议程是一个众人参与的讨论过程,它使一个问题从某个群体扩展到社会公众。

政府议程是指某些社会问题已引起决策者的深切关注,他们感到有必要对其采取一定的行动,并把这些社会问题列入政策范围的一种政策议程。从本质上讲,政府议程是政府部门按特定程序行动的过程。

公众议程和政府议程作为政策议程的两个阶段,它们之间既有联系,又有区别。公众议程往往出现在政府议程之前,由一些不系统或不完全成形的议论所组成,人们对于问题的实质及其社会影响的认识还不够具体。其主要目标是使公众诉求能在政府议程中占有一席之地;公众议程对政府议程的建立具有决定性的影响。政府议程由一些意义非常明确的项目组成,具有制度化的操作程序和方法,其主要目标就是对与问题有关的客观事实做出主观认定,一般而言,社会问题先经过公众议程,然后才进入政府议程,当然有时也可越过公众议程直接进入政府议程。

(2)外在创始型、内在创始型、政治动员型。

外在创始型的政策诉求由政策系统以外的个人或社会团体提出,经阐述(对政策诉求进行解释或者说明)和扩散(通过一定的方式把政策诉求传递给相关的群体)进入公众议程,然后通过对政策施压的手段使之进入政府议程。

内在创始型的政治诉求源于政府机构内部的人员或部门,其扩散的对象仅限于体制内的相关团体和个人,客观上不涉及一般社会公众,扩散是为了形成足够的压力以使决策者将问题列入政府议程。在体制内运作是内在创始型政策议程的主要特征,政策诉求的主体并不希望建立公众议程。需要指出的是,任何政策议程的建立都是公众议程与政府议程交互作用和影响的结果,其过程表现为不同政治力量的不断组合与分化,既涉及体制内,又涉及体制外,实际显示的情况绝不会像上述模型所归纳的那样抽象简单,要对具体问题进行具体分析。

政治动员型由具有权威作用的政治领袖主动提出政策意向,并使其进入政府议程。在一般情况下,政治领袖的政策意向往往能够成为政府的最终决策,因此看似没有必要建立相应的政府议程。之所以仍然要这样去做,主要是为了寻求社会公众的理解和支持,以便更好地贯彻和实施政策。政治动员型以政府议程为基点,以公众议程为对象,其目标在于政策方案的执行。

(3)实质性议程与象征性议程。

实质性议程是指认定那些影响深远并具有重大潜在意义的政策问题的议程。一般而言,实质性公共问题大多来自经济领域,而且这些问题常会引起社会和决策者的高度重视和激烈争论。因为它们具有三个必要因素:一是相当数量的公共资源分配严重不合理;二是问题一定吸引公民和公共政策制定者的注意;三是问题必定蕴藏着巨大的变化。

象征性议程是指一些问题虽是象征性的,但也能引起社会和决策者政治上高度关注的议程。这些问题多集中于价值领域,多因一些价值、情感和精神激励因素等而备受有关方面关注。

对于实质性议程和象征性议程,一般情况下,决策者往往根据具体情况进行议程类型的选择,实质性问题进入实质性议程,象征性问题进入象征性议程。但在某些情况下,由于资源、社会压力等方面的影响,一些实质性的议程只能象征性地得到处理。

2.影响社会问题进入政策议程的因素

(1)政治领导人的作用。政治领导人是决定政策议程的重要因素之一。

(2)政治组织的作用。政治组织是形成政策议程的基本条件。

(3)政治体制的作用。一个国家的政治体制,从制度上规定了信息的沟通渠道和利益的表达方式,从而对社会问题进入政策议程产生重要的影响和作用。

(4)利益集团的作用。利益集团在问题构建、政策制定过程中发挥重要作用,它们利用游说、宣传等手段,迫使政府将其提出的问题纳入政策议程,并阻止各种有损自身利益的政策,最大限度地维护自身的利益。

(5)专家的作用。各研究领域的专家能够发现某些问题,运用科学的理论对社会发展的趋势进行科学预测。

(6)公民个人的作用。公民个人有权利维护自己的利益,并对政府公共政策的实施和影响产生一定的作用。

(7)大众传媒的作用。大众传媒信息量大,涉及面广,影响力强,能促进政策议程的建立。

(8)问题自身的作用。社会问题自身的特征对政策议程的建立具有非常重要的影响。

3. 建立政策议程面临的困难

(1)存在双重关卡。一是社群的价值规范,如政治原则的偏离和价值体系的排斥。任何国家都有作为立国之本的基本政治原则,政策诉求一旦偏离原则,政府就会通过各种方法将其排斥在政策制定系统或制度化程序之外。而价值体系涉及社会的基本观念及信仰倾向,是人们思考的依据和行为的准则。如果人们提出的政策诉求与社会价值体系不符,就难以形成公众议程,更不可能转化为正式议程,即政策议程。二是制度或程序上的限制。

(2)政府体系的封闭。如果政府体系保守,决策过程封闭,公众无法与决策者进行必要的沟通,不能通过问题讨论等形式参与政策的制定过程,公众认定的社会问题就很难进入政策议程。

(3)超出承受能力。如果问题超出了决策者的承受能力,就会受到他们的排斥或回避。即使这种问题的提出对社会有利,符合时代潮流,也难以进入政策议程。

(4)不妥的表达方式和技巧。政策议程的建立与人们对该问题的表达方式和技巧等有一定的关系。

第二节 实验设计

一、实验目的

让学生识别社会问题,掌握社会问题的性质、特征、类型和基本理论,认识确认问题的基本步骤和方法,从而解决政策问题的识别问题。

二、实验步骤

1. 熟悉形成社会问题的因素。
2. 对社会问题进行定义并解释社会问题。
3. 建立政策议程。
4. 对政策问题进行定义,了解政策问题的识别和确认方法。

三、实验要求

1. 运用社会理论来解释社会问题。
2. 准确、清晰地描述社会问题。
3. 运用具体案例进行政策问题识别。

四、实验成绩

序号	实验要求	分值
1	运用社会理论来解释社会问题	30
2	准确、清晰地描述社会问题	30
3	运用具体案例进行政策问题识别	40

五、思考题

1. 问题的确认包括哪些步骤?
2. 政策议程的建立会遇到哪些困难?

第三节 实验材料

共享单车的政策问题识别与设定分析

近年来,共享单车已经遍布全国各地大大小小的城市,截至2017年7月,在工商管理部门正式登记的共享单车运营企业有近70家,累计向市场投放共享单车超过1600万辆,注册使用者超过1.3亿人次,累计使用频率超过15亿人次。共享单车的出现,有效地满足了人们短距离的出行需求,解决了城市上班族通勤换行的"最后一公里"问题,缓解了城市交通拥堵,促进了城市绿色出行体系的建设,并且有力推动了分享经济的发展。然而,共享单车也存在乱停乱放、车辆维护和修理不到位、企业主体责任缺失、使用者押金安全得不到保障、个人信息泄露等问题。为了鼓励和规范共享单车的发展,交通运输部和中央宣传部、中央网信办、国家发展改革委等10个部门于2017年8月共同出台《关于鼓励和规范互联网租赁自行车发展的指导意见》(以下简称《共享单车指导意见》)。《共享单车指导意见》共分五部分十六条,对互联网租赁自行车总体要求、发展政策、规范服务、信息安全和发展环境做了详细的规定和指导。

(改编自张泽华,林晓言,张雅萍.供给侧视角下共享单车现存问题经济本质分析[J].城市发展研究,2017,24(11):83-88.)

第四节 实验报告

院系		专业			
班级		姓名		学号	
实验教师		成绩		日期	
实验名称					

一、实验目的

二、实验原理

三、实验步骤

四、实验数据（如有，请简要列出）

五、实验结果

六、讨论分析（完成指定的思考题和作业题）

七、实验总结及改进实验的建议（如有，请简要列出）

备注：

第五节 实验答案

共享单车问题的政策议程设定分析

一、事件经过

自共享单车诞生之日起,共享单车行业就引起了各大资本的注意,共享单车品牌间相互竞争,抢占市场,它们向城市内投放了大量的共享单车,导致很多共享单车严重超出城市承载力,多个城市出现"单车围城"的现象。同时,共享单车的过量投放引发了严重的售后问题,报废、坏损的共享单车挤占了公共空间,浪费了公共资源,给城市管理和交通运输都带来了极其严峻的挑战。

各大媒体针对共享单车存在的问题进行了大规模报道。《北京晚报》曾做过统计,截至2018年4月底,北京市尚在运营的共享单车企业有10家,运营共享单车总数在190万辆左右,其中,ofo和摩拜两家企业运营的车辆最多,占据了北京市场总量的90%左右,但局部地区共享单车测算活跃度为50%,即有一半共享单车处于闲置状态。因此《北京晚报》表达了对共享单车过量投放的担忧。"搜狐新闻"也表示,截至2017年4月,杭州市六城区的共享单车是22万辆,到2018年1月,该数字已经上升到88.3万,还曾被调侃"颜色不够用"。此外,"上观新闻"、《羊城晚报》等媒体也竞相对共享单车过量投放问题进行了报道。大量的报道引发了公众对共享单车行业的大规模讨论。

2017年6月21日,李克强总理在国务院常务会议上指出,共享单车作为一种高速增长的新业态,有效地化解了产能过剩的问题,但是,共享单车也引发了一些社会问题。对于共享单车,需要保持一种宽容的态度。由此可见,与共享单车相关的问题已经从社会舆论转变为政府议程,甚至在政府议程中获得了决策优先权。

2017年8月,在征求了政府官员、企业家、学者等多方意见后,交通运输部等10个部门共同出台《共享单车指导意见》。地方政府也开始进行本地共享单车管理办法的制定,规范共享单车企业的投放行为。

二、政策问题的识别和设定

就《共享单车指导意见》本身来看,这是由一系列社会问题引发的政策识别和设定行为。

1. "单车围城"现象与问题

"单车围城"的现象在不少城市大规模出现,这个问题本身就反映了城市治理和交通运输行业管理在这一领域的缺失。但是在政策制定行动链条中,问题的出现和察觉只是作为打开政策之窗的一个契机,并不能作为政策的起点。从问题出发的政策过程有一个公认的难点,那就是有时会出现解决了错误问题的现象。能不能从这里提出一个新的政策过程起点呢?如果要这样努力的话,就需要重新考察政策活动的最初发生点。以马克思主义哲学来看,"单车围城"只是更深层次的社会问题的一个具现化体现,并非主要矛盾。从深层次来说,该事件的主要矛盾就是共享单车管理条例和行业规范的缺失与城市规范治理、交通运输行业规范管理的矛盾,如果只是从"单车围城"这一现象出发,则未抓住主要矛盾,也不能达成政策目标。如果将共享单车过量投放作为政策起点,只是对共享单车的过量投放现象进行治理,则会"治标不治本",引发新的社会问题。实际上,从逻辑上讲,问题不能作为政策的起点,因为问题作为政策的起点,是以人们的需要为前提的,也就是说,问题不是历史与逻辑相统一原理要求的历史的最初,那么,需要是不是这样的最初呢?答案应该是肯定的,因为政策是一种社会活动,而社会历史是人的活动,人是按照自己的本性行动的,人的本性正是人的需要。

2. 政策问题的多方参与

在明确提出需要是政策的起点后,接着就要讨论这种需要在政策中的发展历程。政策过程范式主张政策过程是单向的,这种单向发展可分为自上而下、自下而上和团体三种模式。自上而下指的是由精英决定政策的过程,自下而上则表示政策的动力来自社会下层,团体指各种利益团体决定政策的过程。解决共享单车过量投放的问题,并不是单向的政策制定过程。共享单车的过量投放引起了公众、媒体等的广泛讨论。政府在公众的广泛讨论中找寻主要观点,并广泛征求了多个利益方、团体以及专家的意见,由此形成了一个较为全面且严谨的观点库。也可以说,该政策的制定过程是由多方参与的,是各个利益集团相互妥协的产物。在这里,各种观点相互聚集,相互交锋,相互促进和融合,最终形成了较为合理、符合公共利益的观点,由此形成政策。这种渐进式的政策过程,并不是单向产生的,而是由多个团体参与的政策过程。

3. 政策议程视角的政策问题识别与设定

说完了政策的发展,接下来让我们从政策议程的角度来看待政策问题识别与设定。从事件发展的角度来说,共享单车的过量投放作为社会问题,已经严重影响到公众的日常生活。由该社会问题导致的民生问题已引发了大量的公众讨论。各大媒体在该事件中,为公众提供了了解具体情况和讨论的平台,促进该社会问题的讨论深度和广度的增加,公众议程在这种情况下逐渐形成,促进了政府对该社会问题的重视。可以说,公众议程在该社会问题与政府议程中起着中介作用。而政府议程在接受公众议程不系统、不完全成形的观点后,开始对问题进行剖析、分解,找出问题的主要矛盾,并加以攻克。在该事件中,有别于普通的政府议程,共享单车具有公共产品的特性,为此,必须针对共享单车的问题,专门制定相应的规范。为此,李克强总理在国务院常务会议上对共享单车问题进行了界定,指明了改革方向,确定了决策的优先级,而后不久交通运输部等10部门共同发布了《共享单车指导意见》。从这一点来说,政府对政策问题的界定和优先级评定影响了政策制定的效率,而政府对社会问题正确的认识有助于政策的制定和执行,有助于达成政策目标。

那么,可以看出,影响社会问题进入政策议程的有以下因素。在公众议程方面,前文已述,利益集团、公民、专家的相互交锋促进了政策向公众利益靠拢,使松散的公众议程趋向于理性化、专业化,并形成严肃的政策议题,向政府传达。大众传媒通过报道事实真相、提供沟通平台,在公众议程与政府议程中很好地起到了促进政策议题传达的作用。在政府议程方面,首先是李克强总理作为领导人,为该事件进行了精准的定位,成为该事件进入政策议程的首个重要因素;交通运输部等部门是形成决策议程的基本条件,通过这些部门,政策得以实施和落地;而政府体制在该事件中,通过国务院常务会议这一机制,连接了领导人和政治组织,使得政策的主要精神在政府内得以顺畅传达,政策得以顺利制定和实施。

三、结论

由此,我们可以对共享单车过量投放问题所引发的政策议程制定过程进行描述:这是一次事件驱动的、自上而下的外在创始型政策议程过程。大众传媒和公众舆论主导下的公众议程在政策议程中起着中介作用。政府议程中,政治领导人的参与是政策议程的首个重要因素。在新情况和新问题下,政府对政策问题的界定和优先级的评定直接影响着政策,而对社会问题的正确认识对政策的制定和执行以及达成政策目标,有着积极的促进作用。

(改编自方浩,杨建.基于多源流模型视角的政策议程分析——以共享单车为例[J].电子政务,2019(1):86-93.)

拓展材料

第二模块 公共政策规划实验实训

第一节 实验技术

一、公共政策规划的概念和特征

1. 公共政策规划的概念

公共政策规划是政府针对现实某些政策问题在未来可能演变或者生成的情形,系统地制定一套解决预案的过程。也可以将其理解为一种有一定权威性的政策构想。公共政策规划包括问题的界定、目标的确立、方案设计、结果预测、方案决策五个环节。

公共政策规划是公共政策制定过程中一个重要的环节。公共政策问题一旦被提上议事日程,就马上进入分析问题并提出解决办法及政策规划阶段。公共政策规划是理性公共政策制定过程的必要阶段之一,借助这一阶段,政府可以梳理和明确价值倾向和重要的价值准则,并以此为依据排列出诸多待解决的公共政策问题的先后顺序,还可以预先检验社会和公众对政策的理解度、信任度、支持度,同时对社会和公众形成价值导向、利益导向和行为导向。

2. 公共政策规划的特征

公共政策规划的目的是解决未来既定的政策问题。政策规划的内容是方案设计和方案择优。政策规划既是一种研究活动,又是一种政治行为。一方面,政策规划需要借助专家进行问题界定;另一方面,由于政策设计者之间利益的调节和分配,规划过程中众多参与者一起,不同的利益、价值观和信仰相互影响、相互制约,呈现出错综复杂的特点。公共政策规划实际上就是政府和非政府行为者之间的一种互动过程,而公共政策就是这种互动的结果。

二、公共政策规划的主体

1. 公共政策规划的单一型和多元型主体

公共政策规划的主体既有单一型,也有多元型。单一型主体通常是指规划在政府系统内部进行,多元型主体则是指规划不仅有政府参与,而且扩展到社会领域,表现为多种主体的合法介入。在多元型主体结构中,还需要正确区分直接主体与间接主体。前者不仅享有决策的法定权利,而且要承担由此带来的一些政治、经济和道义方面的责任。后者则只是享有政策方案的拟定、推荐与评判权,而不需要为其后果承担任何责任。在现代社会,公共政策规划完全由政府部门独立完成的情况已经越来越少了,多元型主体在世界范围内已经成为一种发展趋势。当然,在强调规划主体的同时,我们必须认识到政府在公共政策规划过程中所发挥的主导性作用。在实现公共政策规划主体多元化的进程中,世界上不少国家都先后采取了听证制度。"听证"一词,最早源于西方国家的司法实践,后来被逐渐运用到立法活动和行政活动之中,从而成为公共政策规划过程中一项非常重要的制度形式。其核心原则是增强决策的透明度,推进决策的民主化。其具体要求是,在讨论和研究政策方案时,必须经过合法程序,听取有关专家、部门、利益团体、社会公众等代表人士的相关意见,进行标准的政策辩论,以保证公共政策规划的科学性。

2. 法定主体

(1)行政机关。

行政机关特指狭义的政府,即依法执掌国家权利的机关。无论实行"三权分立"体制的国家,还是实行"议行合一"体制的国家,行政机关都是公共政策规划的主要承担者。这是因为:首先,行政机关拥有并可以调动大批专业人员;其次,行政机关拥有行政立法权;最后,行政机关拥有立法创议权。

(2)立法机关。

立法机关在某些情况下有可能通过提出议案的形式直接提出某种政策规则,如果议案获得通过,则政策规划议案获得法律效力。例如,美国国会通过了用以制裁古巴以及和古巴做生意的外国公司的《赫尔姆斯-伯顿法案》,而欧洲议会则通过相应的法案对美国的法案进行反制裁,同时表现出了一定的政策规划的意味。我国全国人民代表大会内务司法委员会可以审议各类政策规划的合理性,或协助制定政策规划。

(3) 研究机构。

就现代公共政策的制定而言,研究机构是极为重要的政策规划主体。研究机构集中了大批高级专家和专业技术人员,从一定意义上说,只有他们能够提供制定政策规划所需要的专业知识和专业意见,并因此产生了现代"智囊团""思想库"等决策辅助机构和决策咨询技术。与政策规划相关的研究机构大体上可以分为三类:政府研究机构,如中共中央政策研究室等;半官方、半民间的研究机构,如中国国际贸易促进委员会、美国对外关系委员会等;民间研究机构,如美国的福特基金会等。当前,如何大限度地借助研究机构的力量进行政策制定,是衡量现代国家政府公共政策能力的标准之一。

三、公共政策规划的原则

(1) 信息原则:知己知彼,百战不殆。
(2) 系统原则:全局、长远、综合、统筹。
(3) 预测原则:预则立,不预则废。
(4) 客观原则:实事求是、不偏不倚。
(5) 智囊原则:专业化社会的生存之道。
(6) 优化原则:比较、鉴别、选优。
(7) 务实原则:讲求实际,不求浮华。
(8) 兼听原则:兼听则明,偏听则暗。
(9) 时效原则:机不可失,时不再来。

四、公共政策规划运用的思维方法

公共政策规划运用的思维方法包括以下七种:经验思维、逻辑思维、直觉思维、创新思维、思维定式、逆向思维、创新方法。

五、公共政策论证的模式

政策论证的模式是指把政策信息转化为政策主张时所遵循的特有方式,包括权威论证、方法论证、分类论证、直觉论证、原因论证、符号论证、动机论证、类比论证、案例论证和伦理论证。

六、公共政策规划的程序

公共政策规划主要包括政策目标的确定、政策方案的设计、政策方案的评估和政策方案的选择四个重要环节。需要注意的一点是,实际的政策规划过程并不是像传输机的皮带一样,它不是一个单向的执行系统,而是一个多向多段的反馈系统。

七、公共政策规划的步骤

1. 政策目标的确定

在确定政策目标时,目标是"事遂人愿",需要注意政策的价值前提与事实前提:价值前提是"愿",事实前提是"事",只有对政策目标有清晰的把握,才能做到事遂人愿。

2. 政策方案的选择

政策方案的来源有:权威、见识、方法、科学理论、动机、相似案例、类比、伦理体系。在备选方案中选择合适的方案,一般遵循以下步骤:搜寻与发现—设计与创造—做出选择。

3. 政策方案的评估

政策方案的评估包括预测性评估和可行性评估。

在预测性评估中,常用的方法有专家会议法、德尔菲(Delphi)法[①]、投入—产出分析法、时间序列法、回归分析法、趋势外推法,此外还经常用到马尔可夫模型。

政策方案的可行性评估主要涉及政策方案的政治可行性、法律可行性、经济可行性、技术可行性、行政管理可行性和社会可行性。

八、公共政策规划解读

1. 政策转移对公共政策规划的作用

其他国家的相关政策方案,对于本国的方案制定具有启发性,也许会提供不同的思路。其他国家政策在执行过程中暴露的缺陷,也能够为本国政策方案的制定提供经验和教训,避免本国重蹈覆辙。同时,其他国家成功的公共政策,容易得到各方的认同,并且各主体会依据本国的情况,对政策做出相应的调整。

2. 公共政策规划的解析

公共政策规划又称公共政策建构,指的是在建立有关政策议程后,为了实现一定的政策目标,草拟和评估方案与行动步骤的过程。政策规划是政策循环中最核心的阶段。学者通常将政策规划、政策分析、政策论证、政策预评估视为同一范畴,认为它们意义相同,皆重视问题的诊断和开立"政策处方"的过程。公共政策规划在整个公共政策制定过程中居于枢纽的地位。公共政策研究已经从政策研究与政策评估的研究,逐渐转变为政策规划的研究。只有事前进行良好的政策规划,得到一个为社会广泛接受的可行性方案,政策

---

① 德尔菲是古希腊的一个地名,是阿波罗神殿的所在地。后人用德尔菲比喻神的高超预见力。德尔菲法由美国兰德公司命名并首先使用。

实施过程才能进展顺利，才能实现对公共利益的维护。公共政策规划偏离公共性或违反民意都可能导致决策失误。公共政策规划在很大程度上依赖于全面、具体、准确、及时的信息。科学预测是保证政策规划成功的必要前提。

3. 公共政策规划在政策循环中的地位

公共政策规划在政策循环中的地位如图 2-1 所示。

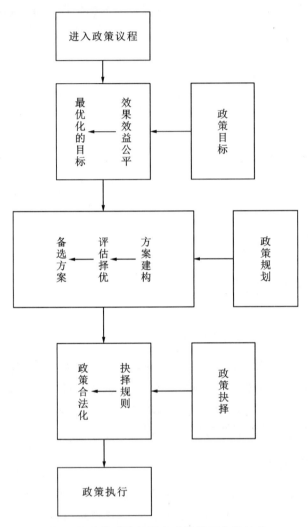

图 2-1 公共政策规划在政策循环中的地位

第二节 实验设计

一、实验目的

通过对四川省成都市住房限购政策的出台和实施进行分析,归纳总结经验,为政府未来的公共政策规划提供重要依据。

二、实验步骤

1. 分析所给材料的背景以及意义。
2. 根据公共政策规划相关学者的观点进行案例分析。
3. 勾勒公共政策规划的基本关系图。
4. 总结归纳经验,以便对未来公共政策规划起到良好的示范作用。

三、实验要求

1. 实验材料准确无误。
2. 反映相关学者的观点。
3. 内容分析精练、有条理。
4. 总结内容。
5. 时长:1 小时。

四、实验成绩

序号	实验要求	实验成绩
1	实验材料准确无误	20
2	反映相关学者的观点	20
3	内容分析精练、有条理	20

续表

序号	实验要求	实验成绩
4	总结内容	20
5	时长:1小时	20

五、思考题

1. 公共政策规划在整个公共政策过程中居于什么地位？
2. 公共政策规划中关键行动者是谁？是什么把他们联系到一起的？

第三节 实验材料

四川省成都市实施房屋限购政策

据四川省成都市人民政府办公厅官网消息,为保证成都房地产市场平稳、健康发展,《成都市人民政府推进供给侧结构性改革 促进我市房地产市场健康发展的意见》中明确,部分区域实行住房限购,同一身份自然人、法人只能新购买1套商品住房。

该措施提出,成都高新区、天府新区、锦江区、青羊区、金牛区、武侯区、成华区、龙泉驿区、新都区、温江区、双流区、郫县范围内实行住房限购,同一身份自然人、法人只能新购买1套商品住房(法人单位经审查确属用自有资金购买商品住房且用于职工自住的除外)。严格执行住房限购地区信贷政策,购买二套房商业性个人住房贷款首付款比例不低于40%。

此外,开发企业应在取得商品住房预售许可、现售备案后10日内一次性向社会公开全部可售房源,按规定在销售现场显著位置设置商品房销售信息公示系统,及时反映房源销售状态,按一房一价、明码标价对外销售。房地产开发企业和中介机构不得有捂盘惜售、囤积房源、炒卖房号、恶意炒作、哄抬房价以及违规为个人提供首付款、发布虚假交易信息等扰乱商品房市场秩序的行为,否则相关部门将关闭商品房买卖合同网签,暂停开发企业后续项目预售许可受理,取消中介机构存量房网签,记减开发企业和中介机构信用分并公开曝光,涉嫌违法的,由公安机关依法处理。

为严厉整治房地产广告违法、合同违法、不正当竞争行为,该措施强调,将重点查处含有投资回报承诺、虚假承诺办理户口和升学就业等房地产广告,骗取定金、保证金等合同欺诈行为,以及恶意炒作、哄抬价格等不正当竞争行为。涉嫌违法的,由公安、工商等机关依法处理。

(改编自成都市人民政府关于推进供给侧结构性改革促进我市房地产市场健康发展的意见[EB/OL].[2016-06-21]. http://gk.chengdu.gov.cn/govInfoPub/detail.action?id=81750&tn=6.)

第四节 实验报告

院系			专业		
班级		姓名		学号	
实验教师		成绩		日期	
实验名称					
一、实验目的 二、实验原理 三、实验步骤 四、实验数据(如有,请简要列出) 五、实验结果 六、讨论分析(完成指定的思考题和作业题) 七、实验总结及改进实验的建议(如有,请简要列出)					
备注:					

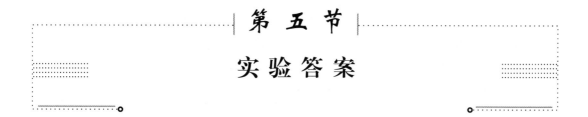

"限购令"的政策规划分析

一、"限购令"政策出台的背景

由于房价的非理性增长,多个城市出台了"限购令"。作为最严厉楼市调控政策的重点内容之一,限购政策对于已经取得初步效果的楼市调控功不可没。目前,房价总体趋于稳定,一些城市开始有下降的苗头,一些二、三线城市虽然还在上涨,但涨幅开始缩小。这说明了楼市调控政策的有效性,即限购政策的确起到了遏制投资投机,让住房回归居住属性的作用,扭转了房地产投资过剩的不健康心理预期。

二、"限购令"政策规划的意义

第一,全面贯彻执行了国家房地产市场调控政策,认真落实《成都市人民政府关于推进供给侧结构性改革 促进我市房地产市场健康发展的意见》要求,有利于保持成都市房地产市场平稳健康发展。

第二,作为本轮史上最严厉楼市调控政策的重要内容,把抑制投资投机性住房需求作为调控商品房市场的重点,在税收手段、信贷手段收效甚微时,下猛药出台限购政策,能使调控起到立竿见影的效果。

第三,楼市调控政策顺应了中国房地产市场的实际情况,短期内的限制政策可能会把一些人拒之门外,从长期来看,如果房价稳定下来,则会提高成交量,促进行业发展。

三、"限购令"政策规划的启示

成都"限购令"的出台顺应了当前社会发展的趋势,符合中国国情,顺应大众意愿,给买不起房的群体以保障,打乱了投机者的小算盘。政策制定之前,成都房价不断攀升,房地产市场的平稳健康发展被破坏,违背了公众的正常消费需求。政府制定的政策既扼制了部分投资投机者的不健康消费心理,又满足了群众正常的住房需求,因此政策执行起来难度必然会降低。

政策制定过程中,要遵循智囊原则,体现群众路线原则。此政策推行前,采用专家会议法,召开了各界人士座谈会,让专家参与进来。同时开展的民意问卷调查显示此政策符合现阶段民众的要求,符合公众的需要,有利于未来经济形势的发展。坚定信心之后,成都市人民政府办公厅下达了《成都市人民政府关于推进供给侧结构性改革 关于促进我市房地产市场平稳健康发展的若干措施》这项公共政策。

政策制定过程中,要遵循优化原则,追求优化是政策规划的目标。"限购令"虽然是一项行政性措施,有一定副作用,但其直接压缩了需求,对楼市调控有立竿见影的效果,为了遏制房价上升的势头,两利相权取其重,两害相权取其轻。在总体上,政策值得肯定和支持,从这个角度来看,政策绝对是成功的。

政策过程要想进展顺利,必须事前进行良好的政策规划,从而得到一个为社会广泛接受的可行性方案,才能实现对公共利益的维护。要加大宣传力度,考虑推行新政策的难度,争取公众的配合与支持,使多数公众从思想上接受政策,必要时,可动用政府权威对违规者实行惩罚。

在建立有关政策议程后,为了实现一定的政策目标,首先要组建一支能胜任的领导队伍。要想出台并实施一项新政策,领导班子必须足够重视。同时也需要相关部门和人员的参与,以确保有法可依、有法必依、执法必严、违法必究。如果执行者觉悟较低,在经济利益驱动下,政策实施后取得的效果极有可能与政策初衷背道而驰。

政策学家琼斯在其《公共政策研究导论》一书中把合法化过程划分为两部分:第一部分是政治系统合法化,第二部分是公共政策合法化。政策取得合法性的过程在政策的制定中尤为重要,政治系统合法化是公共政策合法化的前提,合法化的政府才能颁布合法化的政策。与此同时,公众对公共政策的认可和默许、接受与遵行,是公共政策合法化的必要条件,获得公众的支持尤为重要。诚信是公共政策合法化的基础保证,"塔西佗陷阱"①告诉了我们政府公信力的重要性。"限购令"的成功出台正是由于成都市政府是合法的,有公信力的,才获得了公众的支持。

拓展材料

---

① 古罗马执政官普布利乌斯·克奈里乌斯·塔西佗(Publius Cornelius Tacitus)指出,当政府不受欢迎的时候,好的政策与坏的政策都会同样地得罪人民。"塔西佗陷阱"告诉我们,当一个政府失去公信力时,不论说真话还是说假话,做好事还是做坏事,都会被认为是说假话、做坏事。

第三模块 理性决策模型实验实训

第一节 实验技术

一、理性决策模型的概念

模型是通过主观意识借助实体或者虚拟表现构成客观阐述形态结构的一种表达目的物件。理性模型是要做出价值最大化的选择,即选择达到目标的最优方案。理性模型起源于传统经济学理论,传统经济学理论是以"经济人"的假设为前提的。"经济人"做任何事情都以满足个人最大利益需要为目标。理性决策模型简称理性模型,起源于传统经济学的理论,而传统经济学理论是以"经济人"的假设为前提的,所以理性决策模型舍弃了一些次要变量,使问题的分析得以简化,形成有效的分析框架。理性决策模型实际上就是指能够带来最大效益的决策方案。社会收益的衡量涉及两个指标:一是收益必须高于成本;二是选择收益和成本差值最高的方案。当然,就社会成本的计算而言,金钱的多少绝非唯一的衡量标准。政府不能用牺牲基本社会价值的方式来换取金钱方面的收入,必须同时考虑社会政治、经济、文化等多种因素。理性模型经常被用来思考政府计划的适宜规模,它是评估政府支出决策的主要分析框架。

二、理性决策模型分析

1. 传统理性决策模型

它是从经济角度出发,围绕政策资源的投入和政策目标的最佳化及政策效益的最大化所建立的分析模式。它是以"经济人"假设为前提的理性优化模型,能够被用来解释资本主义市场活动中的诸多现象。

传统理性决策模型所要求的最优选择应具备如下条件:① 把决策行为视为整体行为而非群体行为;② 决策者具有绝对理性;③ 决策目标单一、明确、绝对;④ 决策者在决策过程中具备一以贯之的价值偏好;⑤ 决策过程中可以不考虑时间和其他政策资源的消耗。

2. 有限理性决策模型

有限理性决策模型是经济理论面对的重要问题之一,也是有限理性研究的核心问题。它大大拓展了决策理论的研究领域。这是一个比较现实的模型,它认为人的理性是处于完全理性和完全非理性之间的一种有限理性。

有限理性决策模型认为决策者在决策中追求满意标准,而非最优标准。在决策过程中,决策者定下一个最基本的要求,然后考察现有的备选方案。如果有一个备选方案能较好地满足既定的最基本的要求,决策者就实现了满意标准,他就不愿意再去研究或寻找更好的备选方案了。这是因为,一方面,人们往往不愿发挥继续研究的积极性,仅满足于已有的备选方案;另一方面,种种条件的约束,以及决策者本身缺乏这方面的能力,使其无法寻找更好的备选方案。因此,在现实生活中,决策者往往可以得到较满意的方案,而非最优的方案。

政策学家科林德里奇在《批判性决策———一种社会选择的新理论》一书中,提出并解释了批判性理论的思维框架。他认为,规范性政策理论的研究焦点历来集中于讨论如何对一项政策进行辨明或辩护,即通过各种方法对一项政策的正确性加以证实,而实际上这样的辨明或辩护是徒劳的,不会有任何效果。科林德里奇在否定规范性政策理论的同时,提出了他的证伪主义框架。他是在借鉴波普尔哲学观点的基础上提出这一理论模型的,波普尔既反对辨明主义或证实主义,也反对非理性主义或怀疑论。科林德里奇受波普尔哲学观点的启发,认为越经得起批判的政策越好,在政策制定的过程中,正确的途径不是去寻找那些可以被完全证实并且正确无误的政策方案,而是去寻找那些错误和缺陷尽可能少且可以很快克服与改进并无须花费过多代价的决策方案。

政策实验主义论者认为,政府的政策制定往往是在对预期结果没有充分把握的情况下进行的,他们认为公共政策的制定不是一场游戏,政府不能拿全民做实验,因此,进行可控制的实验或小范围的试点是合理的,也是必要的。1975 年,美国著名的智库——布鲁金斯学会组织了一次有关政策实验方面的研讨会,与会的专家、学者普遍认为,由于政府决策充满不确定性,政府在政策正式出台之前应进行慎重的社会实验或进行小范围试点,以减少决策中的无知因素,避免执行过程中的缺陷,并预防一些意想不到的后果。

三、关于理性决策模型建构方法的研究

1. 理性决策方法

理性决策方法主要涉及以下内容。

其一,决策者面临的是一个既定的问题,可提前做好充分准备。其二,决策者选择决策的各种目的、价值或目标是明确的,而且可以依据不同目标的重要性进行排序。其三,决策者有两个以上可供选择的方案。面对这些方案,决策者通常在逐一比较的基础上,选取其中一个。其四,决策者面对同一个问题时会出现一种或多种自然状态,这是不以人们意志为转移的不可控因素,或者可以说,决策者的偏好会随着时空的变化而变化。其五,决策者会将每一个方案在不同的自然状态下的收益或损失值估算出来,经过比较后,按照决策者的价值偏好,选出其中最佳者。

2. 理性决策必须具备的条件

要做出理性决策,决策者在实践中必须具备以下基本条件:① 决策过程中,必须获得全部有效的信息;② 找出与实现目标相关的所有决策方案;③ 能够准确地预测每一个方案在不同的客观条件下所能产生的结果;④ 非常清楚那些直接或间接参与公共政策制定的人的社会价值偏向及其所占的相对比重;⑤ 可以选择最优化的决策方案。

3. 理性决策模型分析的方法

理性决策模型分析的方法包括如下要点:① 建立一套完整的操作目标,并赋予权重;② 准备一套完整的被选方案;③ 建立一套其他价值与资源的完整清单,并赋予权重;④ 对每一方案的成本/效益进行完整预测;⑤ 对每一个方案进行净期望值计算;⑥ 比较各净期望值,选取期望值最高的方案。

第二节 实验设计

一、实验目的

以"经济人"假设为前提,舍弃一些次要变量,使问题的分析得以简化,形成有效的分析框架,用来解释经济中的诸多现象,实现公共政策社会价值的最大化,从而实现社会效益的最大化。

二、实验步骤

1. 界定问题所在。
2. 确定决策标准。
3. 为决策标准赋予权重。
4. 开发备选方案。
5. 评估备选方案。
6. 选择备选方案。

三、实验要求

1. 决策过程中,必须获得全部有效的信息。
2. 找出与实现目标相关的所有决策方案。
3. 能够准确地预测每一个方案在不同的客观条件下所能产生的结果。
4. 清楚那些直接或间接参与公共政策制定的人的社会价值偏向及其所占的相对比重。
5. 可以选择最优化的决策方案。

四、实验成绩

序号	实验要求	分值
1	对案例中体现的问题,用理性决策模型进行分析	30

续表

序号	实验要求	分值
2	结合案例中体现的问题,选择合适的案例分析方法	30
3	根据所给案例,结合理性决策模型提出改进的措施	30
4	条理清晰,符合逻辑要求	10

五、思考题

1. 传统理性决策模型所要求的"最优选择"的具体步骤有哪些?
2. 传统理性决策模型有哪些实际障碍?
3. 有限理性决策模型有哪些行为表现?
4. 传统理性决策模型与有限理性决策模型有什么区别与联系?

第 三 节
实 验 材 料

岭南水乡和丰本农业科技园的消亡

新伦村位于广东省中山市民众镇,其北接广州番禺区,南临中山市火炬开发区,与香港、澳门、深圳隔海相望。虽然位于改革开放的前沿地带,但新伦村至今仍以农业为主,基本保持了疍家人独特的岭南水乡风貌,被评委"广东最美乡村"。新伦村全村人口约4000人,其中,农业人口约占总人口的90%。虽然仍以农业为主,但当地农民基本都将村集体土地租赁给外来企业或私人进行耕种养殖或旅游开发,绝大部分中青年外出经商或务工,因此,全村村民的收入来源主要是外出经商、务工以及物业出租。

1998年,中山市政府通过引资将新伦村生态风光最好的40余亩地开发为岭南水乡景区,随后景区成为全国农耕文化型休闲农庄的代表。岭南水乡的成功促使中山市政府将新伦村定位为全市乡村旅游发展基地,陆续引资,将约2000亩、超过全村1/3面积的土地开发成了丰本农业科技园、沙田明珠、南粤水乡、伟丰农场等景区,景区经营者通过与新伦村村民委员会签订协议获得15年土地经营权。

随着租赁期即将结束,土地续约被提上议事日程。2010年,民众镇政府为保住岭南水乡这块金字招牌,离首期土地租赁结束还有5年时,便率先与经营者协商两景区300余亩农村集体用地的续租问题,双方商定以每亩每年1500元租金续约20年,租金每5年递增20%。随即新伦村村委召开党员大会和村民代表大会,对岭南水乡和丰本农业科技园两个景区的续约方案进行说明和解释。新伦村村委会对此价格很满意,"我们镇平均租金才每亩1000元,这个价格不算低,比平均租金都高了500元"。但两个景区每亩每年1500元的租金在党员大会和村民代表大会上遭到了部分参会者的质疑,一位参会者表示:"不要说番禺、火炬开发区每亩每年三四千元的土地租金,附近裕安村有些香蕉地的租金都达到了每亩每年2400元。两个景区的旅游业发展了10年,租金还这么低,我们能同意吗?"

由此可见,村镇相关管理者以当地地租的平均价格甚至是最低价作为参照物,并未反映当时的市场需求,这使景区经营者低价占有了土地作为旅游资源的级差地租。而当地村民以地方租赁价格的较高甚至最高价格为参照物,希望两个景区的地租能达到或超过参照价格,双方价格差距约每年1000元/亩,这使得在土地续约伊始,村民就和乡镇政府以及村委会就地租价格处于对立状态。岭南水乡和丰本农业科技园土地续约一事随即在全村形成热议。2010年,民众镇政府推出的景区土地续租价格不能反映当地村民的期望,这让村民开始更加关注中山市内外的土地租赁信息,以便推出让他们满意的方案。作为中国经济最发达地区之一的珠三角,农村土地流转的信息数不胜数,但新伦村村民更容易被自己看到或者听到的信息影响,他们获得的信息来源主要为同村村民或自家亲戚。在访谈中,两位村民告诉笔者:"火炬开发区有块荒地,租金都3000元,那块地离我们这里只有10分钟,听说火炬开发区还有租金达到4000元的。我们这边裕安村的农田出租出去种树和建花圃,租金也有2200元,还每5年递增10%。"

2012年,新伦村村民对岭南水乡和丰本农业科技园的土地租金心理预期基本达成了每年2800元/亩,但随后两件事提高了他们的心理预期。一是2013年新伦村有块农业种植地租金达到了每年3100元/亩,这是新伦村有史以来集体土地的最高租金,对村民产生了很大影响。在2014年笔者的第三次调研中,某位受访者表示,"土地今后肯定越来越值钱,今后5年肯定要达到3500~4000元/亩"。虽然这种预测只是一种直觉判断,但这种观念在新伦村村民中普遍存在。二是景区首任经营者将全部资产转让给了自己的朋友,而新的景区经营者在没有与村委会签订土地使用权转让协议的基础上就开始对原来景区内的建筑进行翻新,并建设薰衣草园等景点。在调研中,一位景区管理人员告诉笔者,"接手后,转让费和景区建设已经投资了1000多万元"。景区新经营者的大力投资建设对村民的心理也产生了很大的影响,他们认为不管如何,景区肯定会经营下去的,"新老板投资这么多,景区发展有希望,他肯定愿意出更高的租金"。村民对新信息权衡过重,他们非常自信,这导致他们高估自己的判断、低估风险,也夸大了自己控制事态的能力。因此,到了2014年,他们已经将"锚点"提高到了每年3000元/亩。

新伦村村民在岭南水乡和丰本农业科技园的土地租金方面并没有过多的备选方案,每年3000元/亩的租金就是满意方案,如果景区经营者同意,他们也不再考虑更高的租金方案。村委会作为发包方,和镇政府工作人员一起,直接与景区经营者进行租金谈判,2014年,最终商定的价格为每年2800元/亩,这与村民的3000元/亩的要求差距仅为200元,但村民对这200元的差距非常敏感,他们感觉自己经受了很大的损失,这种受损心理对村民的情绪产生了很大的冲击,最终影响到了他们的方案选择。新伦村村民不仅因景区经营者愿意支付的价格过低而产生了损失心理,而且对村委会和镇政府的行为产生了质疑,担心因此失去土地,有村民认为村委会不让村民参与价格谈判的行为是"私自与开发商谈价格,整体出卖我们的承包田地和永久不变的自留地"。在这种消极情绪以及受损心理的驱使下,村民们成了冒险家,他们要求"租金必须提高到每年3500元/亩,不然我们就收回土地",并到村委会和镇政府进行抗议。

村民提出的每年3500元/亩的租金方案远远超过了企业的预期,因为景区经营者愿意接受的最高价为每年2800元/亩。村委会虽然为发包方,但景区经营者与村民的不妥协也迫使他们不得不尊重民意,向景区经营者发出了搬迁、交回土地的通知。2015年初,景区经营者砸坏了景区原来所有的设备设施以及道路桥梁,经营了15年的珠三角农耕景区代表——岭南水乡和丰本农业科技园就此消亡。

(改编自龙良富.景区土地续租中农民的有限理性决策行为——基于中山市新伦村的个案调查[J].旅游学刊,2018,33(12):36-45.)

第四节 实验报告

院系			专业			
班级			姓名		学号	
实验教师			成绩		日期	
实验名称						

一、实验目的

二、实验原理

三、实验步骤

四、实验数据(如有,请简要列出)

五、实验结果

六、讨论分析(完成指定的思考题和作业题)

七、实验总结及改进实验的建议(如有,请简要列出)

备注:

第五节 实验答案

中山市新伦村景区土地续租中农民的有限理性决策行为分析

新伦村村民虽然通过决策程序提出了让他们自己满意的土地续租方案,但他们更多地参考了周边不同镇区、不同产业、不同位置的土地租赁方案,在利益最大化的驱动下,不加甄别地借鉴高地租方案,从而提出让承租者难以接受的价格,这种有限理性决策行为对乡村旅游土地使用关系的稳定性产生了非常大的影响。同时,随着珠三角城市化的不断发展,土地越来越成为稀缺资源,外部市场对新伦村的土地存在很大的需求,而十几年的乡村旅游未能给他们的收入带来长期的拉动作用,这让当地村民在租地过程中并不过多考虑产业性质以及该产业未来可能带来的额外收益,他们首要考虑的是当前的租金是否能满足他们的要求。岭南水乡和丰本农业科技园的土地续租事件也让民众镇十余家乡村旅游景区感到了危机,民众镇旅游负责人告诉笔者:"现在这些景区都很担心,一旦经营不好,他们承担不起地租和各项成本,那就会放弃旅游开发。"当地村民的逐利性和冒险性为地区乡村旅游的投资者带来了很大的风险,可能通过土地续约将中小乡村旅游景区驱逐出市场,这将直接影响地区乡村旅游的发展。这种情况不仅出现在中山市,珠三角地区的乡村旅游业也普遍存在类似的土地困境,导致整个珠三角地区的乡村旅游业至今发展相对滞后。因此,如何保证乡村旅游长期发展需要的土地使用权顺畅转让是政府、景区经营者以及当地农民都应该考虑的重要问题。在新伦村景区土地续约过程中,村民并未首先进行利益抗争,而是设计了一种令大家满意的方案与政府进行谈判。他们由于相互间的身份和目的趋于一致,正如社会心理学家、教授利昂·费斯汀格指出的,"集团成员身份的吸引力不仅仅在于一种归属感,而在于能够通过这一成员获得一些什么",基于共同利益的争取形成了以村民代表为领导的临时组织。

村民的决策行为遵循了赫伯特·西蒙提出的有限理性决策流程,即信息获取—方案设计—方案选择,最后村民将选定的方案与基层管理者(村委会、镇政府)和景区经营者协商的土地租金进行比较,由于土地租金不能达到村民拟定的满意值,村民面临土地租赁的再次选择,即再次进行土地租赁的有限理性决策。他们的决策行为不仅受到西蒙指出的外部环境因素(土地政策、经济环境等)以及个人因素(知识结构、社会经验、价值观念等)的限制和影响,也受到微观环境中的社会关系,主要为基层政府(包括村委会)、景区和村民三者之间的关系,以及自身的集体行为方式,如从众、过度自信等因素的影响。他们在信息收集中表现出可得性偏向下的认知偏差;在方案设计中依赖启发式推理下的直觉判断;在方案选择中存在面临损失下的风险偏好。新伦村村民的有限理性决策行为大体属于钟涨宝等学者提出的农地流转过程中农民行为分类中的探索型。这种行为类型的农民会根据自身的客观条件分析未来土地改革趋势。新伦村村民虽然也会根据新的信息不断调整行动策略,但尚未达到深思熟虑的程度,也没有为了规避土地转让风险而做出最优选择行为,他们的行为表现出一定的冒险性和非理性。他们的有限理性决策行为让他们争取到了一定的权力,但在一定程度导致了岭南水乡和丰本农业科技园的消亡,也有可能在未来将地区中小乡村旅游景区驱逐出市场,这给地区未来的乡村旅游发展蒙上了一层阴影。

从新伦村村民的有限理性决策行为来看,他们的信息获取、方案设计依赖于其自身的需要、动机或目标,他们的目的是寻找一个"锚点"(参考点),这个"锚点"即最低满意标准,其选择策略就是等于或大于这个最低满意标准。这个最低满意标准并非静态的,而是动态变化的,从2012年的2800元/亩,到2014年的3000元/亩和3500元/亩,村民对旅游的认知以及情绪状态影响了他们的最低满意标准选择。村民对外部世界的总体面貌并不感兴趣,他们关注的仅是土地租赁价格,在追求利益最大化的驱动下,他们更加偏好高价格,其最低满意标准高于市场需求价格,最终导致交易失败。因此,如何引导村民关注价格之外的信息,帮助他们拟定符合市场需求的"锚点",这应该是基层政府土地管理者在土地流转中的重要工作。

随着市场经济的不断深入发展,新伦村村民已经不再将耕地作为生计依靠,而是将土地视为收入来源之一,村民、政府和景区经营者三者之间关于土地的关系变成了金钱交易和契约关系,那些具有情感的、保护性的和家长式的政府行为已经不再具有调和三者之间关系的功能。当地村民在与外界社会互动中形成的知识、规范对他们的经济行动产生了重要影响,他们生活的世界已经是施坚雅所提出的基层市场共同体。他们极力想冲破当前土地制度的约束,希望在乡村旅游景区土地续约中提出他们自己满意的方案,获得更多的土地收益。但政府仍固守传统的家长式的行政方式,忽视村民应该拥有的权益,从而造成村民与政府和景区之间的信息不对称,使村民和景区多次错过了达成协议的机会,最终使双方利益都受到了损害,也让三者之间的社会关系更加紧张。因此,土地续约也是村集体土地收益以及村民、政府、景区之间关系的重新调整,村镇管理者在农村土地租赁中除了作为土地规划者和谈判者之外,更应该发挥监督者和协调者的作用,不仅要保护农民和景区经营者的短期和长期收益,也要积极梳理三者之间的关系。

(改编自龙良富.景区土地续租中农民的有限理性决策行为——基于中山市新伦村的个案调查[J].旅游学刊,2018,33(12):36-45.)

拓展材料

第四模块 渐进式决策模型实验实训

第一节 实验技术

一、渐进式决策模型的概念

渐进式决策模型是一种政策决策模式①。美国著名经济学家和政治学家达尔(Robert A. Dahl)与林德布洛姆(Charles E. Lindblom)在《政治、经济及福利》一书中首次提出渐进主义(incrementalism)。1959年,林德布洛姆发表于《公共行政评论》上的一篇论文提出了"渐进调适的科学"(science of muddling through)这一概念,用以批判传统的理性决策模式,用另一种思维角度探讨政治和行政决策②。他认为,理性化无疑应当成为公共政策追求的目标,但基于"完全理性"的理性主义模型在现实中并不具有可行性。他提出社会政治过程包含四个形态,即价格体系、层级体系、多元体制和议价。决策是形态彼此间相互作用的结果,无一方可以脱离其他体系单独进行决策,若要做出决策,聪明之举是在相关人士取得共识的前提下做出决定,这样才能考虑周全。林德布洛姆由此提出渐进式决策模型。渐进式决策模型指决策者在决策时在既有的合法政策的

---

① 丁煌.林德布洛姆的渐进决策理论[J].国际技术经济研究,1999(3):20-27.
② [美]罗伯特·A.达尔,查尔斯·E.林德布洛姆.政治、经济与福利[M].蓝志勇,等,译.北京:中国人民大学出版社,2021:11.

基础上，采用渐进方式对现行政策加以修改，通过小范围的调适，在社会稳定的前提下，逐渐实现决策目标。

二、渐进式决策模型的主要观点

1. 政治上的一致性

林德布洛姆认为，在西方国家，尤其在美国，由于其政治上推行的是多党制，决策不是单一主体所能决定的，必然受到多个政党的影响，必然成为各个政党折中调和的产物，或者说，其决策主体是多元的。然而，各个政党和政治领袖对基本政策的看法往往是一致的，因此，政治总是朝着一个统一的目标逐渐前进。各个政党之间虽然也有矛盾和斗争，但由于其阶级利益具有一致性，其政治利益常常也是一致的。

2. 技术上的困难

在林德布洛姆看来，进行任何一项决策必然与时间、信息等因素相关，而决策的正确程度直接受制于决策者对决策备选方案及其结果等信息的了解和预判。决策者对决策备选方案了解越清晰，决策成功的可能性就越大。然而，决策者并没有足够的时间、智慧或手段了解所有的备选方案，也无法对每一个备选方案都深入、透彻地了解后再做决策，而是在对其有一定程度的了解之后就做出决策，并在执行中对决策进行修正。

3. 现行计划的连续性

林德布洛姆认为，决策的渐进性是由现行计划的连续性所决定的。他认为，基于原有决策形成现行计划及执行现行计划需要耗费巨大的资本和精力，同时任何一项新的决策都不得不考虑到原有决策的影响，这就在一定程度上排斥了巨变，否则便会带来一系列组织结构、心理倾向、行为习惯等方面的震荡，也会带来一定的财政困难。

三、渐进式决策模型的基本原则

1. 积小为大原则

从形式上看，渐进式决策过程似乎行动缓慢，但是，这种渐进的过程可以由微小的量变的积累逐步形成质变，其实际的变化速度要大于一次大的变革。渐进式决策要求变革现实时通过渐进性的变化，逐步达到实现根本变革的目的。"这样，尽管或许没有一个政策措施是壮举，但接连而来的小进展却可能使社会发生迅速的变化。"①

---

① 查尔斯·林德布洛姆.决策过程[M].竺乾威,胡君芳,译.上海:上海译文出版社,1988:40.

2. 按部就班原则

渐进式决策的决策过程是决策者基于过去的经验对现行决策稍加修改,即保留对以往政策的承诺,弥补现有政策的不足。

3. 稳中求变原则

渐进式决策的决策是一个连续的过程。政策的大起大落是不可取的,欲速则不达,激进的变革势必会危及社会的稳定。为了保证决策过程的稳定性,就要保证在稳定的前提下,促进目标与方案的相互调适,注重反馈和调整,通过试验和摸索达成政策目的。

四、渐进式决策模型的合理性及局限性

渐进式决策模型作为一种决策思想和方法,具有重要的价值。它被认为更真实地反映了实际情况,其特点在于以历史和现实相结合的视角将事物的运动看作一个前后衔接的不间断的过程,注重政策的连续性,以量变达成质变。它强调在变革政策时维持社会和组织的稳定,主张通过不间断的修改最终改变政策。因而从决策的角度来看,渐进式决策模型不失为在某种条件下的一种有用的方式。

然而,渐进式决策模型多适用于稳定发展的社会形势,有着很大的局限性:带有明显的保守主义偏见,以保守的方式来阐释人的主观能动性和有限理性;只注重现行政策的延续,对新政策的关注仅限于对原有政策的改进,以及看起来微不足道的政策目标的制定及其实现;压制政策创新和具有根本意义的社会变革。因此,渐进式决策模型具有墨守成规、维持现状、不求改革与创新的倾向,在需要进行改革规划的许多领域内,它都是不适用的。

第二节 实验设计

一、实验目的

通过渐进式决策模型的设计,形成有效的分析框架,并通过案例分析使学生了解并掌握渐进式决策模型在实际公共决策中的合理运用。

二、实验步骤

1. 归纳整理不同学者关于渐进式决策模型的主要观点。
2. 找出一个有关渐进式决策模型的典型案例。
3. 分析案例中渐进式决策模型的实际运用。
4. 结合学者的主要观点,分析渐进式决策模型在案例中的适用性。

三、实验要求

1. 利用知网找出参考文献及有关案例。
2. 所选案例要有典型性,且是真实案例。
3. 结合渐进式决策模型,解释案例中的问题。

四、实验成绩

序号	实验要求	分值
1	归纳整理学者的主要观点	20
2	分析案例中渐进式决策模型的实际运用	40
3	结合学者的主要观点,分析渐进式决策模型在实际生活中的适用性	40

五、思考题

1. 解释渐进式决策模型的概念。
2. 试分析公共决策中采用渐进式决策模型的主要原因。

第三节 实 验 材 料

我国网约车管理的演进

网约车作为一种新兴的业态进入大众视野,一开始便受到各方关注。2014年7月8日,快的打车推出"一号专车",成为国内首家网络预约专车的平台。随后,滴滴、易到等众多平台相继推出专车服务。为了抢占市场,各平台对专车司机、顾客进行了大规模的补贴,消费群体急剧扩大,市场呈现迅速发展趋势。

但是大部分地方政府以我国2014年9月通过的《出租汽车经营服务管理规定》为依据,对网约车持反对态度。2014年10月,沈阳市交通局首先公开叫停网约车,明确网约车属于非法营运。随后,南京、青岛、北京、上海等地相继将网约车定性为"黑车",并开展了整治网约车的专项行动。同时,网约车行业的急剧膨胀也挤占了出租车行业的生存空间。2015年1月,沈阳、北京、浙江、长春等地出租车因为不满网约车抢生意,进行了大规模的罢工活动。

2015年1月7日,使用滴滴软件在济南西站送客的网约车司机陈超,被济南市客运中心的执法人员认定为非法运营,罚款两万元,陈超向法院起诉(该案件被称为"专车第一案")。此案一经报道,便立即成为社会焦点事件,各大媒体也对此进行了大量报道和转发,推动了舆论的发酵,公众对网约车的争议越来越激烈。

2015年1月8日,面对网约车事件的舆论浪潮,交通运输部做出回应,表示网约车服务对满足运输市场高质量、多样化、差异化需求有着积极的正向作用,同时,各类网约车平台应遵循市场规则,承担相应的社会责任,严禁私家车接入平台参与经营。2015年10月,交通运输部公布了《网络预约出租汽车经营服务管理暂行办法(征求意见稿)》(以下简称《征求意见稿》),向社会公开征求意见。2016年7月,在广泛听取专家、出租车行业代表、网约车代表、网约车平台代表等多方意见后,交通运输部、工业和信息化部等7个部门联合颁布《网络预约出租汽车经营服务管理暂行办法》(以下简称《暂行办法》),正式将网约车行业纳入政府的规范管理中,对网约车行业的规范运行、运输市场的平衡发展起到了至关重要的作用。

第四节 实验报告

院系			专业		
班级		姓名		学号	
实验教师		成绩		日期	
实验名称					

一、实验目的

二、实验原理

三、实验步骤

四、实验数据（如有，请简要列出）

五、实验结果

六、讨论分析（完成指定的思考题和作业题）

七、实验总结及改进实验的建议（如有，请简要列出）

备注：

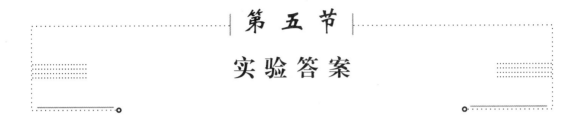

第五节 实验答案

我国"网约车"政策出台的渐进性调适

在上述的事件中,网约车政策制定并不是政府议程—媒介议程—公众议程这一单向传递路径,而是事件发生—地方政策议程启动—公众关注—媒体关注—公众议程和媒体议程互动—中央政策议程启动—地方政策议程调整这一互动式的传递路径。公众议程、媒体议程、政策议程三方的渐进性调适影响着政策的渐进式决策,并最终推动了政策的落地。因此,有必要回顾事件的总体进程,探析政策议程中各方渐进性调适对政策制定的作用机制,总结渐进式决策模型在实际运用中的基本原则。

一、公众议程、媒体议程、政策议程的渐进性调适对政策的影响

公众议程、媒体议程、政策议程的渐进性调适主要表现在以下三个方面。

1. 公众议程基于先导性和基础性的渐进调适

面对网约车事件,公众首先感知到的问题都与个人利益直接或间接相关。这种个人利益包括直接利益和间接利益。在网约车事件中,部分政府将网约车定义为"黑车",公众对于政府的处理方式意见较大。一方面,消费者认为网约车满足了消费者对于打车的便利性需求,政府不应粗暴地将网约车直接定义为"黑车",网约车司机和网约车平台更是成为该事件的直接利益受损者;另一方面,出租车司机认为网约车挤占了市场空间,支持政府在该事件中的处理方式。公众议程在这个阶段形成了观点对立的局面。而随着网约车事件的持续发酵和网媒的不断报道,公众获取了更多关于网约车的观点和信息,公众开始对网约车这一新兴业态给整个出租车行业发展带来的利弊进行探讨,公众共同诉求逐渐形成,最后影响政策议程的设置。

2. 媒体议程基于平台性和包容性的渐进调适

网络媒体在该事件中主要承担着传递信息、提供发言论坛,以及为各种不同的观点提供对话平台的功能。一方面,多家媒体都对该事件进行了大量的报道,使事件能清晰地呈现在大众的面前,媒体的受众得以扩大,这使不同群体的观点可以在讨论中趋向公共利益;另一方面,媒体关注度的提高在不同公众群体、公众和政府之间搭建了沟通的桥梁,扩

大了讨论的广度和深度,提升了公众的公共理性程度。媒体议程基于自身的平台性和包容性,根据公共议程和政策议程的设置情况来调适自己的报道焦点和报道方式,推动了政策的落地。

3. 政策议程基于自主性和被动性的渐进调适

公众议程和媒体议程的互动最终还需要通过政策议程的设置才能实现最终成果。该事件经网络媒体报道后,引起公众广泛的讨论,公众议程和媒体议程开始互动。而在政府开始发布《征求意见稿》向广大民众征求意见时,公众议程、媒体议程、政策议程开始进行交互,直至《暂行办法》出台,才最终标志着公众议程、媒体议程、政策议程互动的形成。从这个过程来看,网络媒体和公众的互动是主动的参与,政府方是被动的回应。同时,由于地方政府整治网约车实际上是为了满足其城市治理的需要,而中央政府部门需要从全局考虑,考虑长远的社会稳定、效率和公平,网约车业态的出现对方便公众出行、促进就业、拉动经济增长等都具有积极影响。因此,中央政府部门通过自主性的顶层设计,对网约车行业进行规范。政策议程考虑多方利益主体的不同诉求,根据经济效益和社会公平实际考量,基于政策议程的被动性和自主性,与公众议程和媒体议程形成了良好的沟通和调适,最终促成了《暂行办法》的出台。

二、政府运用渐进式决策推进网约车政策的主要原因

1. 公共利益的一致性

网约车事件刚刚出现时,各地方政府、网约车司机方、网约车平台方、出租车方、公众等各利益团体利益相互冲突。出租车方因既得利益、政府因现有条款反对网约车进入运输行业,直接损害了网约车集体的相关利益。随着突发事件引发网络媒体的大量报道,公众、政府各方开始从行业本身思考和讨论网约车这一业态的影响,最终形成基本共识,并通过三方议程的调适,在对行业的看法上基本达成共识,促成政策的落地。

2. 理性决策的困难性

网约车行业作为运输业的新兴业态,依托互联网快速形成产业链,行业迅速发展。政府无法通过路径依赖寻求合适的解决方法,亦无法通过对各种方案的评估找寻最合适的管理方案。行业发展迫切需要的行业规范与政府找寻最优决策方案的困难形成矛盾,这促使政府采用渐进式的决策模型,通过各方的渐进调适,促成相对合适的政策出台。

3. 现行计划的连续性

在政府将网约车定义为"黑车"并引起公众舆论的激烈讨论后,中央政府部门并没有对已执行的《出租汽车经营服务管理规定》进行否定,而是将网约车视为运输行业的新业态,通过大量的意见征集,最终依据原有的管理规定和市场规律促成了政策的落地。这

样,既避免了通过改革原有的管理规定引起行业动荡的可能性,保证了现行规定的连续性,又降低了政策运作的阻力,使政策的执行过程更加顺畅。

三、政府运用渐进式决策推进网约车政策的基本原则

1. 积小为大原则

从政策议程的设置来看,中央政府部门基于公众议程、媒体议程的渐进调适,发布《征求意见稿》,听取专家、出租车行业代表、网约车代表、网约车平台代表等的多方意见,进行意见取舍,完善现有的方案;联合多部门完成对网约车行业管理制度的完善,通过政府内部渐进调适形成统一意见,最终实现了《暂行办法》的落地。这种量变引起质变的方式,使得政策通过渐进式的变化形成了较为完备的网约车管理办法,并在多方讨论的过程中降低了政策推行的阻力,使政策的推行效率远高于单次的大规模政策变动。

2. 按部就班原则

从政策的变动情况来看,中央政府部门并没有否定2014年9月通过的《出租汽车经营服务管理规定》,而是对其进行了适应性的变革,通过弥补原有政策的不足,在原有政策的基础上进行了改进,按部就班地推出了《暂行办法》。

3. 稳中求变原则

从政策的推动力来说,这是一次公共事件引发的、多方利益冲突推动的政策决策,本身具有高度的话题性和社会影响性。在这种情况下,政府进行激进式的改革势必会触及部分群体的利益,危害社会稳定。于是,中央政府部门采用了渐进式的决策方式,促进了目标与方案的相互调适,注重社会各界的反馈,在保证社会稳定的前提下,兼顾多方利益和整体发展,制定了《暂行办法》以规范市场运行机制,保证了政策平稳运行。

(改编自董石桃,蒋鸽.渐进性调适:公众议程、网媒议程和政策议程互动的演进过程分析——以"网约车"政策出台为研究对象[J].中国行政管理,2020(1):99-105.)

拓展材料

第五模块 多源流模型实验实训

第一节 实验技术

一、多源流模型的概念

多源流模型是由金登(John Kingdon)在《议程、备选方案与公共政策》一书中,根据科恩(Micheal Cohen)、马奇(James March)和奥尔森(John Olsen)等人的有关组织行为的垃圾桶决策模型[①]而提出的。金登指出,政策制定过程并非其他学者特别是系统理论家所认为的在阶段和步骤上整齐划一。在现实政治实践中,一些独立的政策制定倾向同时流过该系统,它们各自都具有自己的特性。当"机会之窗"被打开时,它们便被结合在一起或被提上政策议程。金登将政策过程看作由如下三股源流所构成的过程:问题流(由关于各种问题的数据以及各种问题定义的支持者所组成)、政策流(包含政策问题解决方案的支持者)和政治流(由选举和民选官员所组成)。根据金登的观点,这三种源流平时彼此独立运行,只有当"机会之窗"打开时,政策制定者才能将不同的源流配对。如果政策制定取

---

① 垃圾桶决策模型是企业内部的一种决策制定模式。该模型最早用于了解无政府状态组织的决策过程。该模型指出:不管问题发生在何时何地,人们都会以此为机会,来实施他们早已选定的解决方法。这会影响到决策的制定过程和最终结果。简单地说,该模型认为,人们面对一项决策时,会不断提出问题并给出相应的解决方案。这些方案实际上大部分都被扔进了"垃圾桶",只有极少数能够成为最终决策的组成部分。

得成功,那么结果就是重大的政策变化。多源流模型似乎可以应用于更广泛的政策领域,关于多源流模型的文献在社会科学领域中也被广泛地应用。

二、多源流模型的基本假设

多源流模型建立在垃圾桶决策模型的基础上,它是垃圾桶决策模型在政策过程中的应用,因此多源流模型的假设受到垃圾桶决策模型假设的影响。根据扎哈里亚迪斯(Nikolaos Zahariadis)对多源流模型的概括,我们可以将其分析单位、假设和逻辑进一步总结为系统层面的分析单位、模糊性假设和政治操纵逻辑。从分析单位上看,多源流模型属于系统层面的分析单位,它将整个决策系统作为分析单位,考虑问题源流、政治源流和政策源流对决策的影响。模糊性意味着矛盾,而不是不确定性,这些相互冲突的假设会影响政策过程中的决策。扎哈里亚迪斯进一步将模糊性假设概括为三个基本假设。

假设1:个人注意力分配或处理是连续的,而系统的注意力分配或处理是平行的。
假设2:政策制定者会在严格的时间限制下操作。
假设3:进入系统中的源流是相互独立的。

在模糊性假设下,多源流模型遵循政治操纵的逻辑(logic of political manipulation),通过操纵来管理模糊性,从而使得模糊性适应决策者的需求。政治操纵的目的主要是提供意义、清晰性和身份,让模糊性朝着有利于操纵者意图的方向发展。正是在意义解释的视野下,马奇认为:"在很多方面,决策最好被想象为一个意义工厂,而不是行动工厂。"[①]为了实现政治操纵的目标,政策制定者会通过使用信息、象征或符号,以及应用各种策略来实施意义重构。正是因为信息的操纵使用,以及其与制度和政策之窗的联合作用,环境、意义和政策才会随着时间而改变。

三、多源流模型的构成要素

从图5-1可以看出,多源流模型的主要构成要素有八个,即问题源流、政策源流、政治源流、政策之窗、政策制定者、议程建立、备选方案与决策系统。问题源流、政策源流和政治源流是三个独立的源流,它们构成了政府的三个主要过程源流,分别用于解决政府中的三个核心问题:问题识别、政策建议的阐明和政治活动的开展。这三个源流与议程和政策变化之间存在明确的关系,金登指出:"一旦我们认识了这些独立产生的源流,那么理解议程和政策变化的关键就是它们的结合。这些源流在关键时刻汇合在一起。一个问题被识别了,就可以得到一个解决办法,这种政治气候便使适合变革的时机出现,而且这些约束条件也阻止不了行动。一些倡议者提出了他们的建议,然后等待他们能够提供解决办法的问题的出现,或者等待政治源流中出现一些使他们的政策建议更有可能被采纳的政策

---

① March J. Understanding How Decisions Happen in Organizations[C]//Shapira Z. Organizational Decision Making. New York:Cambridge University Press,1997:23.

制定者。"①三个源流的结合被称为"政策之窗",促进不同源流之间融合的人员被称为"政策制定者"。

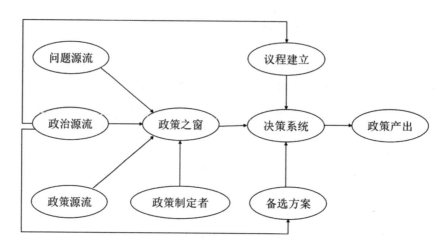

图 5-1　多源流模型结构整合图

1. 问题源流

问题源流的主要作用是推动问题被纳入政府议程。在这一源流中,不同行动者围绕着什么是政策问题进行争论,都希望将自己认为的政策问题纳入议程。政策问题是指客观状态与主观价值发生偏差,它是主观价值对客观状态进行评估的结果,因此政策问题的建构涉及对客观状态赋予意义。由于决策者注意力有限,不同行动者会在争夺注意力方面进行竞争,这正是议程设置理论的主要内容。问题源流在议程建立中发挥关键作用,它通过指标(indicators)、焦点事件(focusing events)、反馈(feedback)和负担(loads)等方式来促进议程的建立。指标通常被用来衡量事物的状态、程度和变化范围,它是促进议程形成的一种重要方式。焦点事件(focusing events)是引起决策者及周围人们对某一问题进行关注的重要推动力。金登指出:"这种推动力有时是由焦点事件提供的,这些焦点事件包括引起人们关注某个问题的一次危机、一种变得流行的符号或政策制定者的个人经历。"②反馈是影响决策者对某一问题进行关注的另外一种途径。反馈的渠道包括系统监控、抱怨、个别调查以及官僚的经验。反馈的内容主要包括其执行结果不符合立法意图和上级行政意图,或者不能实现事先规定的目标,以及项目成本过高等,公共政策的意外后果都将引起决策者的关注。负担是指一个机构处理问题的能力,如果政策制定者正面临大量问题需要处理,那么一个新的问题进入决策者视野的可能性就很小③。

---

① 约翰·W.金登.议程、备选方案与公共政策[M].2版.方兴,译.北京:中国人民大学出版社,2004:110.
② 约翰·W.金登.议程、备选方案与公共政策[M].2版.方兴,译.北京:中国人民大学出版社,2004:119.
③ Jones M D,Peterson H L,Pierce J J,et al. A River Runs through It:A Multiple Streams Meta-Review[J]. Policy Studies Journal,2016,44(1):13-36.

2. 政策源流

政策源流的核心作用是推动备选方案和政策建议的产生,它由一些专业人员组成的政策共同体(policy community)或政策网络(policy network)主导,思想在共同体中竞争、软化和被接受。金登将政策源流称为政策原汤(policy primeval soup),他认为:"在这个共同体中,备选方案和政策建议的产生过程类似于一种生物的自然选择过程。正如生命诞生之前分子在生物学家所谓的'原汤'中四处漂浮一样,思想也在这些共同体中四处漂浮。许多思想都是可能的,这就犹如许多分子都是可能的一样。思想先是变得很显著,然后又消失。'软化'是一个很长的过程:思想漂浮、提出议案、做演讲、草拟政策建议,然后根据反应修改议案,并且再一次漂浮起来。不同的思想之间相互对抗(犹如不同的分子相互碰撞一样),并且以各种各样的方式彼此结合。这种'汤'不仅通过出现一些全新的元素而发生变化,而且更多的是通过对以前就存在的元素进行重组而发生变化。尽管在这盆政策原汤中有许多思想四处漂浮,但是如同在一个自然选择系统中的情况一样,只有那些符合某些标准的思想才会坚持下来。有些思想幸存下来并且得以成功;有些政策建议则比其他政策建议更受重视。"[①]由此可见,在政策源流中,政策网络的融合程度、政策建议的标准和软化过程对政策建议的产生发挥着关键作用。

3. 政治源流

政治源流是指对议程或产出有影响的政治和文化情景。对此,金登针对美国的情况进行了详细的阐述:"政治源流独立于问题源流和政策源流,它由诸如公众情绪、利益集团间的竞争、选举结果、政党或意识形态在国会中的分布状况以及政府的变更等因素构成。既不同于专业人员共同体中所发生的事件,也不同于使问题引起政府内部及其周围人的关注,政治源流中所发生的是诸如国会中出现新的多数党或者产生新一届政府这样的事件。政治源流中的这些发展对于议程具有重大影响,因为新的议程项目变得更重要,而其他项目在一个更为有利的时机之前一直都被束之高阁。"[②]对于金登而言,政治源流中的"政治"主要是指选举、政党或利益集团等。目前,在讨论政治源流时,多数学者会重点对国民情绪、政党意识形态和利益平衡问题进行阐述。

4. 政策制定者

政策制定者是多源流模型中最重要的行动者,也是促进多源流融合从而实现政策变迁的主要推动力量。政策制定者在多源流模型中发挥着双重作用。一方面,在讨论政策源流时,笔者已经指出,政策制定者在新思想的"软化"和备选方案的产生中发挥着不可替代作用;另一方面,政策制定者也是在政策之窗出现时,促进问题源流、政策源流和政治源流融合的主要行动者,他们将解决方案与问题结合,并且寻找适合将问题纳入议程和符合他们期望的备选方案的政治氛围。对此,金登明确指出:"成功的政策制定者的品质在'软

---

① 约翰·W.金登.议程、备选方案与公共政策[M].2版.方兴,译..北京:中国人民大学出版社,2004:148.
② 约翰·W.金登.议程、备选方案与公共政策[M].2版.方兴,译.北京:中国人民大学出版社,2004:184.

化'政策制定系统的过程中十分有用,我们在讨论政策源流时对此进行了描述。但是,政策企业家的作用不仅仅在于推出、推出、再推出他们的政策建议或他们对问题的认识,他们还暗暗地等待——等待一扇政策之窗的打开。在抓住机会的过程中,他们对于这些源流在政策窗口的结合具有极为重要的作用。"①政策制定者促进多源流融合的影响因素主要有三个:资源(resources)、进入(access)和战略(strategies)。

5. 政策之窗

问题源流、政策源流和政治源流分别独立运行,它们在政策之窗开启时进行融合。政策之窗构成了决策产生的制度情景(institutional context),它是政策产生的限制条件和机会。政策之窗与垃圾桶决策模型的决策机会类似,金登借鉴航空发射时窗口的含义,将政策之窗应用于政策领域。金登认为:"政策之窗是政策建议的倡导者提出其最满意的解决办法的机会,或者是他们促使其特殊问题受到关注的机会。"②政策之窗开启时间短,稍纵即逝,需要政策制定者把握机会促进多源流融合。对此,金登指出:"当一扇政策之窗敞开的时候,政策建议的倡导者就意识到他们的机会来了,并且会抢着去利用这个机会。"③对于政策之窗开启的原因,金登指出:"从根本上看,一扇政策之窗之所以敞开,其原因在于政治源流的变化(例如,行政当局的变更、政党或意识形态在国会席位分布上的改变,或者国民情绪的变化);或者说,政策之窗之所以敞开,其原因在于一个新的问题引起了政府官员及其周围人们的关注。"④这意味着,政策之窗可以分为问题之窗和政治之窗,它们构成了打开政策之窗的两种机制。关于政策之窗关闭的原因,金登将其总结为五个方面:① 参与者可能觉得他们已经通过决策或者立法把问题处理了;② 与此密切相关的是,参与者可能没有采取行动;③ 促进政策之窗打开的事件可能会消失;④ 如果人事的变动打开了一扇政策之窗的话,那么人事情况也可能再度发生变化;⑤ 政策之窗有时关闭,是因为没有可行的备选方案。⑤ 因此,在政策之窗开启时,要"趁热打铁",因为等待下一次政策之窗开启可能需要很长时间。

6. 议程建立、决策系统与备选方案

多源流模型对于政策过程理论的重大贡献之一就是提出了两项重要的"前决策过程",即议程的建立和备选方案的阐明。目前,研究者在讨论多源流模型的构成要素时,都容易忽略决策过程,直接讨论政策产出。为此,图 5-1 将决策系统纳入多源流模型中,增加了议程建立、备选方案,其中,议程建立和备选方案属于金登所谓的"前决策",而决策系统则属于正式决策过程,它也是政策产出的基础。对此,金登指出:"我们所设想的情况是这三个源流都穿过该决策系统,即问题源流、政策源流和政治源流。它们是相互独立的,它们各自都是按照自己的动态特性和规则发展的。不过,在有些关键的汇

---

① 约翰·W.金登.议程、备选方案与公共政策[M].2版.方兴,译.北京:中国人民大学出版社,2004:228.
② 约翰·W.金登.议程、备选方案与公共政策[M].2版.方兴,译.北京:中国人民大学出版社,2004:209.
③ 约翰·W.金登.议程、备选方案与公共政策[M].2版.方兴,译.北京:中国人民大学出版社,2004:221.
④ 约翰·W.金登.议程、备选方案与公共政策[M].2版.方兴,译.北京:中国人民大学出版社,2004:212.
⑤ 约翰·W.金登.议程、备选方案与公共政策[M].2版.方兴,译.北京:中国人民大学出版社,2004:213-214.

合处,这三条源流会结合在一起。"①对于"前决策"和"决策"过程,扎哈里亚迪斯借用西蒙的决策理论,将其称为决策的三个问题,即注意力是如何分配的,搜索是如何实施的,选择是如何被施加偏见的。二者之间没有本质的区别,属于用不同语言来对同样的决策过程进行描述。

议程的提出推进了政策过程理论的研究,这也构成了多源流模型的主要特色之一。议程代表了权力的第二面性,否定性权力也是一种重要的权力[②]。议程的建立会受到问题源流和政治源流的影响,这两个独立的源流都可能推动政府对某些议题的关注。备选方案的阐明是多源流模型中有关"前决策"讨论的第二项内容,它意味着政府官员以及与其密切相关的人们对一套政府行动的备选方案也很重视。对于政策过程而言,备选方案的阐明会受到政策源流的影响,政策制定者和政策共同体都会对备选方案的产生发挥影响。决策系统是正式的决策过程,是政策方案产生的舞台。所有的政策产出,都是由决策系统创造的,都是决策系统的产物。多源流模型对于决策系统中决策逻辑的描述,主要是借鉴了垃圾桶决策模型中有关决策的思考,这是一种不同于理性选择理论的决策理论。扎哈里亚迪斯从选择的角度讨论了决策系统,认为决策系统中有选择可能会因为政策企业家的操纵而存在偏差(bias),造成偏差的因素包括框架效应(framing)、情绪启动(affect priming)、渐进战术(salami tactics)和符号的使用(use of symbols)。对于多源流模型而言,决策系统因为政策之窗开启,触发问题源流、政策源流和政治源流的有机融合,从而使得政策得以产生。

---

① 约翰·W.金登.议程、备选方案与公共政策[M].2版.方兴,译.北京:中国人民大学出版社,2004:23.
② Bachrach P,Baratz M S. Two Faces of Power[J]. American Political Science Review,1962,56(4):947-952.

第二节 实验设计

一、实验目的

通过对公共政策多源流模型的设计,我们可以了解公共政策的产生与触发问题源流、政治源流和政策源流的关系,并且掌握公共政策产生过程中所涉及的因素,理清其中的关系,为今后的理论与实践学习打下基础。

二、实验步骤

1. 归纳整理以上有关公共政策执行过程的概念以及所有学者的观点。
2. 熟练掌握金登的多源流模型,寻找一个典型的案例作为材料。
3. 通过分析案例的方式,找出案例与学者观点之间的契合点。

三、实验要求

1. 利用知网找出参考文献以及有关案例。
2. 理清其中的关系,并通过构建框架图表的方式表现。
3. 综合学者观点以及现实案例,将图表信息表达清楚。

四、实验成绩

序号	实验要求	分值
1	概括分析多源流模型理论	40
2	将多源流模型与案例紧密结合	30
3	因素之间排序正确,描述准确	30

五、思考题

1. 什么是多源流模型?
2. 多源流模型的基本假设是什么?
3. 多源流模型构成要素有哪些?

第三节 实验材料

北京医耗联动综合改革实施方案

为全面贯彻落实党中央、国务院关于深化医药卫生体制改革的决策部署,积极探索多种有效方式,逐步建立科学合理的医疗机构收入补偿机制,依据《国务院关于印发"十三五"深化医药卫生体制改革规划的通知》(国发〔2016〕78号)、《国务院办公厅关于城市公立医院综合改革试点的指导意见》(国办发〔2015〕38号),结合本市实际,制定本方案。

一、改革范围

根据北京医改协调小组会议精神,本市行政区域内政府、事业单位及国有企业举办的公立医疗机构和军队在京医疗机构适用本方案。

政府购买服务的社会办医疗机构、基本医疗保险定点的社会办医疗机构,可自愿申请参加本次医耗联动综合改革,并执行各项改革政策。

二、改革目标

医耗联动综合改革要坚持改革与改善、改革与监管、改革与保障同步推进,主要内容是"一降低、一提升、一取消、一采购、一改善"。其中,"一降低"是指降低医用设备检验项目价格;"一提升"是指提升中医、病理、康复、精神、手术等医疗服务项目价格;"一取消"是指取消医用耗材加成;"一采购"是指药品耗材集中采购;"一改善"是指进一步改善医疗服务,增强群众获得感。

通过取消医用耗材加成、开展国家药品集中采购试点、实行京津冀医用耗材联合采购,为规范调整医疗服务项目价格腾出空间,从而理顺医疗服务比价关系,更好地体现医务人员技术劳务价值,提升医疗质量和服务水平,更好满足人民群众需要。

三、重点改革任务

(一)规范调整医疗服务项目价格

按照"总量控制、结构调整、有升有降、逐步到位"的原则,提高本市中医、病理、康复、

精神、手术等五类医疗服务项目价格,降低医用设备检验项目价格,优化调整医疗服务比价关系。

（二）取消医用耗材加成

在医药分开综合改革取消药品加成的基础上,取消医用耗材加成,推动医疗机构由资源消耗型向质量效率型转变。

（三）开展国家药品集中采购试点和京津冀医用耗材联合采购

在公立医疗机构有序开展国家药品集中采购试点,实行带量采购,完善配套措施,进一步规范药品流通秩序,降低药品价格,促进药品合理使用,保障群众用药安全。继续实施心内血管支架等六类医用耗材京津冀联合采购,研究推动逐步扩大三地联合采购的范围和规模。

（四）改善医疗服务

推广预约诊疗,改进急诊急救服务,积极推进就诊信息互联互通,提高医疗服务效率。完善分级诊疗,建设国家级临床重点专科医联体服务点,推广"智慧家医",提升群众就医便利度。优化医疗服务流程,严厉打击"号贩子"和"网络医托",维护就医秩序。推广多学科诊疗,提升护理服务质量,改善医疗服务体验。

（五）加强综合监管和绩效考评

各有关单位要立足自身工作职责,围绕医疗服务、药品耗材采购、医疗服务价格等方面加大监管力度。加强对医疗机构在社会效益、服务质量、成本控制、可持续发展等方面的绩效考评,完善以绩效考评为基础的绩效工资制度,健全对医疗机构的激励约束机制,调动医务人员积极性,构建和谐医患关系。深入开展医德医风行风建设,严肃查处行业不正之风和侵害群众利益的行为。

（六）加大医疗保障和支付方式改革力度

市医疗保障部门要同步研究完善医保报销和医疗救助等相关政策,将符合规定的医疗服务项目纳入基本医疗保险报销范围。对社会救助对象加大医疗救助力度,发挥好兜底保障作用。进一步完善医保基金总额预算管理制度,发展复合式的医保支付方式。

四、保障措施

（一）加强组织领导

依托北京医改协调小组,统筹协调医耗联动综合改革工作,及时研究解决改革中遇到的重大问题,确保各项改革措施协同发力、平稳推进;市卫生健康委、市医改办承担日常协调推进工作。各有关单位、各区政府要建立相应工作机制,周密部署,精心组织,采取有力举措,确保各项改革措施落到实处。

(二)细化责任分工

市发展改革委、市市场监管局、市药监局等有关单位要综合研判、深入分析改革实施过程中本领域存在的风险,制定应急处置预案,加强对改革实施的指导监督。市发展改革委、市医保局负责加强价格管理,指导和监督医疗机构更新价格目录并公示。市医保局负责落实本次改革中的医保政策,健全复合式的医保支付方式,完善针对社会救助对象的医疗救助措施,做好国家药品集中采购试点和京津冀医用耗材联合采购工作。市卫生健康委负责做好改善医疗服务等相关工作。市价格监督检查部门负责依法严厉查处医疗服务项目价格违法行为。市药监局负责加强对药品、耗材的质量监管。市人力资源社会保障局负责研究提出推进公立医疗机构薪酬制度改革方案,科学核定医疗机构绩效工资总额。各级财政部门负责做好本次改革工作的经费保障。

(三)做好宣传引导

坚持正确的舆论导向,充分利用各种新闻媒介,加强政策宣传解读,及时回应群众关切,合理引导社会预期,广泛凝聚共识,在全社会形成关心改革、支持改革、参与改革的良好氛围。

(四)加强监测和评价

市卫生健康委、市发展改革委、市医保局等单位要结合各自职责,对医耗联动综合改革实施情况开展监测,明确监测指标、监测对象及监测办法,定期形成监测报告。适时聘请第三方机构对改革进展及成效进行评价,及时完善政策措施,确保实现预期改革目标。

(改编自北京市人民政府办公厅关于印发《北京医耗联动综合改革实施方案》的通知[EB/OL].[2018-12-26].http://www.camdi.org/news/7684.)

第四节 实验报告

院系			专业		
班级		姓名		学号	
实验教师		成绩		日期	
实验名称					

一、实验目的

二、实验原理

三、实验步骤

四、实验数据(如有,请简要列出)

五、实验结果

六、讨论分析(完成指定的思考题和作业题)

七、实验总结及改进实验的建议(如有,请简要列出)

备注:

第五节 实验答案

基于多源流理论视角的北京医耗联动综合改革政策制定过程

推进医疗服务价格改革是价格机制改革和深化医药卫生体制改革的重要内容。医疗服务价格改革涉及面广、影响大、情况复杂。它与医药、医保、医疗等政策密切相关,对医疗机构的经营和发展影响深远。医疗服务价格低,药品和医用耗材成本高,不仅贬低了医务人员的劳动技术价值,背离了市场价值规律,而且严重阻碍了医疗卫生事业的健康发展。为贯彻党中央、国务院关于深化医药卫生体制改革的决策部署,巩固北京市医药分开综合改革成果,进一步规范医疗服务行为,完善医疗机构补偿机制,控制医疗费用不合理增长,根据北京市委、市政府的研究,北京市于2019年6月15日正式启动医耗联动综合改革。此次医耗联动综合改革是北京医药分开综合改革的深化,是完善医疗机构补偿机制的又一次改革。北京医耗联动综合改革政策的形成过程与多源流模型的内在逻辑高度契合,是问题源流、政策源流和政治源流耦合、共同作用的结果。运用多源流模型对医耗联动综合改革政策进行分析,可以有效了解政策形成的全过程,这对于进一步推动政策执行和客观分析各利益相关者的行为具有重要意义。因此,有必要回顾北京市医耗联动综合改革政策方案的制定过程,了解推进政策议程的关键驱动力,分析影响政策出台的重要因素,为完善医耗联动综合改革政策提供参考。

一、多源流模型视阈下北京医耗联动综合改革三大源流分析

1. 问题源流分析

(1)不合理的医疗服务价格。我国医疗服务价格长期偏低,价格远低于实际成本,不能很好地反映医疗服务成本,降低医务人员的实际价值贡献,阻碍了医务人员的主动性。不合理的医疗服务价格扭曲了医疗机构的补偿机制,间接导致过度医疗、医疗费用快速增长等不良后果。患者愿意为有形的药品、耗材付费,但不愿意为体现知识价值的医疗技术服务支付更多费用。社会对医疗服务价格的调整也非常敏感。政府严格控制医疗服务价格,有些地方甚至有十多年都没有进行过调整。北京医药服务价格改革前,普通医疗服务费为5元,专家医疗服务费为7元,护理费和手术费也很低,医疗服务价格严重扭曲。

(2)以检查、耗材补医。长期以来,医院发展和经营资金的主要补偿渠道是医疗服务收费、药品加成收入和政府财政补贴。由于医疗服务价格多年没有调整,财政补贴不足,

医院把增加收入的重点放在药品的加成收入上,这种体制机制造成的"负向激励"严重阻碍了医学技术的进步与发展,扭曲了一些公立医疗机构和医务人员的行为。近年来,随着新医改推进,各地逐步取消药品加成政策,但公立医院逐利机制仍未根本破除。

2. 政策源流分析

政策源流是指由政府官员、政治活动家、学者、专家组成的政策共同体,他们通过撰写文章、提供证据等方式,为政策制定提供建议和方案。政策源流对社会问题是否能够进入政策议程具有重要影响。各地对医疗服务价格的改革探索,为北京医耗联动综合改革方案的推出奠定了坚实的基础。重庆分别于2015年和2017年实施了两次医疗服务价格调整。浙江、天津、青海、江苏、山东、安徽等地通过提高医疗技术服务项目价格、降低检验化验项目价格,弥补了政策亏损。上海采用精细的定量方法来计算医疗服务成本,在医疗服务价格设计中体现了医疗服务中的人力成本,为科学调整医疗服务价格项目提供了依据。各地的诸多改革经验和创新举措,通过社交媒体的广泛传播,成为北京市医耗联动综合改革政策的强大推动力。

北京医耗联动综合改革方案实施前,国家和北京市已出台了一系列涉及医疗服务价格改革内容的政策。自2017年4月8日起,北京实施医药分开改革,所有公立医疗机构都取消了挂号费、诊疗费和药品加成(不含中药饮片),设立了医事服务费。利用取消药品加成腾出的费用空间,提高诊疗、手术、康复、护理、中医药等体现技术服务价值的价格,降低大型设备的检验、治疗和检验价格,在理顺价格比较关系方面取得了突破。前期政策为北京医耗联动综合改革政策提供了重要信息反馈,实现了对以往政策目标和内容的延续,反映了新政策与原政策之间的兼容性。

3. 政治源流分析

政治源流对政策制定的影响,主要是由党和政府的执政理念、公众舆论以及各相关部门、利益团体之间的相互作用等构成,是政策议程中的重要组成部分。

(1)党和政府的执政理念。党和政府的执政理念对北京医耗联动综合改革方案政策文件的出台具有决定性的作用。随着医药卫生体制改革的持续深化,实行"三医"联动,理顺医疗服务比价关系已经成为建设"健康中国"的重要目标。医疗服务价格改革是在市场和政府共同作用下逐步推进的改革。目前,医疗服务价格体系没有合理反映医务人员的劳动技术价值,没有充分调动医务人员参与医疗改革的积极性。党和政府的执政理念均强调了以人为本的发展理念,注重社会公平性与可持续发展性的缔造,实现人民对美好生活的向往。医药卫生体制改革是维护人民群众健康福祉的重大民生、民心工程。北京医耗联动综合改革正是切合了全面深化医疗改革、完善医疗机构补偿机制的需求,是贯彻落实不断增进人民群众健康获得感的有力举措。

(2)公众舆论。公众舆论一般指广大公众对社会发展和有关事件过程所形成的态度和情感,包括公众情绪、广泛的社会运动等形式,是影响政策议程乃至决策结果的重要因素[①]。北京医耗联动综合改革政策反映了公众的价值倾向和利益诉求。公众舆论形成的强大外部压力促使政策制定者更加关注公众视角,在政策制定过程中不断寻找新的问题解决方案。在新闻媒体的传播作用下,医疗费用不合理增长、医疗服务价格扭曲、内部构成不合理等问题引起了公众注意,提高了公众对医疗费用和医疗服务质量的关注度,这也激发了他们参与政策方案改革的主动性。

(3)政府各相关部门的协同配合。医耗联动综合改革是一个复杂的系统工程,需要充分发挥医疗机构、医保部门、医药企业等各方的联动作用。物价、卫生健康、人力资源社会保障、财政等各相关部门的协调与合作,打破了部门之间的障碍和限制,各部门最大限度地发挥了自身的职能,有力地推动了政策的制定,保证了医疗服务价格改革方案的实施。

(4)利益集团的驱动。随着医疗卫生体制改革的不断深入,医疗服务收入对公立医院的补偿效应越来越受到重视。在取消药品和医用耗材加成的背景下,如何保证公立医院的可持续运行、患者医疗费用的可负担性和国家财政压力的可承受性,成为政府、医院和患者共同关注的焦点问题。通过合理定价和调整医疗服务价格,充分发挥医疗服务收入对公立医院的补偿作用,是完善公立医院补偿机制的突破口。医务人员对医疗服务价格改革有强烈的诉求,希望通过综合改革重新核定能够真正体现其劳动技术价值的医疗服务价格。患者治疗费用的高低与医疗服务价格密切相关。医疗服务价格的不合理往往表现为医疗费用的不合理增长。全面取消药品和耗材加成政策的实施,能有效减缓患者的医药和医用耗材费用的不合理增长,"看病贵"现象将得到很大程度的遏制,符合人民群众的期望。公立医院、医务人员、患者三方利益集团的关注为北京医耗联动综合改革政策的制定提供了驱动力。

4. 三大源流的耦合开启了政策之窗

问题源流、政策源流、政治源流相互独立,当它们在某个关键时间点汇合时,就开启了政策之窗。政策制定者利用政策之窗开启的机会,通过促进问题源流、政策源流和政治源流的融合来推动政策变迁。[②] 近年来,卫生费用不合理增长、以检查和耗材补医、公立医院逐利行为等问题,受到了国家和地方政府的高度关注,同时媒体的宣传报道形成了强大的舆论氛围,促进了政治源流和问题源流的融合。政治源流为问题源流提供了改革理念与发展思路。同时,政治源流对问题源流的高度关注和一系列措施也促进了政策参与者的积极行动。政策参与者的探索与实践、改革试点经验的启示、专家学者的政策建议,为政策制定者提供了可供参考的思路。在政府内部和外部行为者的共同影响和促进下,问题源流、政治源流、政策源流不断积累、互动和酝酿,寻求突破的动力和机会。在本材料中,北京医耗联动综合改革方案的问题源流、政策源流、政治源流汇合,开启了政策窗口,政策制定者积极行动,推动医耗联动改革政策进入政策议程。三大源流的正式耦合,标志着北京医耗联动综合改革政策方案正式落地(见图5-2)。

[①] 徐碧滢,李力桢.多源流理论视角下医师多点执业政策研究[J].现代医院管理,2016,14(1):17-20.
[②] 李文钊.政策过程的决策途径:理论基础、演进过程与未来展望[J].甘肃行政学院学报,2017(6):46-67+126-127.

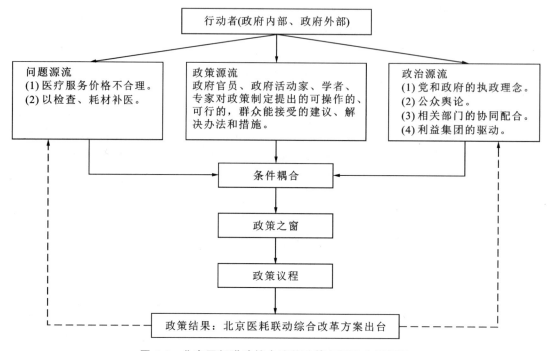

图 5-2　北京医耗联动综合改革政策多源流分析框架

二、讨论

1. 强化政策制定前的问题识别意识,拓宽问题源流渠道

问题源流是政策议题确立的前提。只有对于准确反映当前实际情况的问题,政策制定者才能给予足够的重视。同时,还需要有现行条件下针对该问题的反馈信息,这样才能有效推动问题进入政策议程。随着新医改的不断深入,当前改革涉及的问题都是难点和痛点,更需要拓宽信息来源渠道,除了医院和患者的反馈外,还应从公共卫生应急事件、指标等方面评估现行医疗服务价格体系存在的问题,让舆论及时准确地发挥作用。

2. 建立政策共同价值观

政策源流已展现了试点地区改革政策的可行性,但仍未能体现专业人员的共同价值观,人们在医疗服务价格调整的标准与幅度方面缺乏共识。大多时候,政策的制定是官方决策者发挥决定性作用,而非官方参与者发挥的作用较小。因此,应扩大政策制定参与者的类型和人数。在决策过程中充分发挥专家、媒体和利益集团的参谋作用,平衡各方利益,建立政策共同价值观,使政策过程更加民主化、科学化,从而真实客观地反映广大人民的意愿。

3. 把握耦合时机,开启政策之窗

打开政策之窗的关键在于三大源流的耦合。在政策制定过程中,政策制定者应重视政策之窗,增加政策之窗开启的频率,可以通过增强焦点问题的媒体宣传力度、提高利益集团代表在政策决策者中的地位来完善多部门合作机制,打破政策之窗开启的壁垒。

综上所述,多源流理论作为经典的政策分析工具,全面阐释了政策制定中的影响因素和演化过程,对我国医疗改革政策的制定具有一定的指导意义。针对政策执行中存在的问题,还可以借鉴多源流模型理论,通过政策评估、信息反馈等渠道,拓展医耗联动改革政策执行中的问题来源,准确界定政策问题;通过扩大政策制定过程的参与者范围,重视政策的"软化",提高各利益相关者对政策的认可度,为完善医耗联动综合改革政策提供动力。

(改编自梁冠楠,王虎峰.基于多源流理论视角的北京医耗联动综合改革政策制定过程研究[J].中国医院,2021,25(3):5-8+14.)

拓展材料

第六模块 博弈决策模型实验实训

第一节 实验技术

一、博弈理论的概念

博弈理论研究的是在特定情况下如何进行理性决策的问题。这种特定情况是指两个或两个以上的参与者,他们彼此存在利害关系,其中每个人的选择都会对他人的决定产生影响,最终的结果依赖于所有参与者的选择。在政策制定过程中,也会出现类似的情况,当孤立的最优选择不存在,只能根据他人的选择做出自己最佳的决定时,博弈理论就能派上用场了。

博弈理念源于互为因果、相互关联的选择。它的每个参加者不仅要考虑自己的需要和能力,而且要对他人的预期行为做出判断,然后调整自己的决定。"博弈"这个词有游戏的含义,看似难以应用到严肃的场合,但事实恰恰相反,博弈的技巧可以用来处理重大的政策问题。博弈的参与者可以是个人,也可以是组织或政府,只要他们能够以明确的目标为导向实施理性的行动。

博弈理论并不是用来描述人们实际上如何进行决策,而是用来解释理性的人在竞争状态下会怎样考虑决策。博弈理论是一种理性的模型,它更多地适用于竞争环境。一般而言,在竞争环境中,自己的选择往往依赖于对手的选择。比如下围棋,一个人在头脑中考虑的招法是好是坏,要依赖于对手的招法。博弈理论启发我们,要在考虑了对手所有选择的基础上,做出自己最理性的选择。

二、博弈决策模型的实质性内涵

在博弈理论中,还有一个非常关键的概念——策略。它所对应的是这样一种理性决策的情境,即在考虑了对手可能做出的所有选择之后,设计一组行动并使之达到最优的结果。博弈理论者借用了这样一个词——"最小最大化"来阐述理性策略的实质性内涵。对博弈的参与者而言,无论对手怎样做,其选择都是为了使自己实现最大的损失最小化或最小的收益最大化。"最小最大化"的理性策略能够有效地抑制对手的最佳选择给自己造成的伤害。它也许会被认为是一种非常保守的策略,因为它所设计的行为只是为了减少损失或确保最低限度的收益,而不是冒很大的风险去获取最大的利益。但是,绝大多数的博弈理论者都把"最小最大化"视为最佳的理性策略。

三、博弈决策模型之"囚徒困境"

"囚徒困境"是博弈理论中非零和博弈的代表性例子,它反映的是个人最佳选择并非团体最佳选择。假设两个同案犯都被抓进了监狱,他们被分别囚禁、分别审理。法官认定这两个人都犯了罪,但如果两个人都不坦白,法官没有充分证据定他们的罪,只能根据一些次要证据判处每人5年监禁;如果两个人都坦白,他们就会受到从宽惩处,每人被判10年监禁;如果一个人坦白而另一个人不坦白,坦白者将功折罪,从轻发落,处以1年监禁,不坦白的人将被处以所犯罪行的最高刑罚——20年监禁。"囚徒困境"的博弈矩阵如图6-1所示。

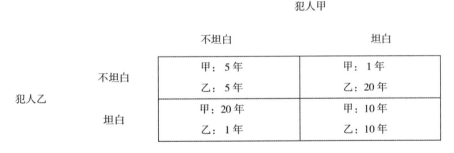

图 6-1 "囚徒困境"的博弈矩阵

现在的问题是,这两名囚犯被分别审讯,他们都知道以上量刑标准,但他们又被隔离囚禁,都不知道对方将做何选择,他们应该怎样选择自己的对策呢?犯人甲和犯人乙都会考虑对方做出选择之后自己的最佳选择。对于犯人甲而言,如果犯人乙选择不坦白,犯人甲的最佳选择是坦白,因为他坦白后所受的惩罚轻于不坦白所受的惩罚,即监禁1年轻于监禁5年;如果犯人乙选择坦白,犯人甲的最佳选择仍是坦白,因为监禁10年轻于监禁20年。这样,无论犯人乙做出什么选择,犯人甲都会选择坦白。同理,犯人乙所做出的最佳选择也是坦白。那么,两人所受到的惩罚都是监禁10年。但实际上,如果两个人都不坦白,他们将得到一个对两个人都有利的判罚(监禁5年),但由于两人都害怕对方的坦白会使自己获罪20年,因而不愿选择不坦白。在竞争状态下,因为人是理性的,所以两个人都选择不坦白而各获罪5年的结果是无法达到的。这就是"囚徒困境"。值得注意的是,单次发生的"囚徒困境",和多次重复的"囚徒困境"结果会不一样。

四、博弈决策模型之"智猪博弈"

博弈理论里有一个非常有名的博弈模型,叫"智猪博弈"。它是由约翰·纳什(John Nash)在1950年提出的。假设笼子里面有两只猪,一只大猪,一只小猪。笼子很长,笼子的一头是一个踏板,另一头是饲料的出口和食槽。每踩一下踏板,在远离踏板的投食口就会落下少量的食物。如果一只猪去踩踏板,另一只猪就有机会抢先吃到另一边落下的食物。当小猪踩动踏板时,大猪会在小猪跑到食槽之前几乎吃光所有的食物;若是大猪踩动了踏板,则还有机会争吃到小猪还没来得及吃完的食物。

如果定量来看,踩一下踏板,将有相当于10个单位的猪食流进食槽,但是踩完踏板之后跑到食槽所需要付出的"劳动",要消耗相当于2个单位的猪食。

如果两只猪同时踩踏板,再一起跑到食槽吃,大猪吃到7个单位,小猪吃到3个单位,减去各自的劳动耗费2个单位,大猪净得5个单位,小猪净得1个单位。

如果大猪踩踏板,小猪等着先吃,大猪再赶过去吃,大猪吃到6个单位,去掉踩踏板的劳动耗费2个单位,大猪净得4个单位,小猪也净得4个单位。如果小猪踩踏板,大猪等着先吃,大猪吃到9个单位,小猪吃到1个单位,再减去踩踏板的劳动耗费,小猪是净亏损1个单位。如果大家都等待,结果是谁都吃不到。可以得出结论,唯一解是大猪踩踏板,小猪等待。智猪博弈模型如图6-2所示。

		小猪	
		行动	等待
大猪	行动	大猪:5 小猪:1	大猪:4 小猪:4
	等待	大猪:9 小猪:-1	大猪:0 小猪:0

图6-2 智猪博弈模型

那么,两只猪各会采取什么策略呢?答案可能出乎意料:小猪将选择"搭便车"策略,也就是说,它会舒舒服服地等在食槽边;而大猪则为了食物不知疲倦地往返于踏板和食槽之间。

原因何在呢?因为小猪踩踏板将一无所获,不踩踏板反而能吃上食物。对小猪而言,无论大猪是否踩动踏板,不踩踏板总是好的选择。反观大猪,已明知小猪是不会去踩动踏板的,自己亲自去踩踏板总比不踩强吧,所以只好亲力亲为了。

如果采用定量分析的方法,"等待"是小猪的优势策略,"踩踏板"是小猪的劣势策略。先把小猪的劣势策略删除,再来看大猪的策略。由于小猪有"等待"这个优势策略,大猪只剩下了两个选择:等待,则1个单位都不得;踩踏板,则得到4个单位。所以"等待"就变成了大猪的劣势策略。把它也删除,就分析出相同的结局:大猪奔波于笼子的两端,小猪则坐享其成。

智猪博弈模型的结论似乎是,在一个对双方来说公平、公正、合理和共享竞争的环境中,有时占优势的一方最终得到的结果却有悖于其初始理性。这种情况也常常发生在现实生活中。

(改编自谢明.公共政策导论[M].5版.北京:中国人民大学出版社,2020:105-109.)

第二节 实验设计

一、实验目的

通过博弈决策模型的设计,分析在竞争环境下,如何综合考虑对手所有选择,做出自己最理性的选择,并通过案例分析使学生了解并掌握博弈决策模型的应用。

二、实验步骤

1. 掌握博弈决策模型的概念。
2. 寻找一个有关博弈决策模型的典型案例。
3. 分析案例中博弈决策模型的实际运用。
4. 结合学者的主要观点,分析根据博弈决策模型所做出的决策是否理性。

三、实验要求

1. 利用知网找出参考资料以及有关案例。
2. 分析案例中的主要博弈决策和作为,并通过构建框架图的方式表现出来。
3. 结合学者的主要观点,分析决策结果。

四、实验成绩

序号	实验要求	分值
1	掌握博弈决策模型的概念	30
2	分析案例中的主要博弈决策策略,并构建框架图	30
3	分析决策结果	40

五、思考题

1. 什么是博弈理论和博弈决策模型?
2. 什么是"囚徒困境"和"智猪博弈"?
3. 在现实决策中,如何应用博弈决策模型?

第三节
实 验 材 料

太原市"禁煤"政策的"一刀切"执行何以被叫停？

2016年7月，中国工程院在对《大气污染防治行动计划》（以下简称《大气十条》）进行中期评估的报告中指出，京津冀地区冬季污染极其严重，建议"加大秋冬季节污染防治工作力度"。习近平在中央财经领导小组第十四次会议上专题讨论了这件事，由此拉开了京津冀及周边地区"禁煤"政策的帷幕。冬季与其他季节相比，污染的差别在于冬季燃煤取暖污染。要想治理冬季的大气污染，就要实现清洁取暖，具体途径在于"禁煤"。禁止燃煤取暖之后，就要通过天然气、电来取暖。因此，从中央政府与地方政府的政策及其执行来看，冬季污染治理、"禁煤"、冬季清洁取暖、"宜气则气、宜电则电"等都是不同角度的表达。从地方政府的角度来看，围绕冬季清洁取暖而制定的相关政策，可以统称为"禁煤"政策。

2017年2月，环境保护部等10部委与京津冀周边6省市共同发布文件，要求北京市、天津市、廊坊市、保定市于当年10月底前完成"禁煤区"建设任务。文件虽未要求山西省太原市也建设"禁煤区"，但也被要求采取积极措施实现冬季清洁取暖。山西省政府自我"加压"，于4月12日出台了有关文件，要求"各市要全面加强城中村、城乡结合部和农村地区散煤治理，太原等城市要按照省环保厅关于燃煤控制的有关要求划定'禁煤区'……10月底前，完成燃料煤炭'清零'任务"。太原市的"禁煤"政策正式出台。与此同时，山西省政府积极谋求中央政府对太原等城市"禁煤区"建设的财政支持，最终，财政部、住建部、环保部和能源局四部委于5月16日联合发文，提出让相关地方政府申报"冬季清洁取暖试点城市"，通过"煤改气""煤改电"实现清洁取暖。经过激烈的竞争，太原市名列其中。

有了中央政府的财政支持，包括太原市在内的大部分试点城市都超额完成了"煤改气""煤改电"任务，导致2017年冬季取暖期到来时气源供应不足。对此，住建部于2017年12月11日发布紧急通知，明确要求"对尚未落实气源或'煤改气'气源未到位的区域，不得禁止烧煤取暖……切实增强人民群众获得感，努力让群众温暖过冬、满意过冬"。这一政策的发布，意味着此前的"宜电则电、宜气则气"的"禁煤"政策被迫修正。随后，中央政府适时提出"宜电则电、宜气则气、宜煤则煤、宜热则热"的政策。

但山西省政府在2018年5月25日的发文中提出，在2018年9月底前，全省11个设区市均要将城市建成区划定为"禁煤区"，禁止储存、销售、燃用煤炭，并明确要求在"在城市主要出入口及交通干线设置散煤治理检查站"。出于对气源保障等方面问题的担忧，中央政府在2018年6月至11月期间采取了会议强调、发文件指导约束等多种方式，明确禁止环保政策"一刀切"式执行，特别是6月13日，李克强在部署实施蓝天保卫战三年行动计划时,强调要"坚持从实际出发,宜电则电、宜气则气、宜煤则煤、宜热则热,确保北方地区群众安全取暖过冬",但中央政府的这些行为并没有引起相关地方政府的足够重视,效果并不明显。11月6日,中央生态环境保护督察组在"回头看"的过程中,接到群众的举报,督察组查处了太原市迎泽区的"禁煤"政策执行中的"一刀切"做法。自此,太原市"禁煤"政策的"一刀切"政策执行方式终止。

(改编自山西省人民政府办公厅关于印发山西省大气污染防治2018年行动计划的通知[EB/OL]. [2018-05-25]. http://shanxi.gov.cn/sxszfxxgk/sxsrmzfzcbm/sxszfbgt/flfg_7203/bgtgfxwj_7206/201806/P020180621395140640638.pdf.)

第四节 实验报告

院系			专业	
班级		姓名		学号	
实验教师		成绩		日期	
实验名称					

一、实验目的

二、实验原理

三、实验步骤

四、实验数据（如有，请简要列出）

五、实验结果

六、讨论分析（完成指定的思考题和作业题）

七、实验总结及改进实验的建议（如有，请简要列出）

备注：

第五节
实 验 答 案

"一刀切"式环保政策执行过程中的三重博弈
——以太原市"禁煤"为例

"一刀切"政策执行方式是采用相对单一的标准将政策内容简单化处理的一种懒政行为。在"一刀切"式环保政策执行过程中,存在着三重博弈:从中央和地方政府间博弈的角度来看,地方政府做出"一刀切"式的政策执行,是在中央监管严格、地方政府执行时间紧张且执行资源相对充分的情境下所选择的一种执行策略;从地方政府间博弈的角度来看,地方政府间客观存在的晋升和资源竞争博弈,强化了地方政府在特定情境下采取"一刀切"式政策执行的动机,推动了该执行方式的扩散;从政策的执行者与政策对象间博弈的角度来看,"一刀切"式政策执行方式对政策对象的利益造成了损害,导致其强烈反抗,要求终止"一刀切"政策执行方式。为避免"一刀切"式政策执行的产生,中央要督促地方政府规范执行政策,同时树立正反两方面的典型,防止"一刀切"政策执行方式的扩散,而地方政府则要将以人为本的执政理念贯穿于环保政策的执行过程之中。

纵观太原市"禁煤"政策的整个执行过程,其中存在三个层面的博弈:中央与地方政府间的博弈、地方政府间的博弈,以及政策执行者与政策对象间的博弈。

一、中央与地方政府间的博弈

在山西太原"禁煤"政策执行过程中,始终存在中央与地方政府间博弈的事实。太原"禁煤"政策执行中的中央与地方政府间博弈,以"访民问暖"活动为标志,分为前后两个阶段。

在前一阶段的中央与地方政府间博弈过程中,中央政府的行动策略主要有领导讲话强调、发文件制定规范性要求和常规检查督导等。

领导讲话强调能够给下级施加很大的压力,在一定程度上能改变下级工作的重心。在我国公共治理实践中,"领导高度重视"是一种科层运作的注意力分配方式,在避责式重视和邀功式重视两个维度下实现权威、人力和财力资源的倾斜性使用。由于上级决定着下级的考核评价结果以及晋升等利益相关的事项,上级重视、强调的事项,往往也会被下级重视,并尽可能地完成。上级领导的高度重视,能够对下级在执行任务过程中起到催化作用,能够敦促各项工作的顺利展开和高效率完成。太原市的"禁煤"政策是我国北方地区冬季清洁取暖政策的重要组成部分。2016年12月31日,习近平在中央财经领导小组第十四次会议上指出:"推进北方地区冬季清洁取暖,关系北方地区广大群众温暖过冬,关系雾霾天能不能减少……宜气则气,宜电则电,尽可能利用清洁能源,加快提高清洁供暖比重。"2017年3月,李克强在第十二届全国人民代表大会第五次会议上提出要"全面实施散煤综合治理,推进北方地区冬季清洁取暖"。国家领导人的这些讲话,表明了国家领导人在清洁取暖方面的态度,既给予中央政府各部门、相关地方政府很大的压力,也会在很大程度上影响地方政府的决策。

随后,中央政府相关部委制定了一系列具体推动北方地区清洁取暖的政策文件,形成一系列正式的制度性规范,在冬季清洁取暖事项上对地方政府形成了正式的压力。太原市政府在具体执行相关政策的过程中,又采取了一系列检查督导的措施。相关统计表明,从2016年6月实施生态环保督察制度开始到2017年10月26日,环保部对太原市共安排了12轮督察。

在此阶段的博弈过程中,太原市政府面对来自中央政府的压力,选择了不折不扣的执行策略。其主要原因在于:一方面,太原市政府执行"禁煤"政策的时间较为充裕,中央政府为其制定了为期三年的规划;另一方面,太原市政府在执行"禁煤"政策时的资源较为丰富。太原市政府2017年的财政收入只有311.85亿元,但执行中央政府的冬季清洁取暖政策后,中央财政每年会补助太原市7亿元,连续3年,相当于太原市每年的财政收入增加了约2.24%。此外,太原市如果不执行冬季清洁取暖政策,不"禁煤",那么太原市政府的损失会更大,因为太原市在冬季燃煤取暖的过程中会造成严重的空气污染,这样太原市的各类企业都必须强制停工停产,而停工停产会造成严重的GDP流失和税收损失。2017年,临汾市委书记在一次访谈中透露:从2016年11月以来,受几次环境预警的影响,企业停产、工地停工,临汾GDP损失30多亿元,增速放缓了2.8个百分点。环保成为经济发展的先决条件,太原市政府也通过诸多类似环境预警事件认识到环境保护的重要性。在认真执行有补助、不执行损失巨大的情况下,太原市政府认真执行冬季清洁取暖的"禁煤"政策,在2017年年底超额完成了中央政府规定的"煤改气""煤改电"目标。

在后一阶段的博弈过程中,中央政府对"禁煤"政策的态度发生了变化,由"宜电则电、宜气则气"转变为"宜电则电、宜气则气、宜煤则煤、宜热则热"的方针。在这一阶段,中央政府采取了领导讲话强调的方式,如在2018年10月26日至27日的全国生态环境系统改革工作座谈会上,生态环境部部长强调,严禁"一刀切";向各地方政府发布规范性文件,如生态环境部发布了《禁止环保"一刀切"工作意见》(以下简称《意见》)、《汾渭平原2018—2019年秋冬季大气污染综合治理攻坚行动方案》(以下简称《方案》)等;组成督导组到各地方政府进行检查督导,如生态环境保护督察组的"回头看"活动。中央政府的这些行为,虽然是常规性的,但是也给太原市政府造成了相当程度的压力。

太原市政府采取"一刀切"的执行策略来应对中央政府的政策转变,将"宜电则电、宜气则气、宜煤则煤、宜热则热"简化为"禁煤",忽略了"宜煤则煤、宜热则热"的政策内容,也就是说,太原市政府将"禁煤"的政策对象扩大到不宜电、气、热而宜煤的民众身上。这种执行策略选择的基础在于四点。一是太原市政府"一刀切"执行"禁煤"的资源比较丰富,有中央政府的7亿元拨款,有省政府的配套,还有与"煤改气""煤改电"相关商家的垫资。二是"禁煤"带来GDP增长的收益巨大。三是时间紧迫,2017年12月,住房和城乡建设部发布《关于开展城镇供热行业"访民问暖"活动 加快解决当前供暖突出问题的紧急通知》,给予太原市及相关地区的政府反应的时间很短,而当时正好是冬季供暖期的中间阶段,前期通过大量的宣传活动,太原市已经让民众在很大程度上接受了"煤改气""煤改电"政策,而且"禁煤"政策进入实质性执行才1个多月,此时距离冬季取暖期结束也只有3个多月。如果不严格执行"禁煤"政策,不但会使前期的宣传工作付诸东流,还要面对一系列次生问题,如已经"煤改气""煤改电"民众是否可以重新改为燃煤取暖;如果重新改为燃煤取暖,是否要给予他们补贴,补贴多少合适;如果可以改为燃煤取暖,那么不重新使用燃煤取暖的居民是否会觉得不公平;正在进行的"煤改气""煤改电"工程及相关家庭怎么办;中央政府和省政府拨付的专项补贴能否及时花完以及中央政府是否还会拨付剩余的资金等。而有效避免这些次生问题的途径就是继续实行"禁煤"政策,而且是针对所有居民实行"一刀切",以实现表面的平等来缓解上述矛盾。四是如果不坚持"一刀切"式执行"禁煤"政策,太原市政府对上、对外都难以自圆其说。2017年9月21日,太原市政府新闻办召开专题新闻发布会称,自4月开展散煤治理工作以来,"市区35吨及以下燃煤锅炉基本清零"。同年12月中旬,太原市环保局声称太原已超额完成农村煤改电、煤改气"双改"任务,"禁煤区"已实现清洁供暖全面覆盖。而太原市的禁煤区就包括太原市市区。如果让太原市市区的城中村居民继续使用燃煤取暖过冬,那么就与太原市政府此前的声明自相矛盾,难以自圆其说。此外,采取"一刀切"的方式继续执行"禁煤"政策,如果遇到本地居民的激烈反抗,还可以随时采取"一刀切"的方式停止"禁煤"政策。

因此,在执行压力变大、执行资源不变、执行时间紧张的情况下,太原市政府并没有采取新的方式来执行中央政府的最新政策,而是采取了"一刀切"的方式来执行中央政府的最新政策。"一刀切"执行的结果是太原市政府顺利地度过了2017年11月至2018年3月的冬季采暖期,没有受到来自上级政府的问责。以"一刀切"的政策执行方式度过该采暖期以后,山西省政府于2018年5月开始,将全省11个地级市的建成区改为"禁煤区",实行"禁煤"政策,而生态环境部发布的《意见》和《方案》以及10月26日至27日生态环境部部长的讲话等,都明确禁止实行"一刀切"。显然,山西省政府实行的"禁煤"政策与中央政府所发布的文件精神是不一致的,这给太原市政府造成了很大的困扰,但此时不是采暖期,不涉及文件内容的具体落实,属于政策文件的"空转"期,太原市政府采取了搁置拖延的执行策略。

到2018年11月1日,太原市的冬季采暖期到来时,"禁煤"政策如何执行迫在眉睫,太原市政府面临"一刀切"式"禁煤"政策执行与常规执行的选择。如果选择按照中央政府的要求来常规执行,太原市政府依然会面临与前一个采暖期同样的次生问题,而且还面临违背直接上级——山西省政府意图所带来的风险;如果继续选择"一刀切"执行方式,则能在避免这些次生问题的同时,还会有GDP增长的收益,风险是被中央政府发现并遭受相应的惩罚,但是风险只是有一定的概率,因为中央政府要监管的地方政府太多。在这种情况下,太原市政府选择了继续实行"一刀切"的政策执行策略,但是2018年冬季刚进入采暖期6天,中央政府就发现了太原市政府的"一刀切"行为,并予以公开通报处理。

二、地方政府间的博弈

在太原市政府采取"一刀切"的方式执行"禁煤"政策的整个过程中,也存在同级地方政府间的竞争博弈,而且同级地方政府间的竞争极大地推动了太原市政府继续实施"一刀切"政策执行的方式。

太原市设立"禁煤区"在一定程度上是地方政府间竞争的结果。"禁煤区"最早是《全国人大常委会执法检查组关于检查〈中华人民共和国大气污染防治法〉实施情况的报告》提出的建议,后在2000年修订通过的《中华人民共和国大气污染防治法》中予以规定,但各地实际落实的情况差异很大。2016年年底,中央财经领导小组第十四次会议释放出"大力推进北方地区清洁取暖"的信号;2017年,《京津冀及周边地区2017—2018年秋冬季大气污染综合治理攻坚行动方案》要求,北京等4城市在8个月内完成"禁煤区"任务,山西省政府随后要求太原等6市划定"禁煤区"。因此,太原市划定"禁煤区",一方面是大气污染治理的现实需要;另一方面,是出于与北京、天津、河北、山东、河南等邻近省份相关城市竞争的目的。

太原市成为北方地区冬季清洁取暖试点城市之一,是与北方地区相关城市政府竞争博弈的结果。中央政府让相关地方政府申报"冬季清洁取暖试点城市",采取各地市政府申报、省级政府推荐、相关部委进行资格审查、公开答辩、现场评审并公布结果的方式进行。由于进入北方地区冬季清洁取暖试点城市能够给相关城市政府带来巨大的现实利益和潜在利益,而且中央政府也没有明确表明会支持多少个城市试点、支持哪些城市试点,一些北方地区的相关城市进入了竞争博弈的程序。2017年6月,包括太原市在内的首批12个城市最终进入了试点城市名单。

进入试点城市名单后,这些城市就要为实现冬季清洁取暖而努力,积极执行冬季清洁取暖政策,即"禁煤"政策,因为中央政府在"禁煤"政策执行期间和执行结束后,财政部、住房和城乡建设部、环境保护部、国家能源局会组织进行绩效考核,并根据预定目标任务的完成情况拨付或清算资金。由此地方政府间进入了"禁煤"政策的执行博弈。在博弈过程中,"禁煤"政策执行得相对更好的地方政府,不仅会得到更多的中央政府拨款,还会取得更"耀眼"的政绩,从而在"晋升锦标赛"中胜出。因此,"禁煤"政策执行博弈导致地方政府间的执行学习和执行模仿,表现为考察学习、执行方式移植等,如长治市由市委主要领导带队主动走出去到兄弟地市学习政策和经验。而太原市政府在特定情境下做出的"一刀切"执行选择,也是学习和模仿的结果。如河北省曲阳县在2017年就实施了"禁煤"政策"一刀切"的执行方式,使得多所小学没能供暖,学生和教师上课受冻,2018年进而公开执行"燃煤取暖就拘留"等土政策;2010年,安徽、四川等地实施的拉闸限电式节能减排,也是对节能减排政策的"一刀切"执行。政策执行竞争方面学习和模仿的结果是:一旦某一城市实施了"一刀切"式"禁煤"政策,处于同样情境中的地方政府也会采取"一刀切"的方式来执行"禁煤"政策。从时间上来看,太原市政府的"禁煤"政策"一刀切"执行,是受拉闸限电式节能减排、"燃煤刑拘"等执行方式影响的结果。此外,在太原市、长治市、晋城市设立"禁煤区"的行为取得了良好的效果后,山西省政府发文要求各地市政府均要在2018年

9月底前设立"禁煤区",实行连片管控,"禁止储存、销售、燃用煤炭",并要求在"在城市主要出入口及交通干线设置散煤治理检查站"。这一要求与中央政府此前、此后的相关政策要求冲突,导致运城市、阳泉市、晋中市、朔州市对设置"禁煤区"处于观望的态度(设置"禁煤区"的文件滞后于山西省政府的要求),但吕梁市、忻州市、临汾市、大同市则出于在"锦标赛"中胜出的心理而积极设立"禁煤区"。这种状况反映了各地市在中央与省政府的文件内容冲突下的矛盾心理。上级政府的政策冲突与相关地市领导人的矛盾心理,导致太原市政府在2018年4月至10月期间对中央政府禁止环保工作"一刀切"的政策要求采取了搁置、拖延的策略。

三、政策执行者与政策对象间的博弈

在太原市政府采取"一刀切"的方式执行"禁煤"政策的整个过程中,还存在政策执行者与政策对象之间的博弈。二者的博弈以采暖季为标准,可以划分为两个阶段。

在前一阶段,即2017—2018年采暖期及以前,由于地方政府宣传工作做得很充分,而且中央政府也要求各试点城市政府将相关文件按信息公开有关规定通过政府门户网站公开,做到政策透明,"禁煤"政策获得了试点地区居民的认可与支持,如一项对山西省太原市晋源区Y村的访谈表明,不同年龄的居民都从不同的角度支持"煤改气""煤改电"。除了上述理由以外,作为政策对象的居民,之所以赞成"禁煤"政策,最重要的原因在于政府给予"煤改气""煤改电"用户大量的补贴。根据太原市人民政府办公厅《关于印发太原市2018年散煤治理实施方案的通知》规定,在"煤改电"方面,每个采暖期市县两级财政对完成"煤改电"的农户不分峰谷每度电补贴0.2元,每户最高补贴不超过2400元;在"煤改气"方面,居民用气量在2250方以内的,给予最高不超过2865元/户的补贴。在这些补贴政策下,太原市市区居民的冬季取暖费用基本上没有明显的变化,因而政策得到了大多数居民的认同,进而使得太原市政府在2017—2018年冬季采暖期的"禁煤"政策执行顺利。

然而,2017—2018年的冬季采暖期过去后,太原市居民——特别是城中村居民的态度在整体上发生了变化,由支持"禁煤"政策转变为反对。其原因有两点。一是城中村居民的冬季取暖成本急剧增加。经过一个采暖期后,城中村居民已经认识到"煤改气""煤改电"虽有政府的补贴,但他们的经济负担还是增加了。二是政府的补贴往往滞后。"煤改电""煤改气"需要居民先全额付费,待冬季取暖期结束后再进行身份识别、清算补助,时间跨度长,居民拿到补助时已到了下一个取暖季。据统计,在"禁煤"政策、冬季清洁取暖政策预算资金的执行过程中,太原市2017—2019年的总预算资金是425630万元,但执行率只有79.94%,是山西省各地市中除了阳泉市以外最低的城市,而太原市迎泽区的预算执行率仅为59.5%。

面对这一现实,太原市的居民开始反对"禁煤"政策。制度内的反对方式,包括通过街道等途径不断地催促"煤改电""煤改气"补贴的落实以及通过信访、市长热线、政府网络平台反映冬季取暖的问题。例如,从2016年至中央开启生态环境保护督察组"回头看"之前,通过省长信箱、市长热线(市政府"12345"热线)、市级"12369"平台、市级城乡管委"12319"平台等多个渠道,反映康乐片区供暖问题的群众举报共计309件。其中,通过市

级城乡管委"12319"平台反映的就有255件。而在中央第二生态环境保护督察组对山西开展"回头看"工作之际,次日便收到来自群众的7封关于该片区严禁用煤、无法温暖过冬的举报信,最终促使中央生态环境保护督察组叫停了太原市"禁煤"政策"一刀切"执行行为,并给居民发放洁净煤。

除了制度内的反对以外,太原市的居民还进行了制度外的、基于日常生活的反对行为。在2018年冬季取暖期开始以后,部分地区农村居民存在"改而不用"或不舍得用的现象,经济条件较差的农民直接恢复了散煤取暖。在太原市迎泽区康乐片区,散煤取暖被康乐街片区环保检查工作办公室严格禁止,散煤供应商无法将燃煤送到居民家中,因此,有些居民开始烧旧家具、废旧地板、枯枝朽木等,用以取暖。迎泽区居民(主要是城中村居民)的这种行为,使得环保检查工作办公室的"街头官僚"无可奈何,毕竟上级要求的是"禁煤",而居民用不起电也是事实。由此,在上级要求与居民实际需求的冲突中,"禁煤"政策的执行,演变成了"禁煤不禁污"。

太原市居民的制度内外的博弈行为选择,是基于自身利益的考虑。在该事件中,个体反抗的积极收益是整个片区、整个城市的人所共同享有的。采取反抗的行动者成本收益低于没有行动的人,但就个体的反抗本身而言,其行为都是低成本的。行为低成本,甚至个体行为的收益超过了行为的成本,使得民众与政府的博弈成为可能。

(改编自向俊杰."一刀切"式环保政策执行过程中的三重博弈——以太原市"禁煤"为例[J].行政论坛,2021,28(5):65-76.)

拓展材料

第七模块 精英决策模型实验实训

第一节 实验技术

一、精英决策模型的概念

1. 精英

精英即社会的成功人士,他们在能力、见识、胆识、财产、文化素养等诸多方面超过大多数群众,对社会的发展有着极其重要的影响。

精英阶层即拥有大量财富和社会地位,并且有一定的社会关系和背景的阶层。

"精英"一词最早出现在 17 世纪的法国,意指"精选出来的少数"或"优秀人物"。精英理论认为,社会的统治者是少数,他们在智力、性格、能力、财产等方面超过大多数被统治者,对社会的发展有重要影响,他们是社会的精英。其中极少数的政治精英代表一定的利益集团,掌握着重大决策权,他们的政治态度、言行对政治发展方向和前景产生重要影响,决定着政治的性质。

2. 精英理论

精英理论近似于英雄史观,它将公共政策视为把握统治权力的政治精英的价值偏好。其主要观点是:在政策制定和执行过程中,公众完全是被动的,他们的要求及行动对公共政策不会产生决定作用;与之相反,占统治地位的政治精英把握政策制定的主动权,公共政策完全由他们来决定,然后由行政官员及其机构加以执行。

3. 精英决策模型

政策分析理论模型是进行公共政策分析的学者为了对某一类或者某一领域的公共政策进行研究,根据相似性的原则进行选取或者创造一种理论分析系统代替现实的研究对象,对研究对象进行抽象概念描述的一种理论分析的方法①。通过政策分析理论模型来剖析政策过程,界定公共政策制定与执行过程以及系统中的各因素,能简化复杂的公共政策决策。政策分析理论模型不仅能够帮助我们更好地理解公共政策,而且可以让我们对以此为依据对政策进行研究,从而使公共政策更加完善。

精英决策模型是在精英理论与政治学、经济学、社会学以及系统分析等学科的知识与方法的基础上建立起来的一种政策分析理论模型(见图7-1)。它最早在托马斯·戴伊(Thomas R. Dye)与哈蒙·齐格勒(Harmon Zeigler)合著的《民主的讽刺》一书中被提出,之后《自上而下的政策制定》《谁统治美国》以及《理解公共政策》等书通过对美国政治生活中的具体政策的研究与分析,对精英决策模型及其理论基础进行了更加系统化的论证与梳理。

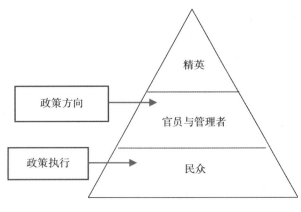

图 7-1 精英决策模型示意图

二、精英决策模型的主要观点

精英决策模型的理论认为,精英群体在公共政策的制定中起主导作用,公共政策的决策结果反映了政治精英的价值与偏好。在公共政策制定过程中,民众的行动与要求只能对公共政策起到参考作用。只有政治精英才能把握公共政策制定的动向与主动权。公共政策由这些精英群体制定,继而通过政府及其相关部门的管理者加以执行。公共政策的决策过程自上而下,由精英群体流向社会大众,公共政策的变革过程是渐进性的,而并非革命性的。

---

① 陶学荣.公共政策学[M].沈阳:东北财经大学出版社,2006:7.

托马斯·戴伊在《理解公共政策》一书中对精英理论的基本观点做了如下概括。

（1）社会分化为掌权的少数人和无权的多数人，少数人掌握社会价值的分配权，多数人参与不了公共政策的制定。

（2）作为统治者的少数人并非作为被统治的多数人的代表。精英人物主要来自经济地位较高的社会阶层。

（3）从被统治的非精英阶层进入统治者的精英阶层，这个变化过程一定是缓慢且持续的，这样才能保持社会的稳定并避免革命的发生。对于非精英阶层来说，一般只有那些能够接受精英阶层理念的人才有可能被允许进入统治精英的行列。

（4）在社会制度的基本价值观和维护这一社会制度的发展方面，精英阶层的看法表现出一致性。

（5）公共政策所反映的不是大众的要求，而是统治精英的主要价值观。公共政策的变化一定是渐进性的，而非革命性的。

（6）精英是活跃的，公众是被动的，二者所拥有的信息严重不对等。前者对后者的影响远远大于后者对前者的影响。

三、精英决策模型合理性的分析

1. 渐进的决策有利于政治系统保持稳定性

精英理论告诉我们，公共政策不反映公众的要求，而是反映精英的兴趣和偏好。因此，公共政策的变革和创新只是精英对其价值观重新定义的结果。出于维护社会制度的需要，精英阶层怀有浓厚的保守主义情结，所以，公共政策的变化必然是渐进性的，而不是革命性的。尽管公共政策经常被修改和补充，但极少会被替换和取代。渐进的变革将以现行社会制度最小牺牲和最小混乱的方式，对威胁社会系统的重大事件做出必要的反应。社会的稳定对维护社会制度发展和精英所处的地位起着至关重要的作用。精英的价值观中可能含有很强烈的公众情结，"贵族行为理应高尚"的观念早已深深地融入他们的心中，所以公众福利是精英做出决策时需要考虑的一个非常重要的内容。精英理论并不认为公共政策一定会损害公众福利，而是认为为公众谋取福利的责任应由精英人物承担，而不是由公众自己去承担。

2. 社会公众的影响力较小

精英与公众之间的沟通主要是自上而下展开的（见图7-2），具有民主意义的普选与政党之间的竞争也只是选举出代表部分公众利益的领导者来制定公共政策，而不是让公众参与统治，包括教育政策在内的公共政策问题很少以选举的方式展开。以教育政策为例，随着教育社会化功能的增强，教育涉及公众生活的各个方面，公众对教育的需求也日趋多样化，这无形中加大了教育决策的难度与复杂度。教育决策需要解决日益复杂的教育问题，这就对教育决策的制定者提出了更高的专业化要求，这一要求无形中就使得公众参与教育决策制定的可能性受到了极大的限制，因而各个领域的精英就会拥有更多的决策权。因此,运用精英决策模型对教育决策进行分析与评估具有一定的合理性与现实意义。

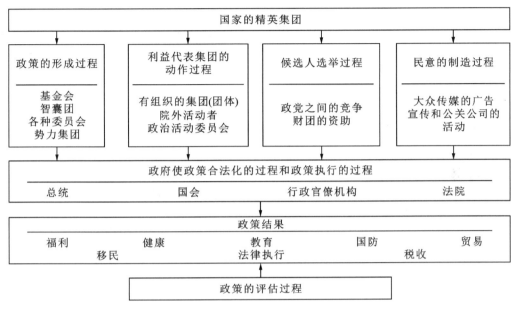

图 7-2　自上而下的政策制定模式

注:根据托马斯·R.戴伊《自上而下的政策制定》中国人民大学出版社 2002 年版第 5 页内容绘制。

3. 精英集团对支撑社会制度的基础准则有着一致的认识

精英集团对基本的"游戏规则"具有共识,对社会制度的延续看法一致。社会的稳定和秩序的存在依赖于精英集团的这种共识,它反映了社会的基本价值观。政策方案只有与此相符才可能进入政策议程,得到决策层的认真考虑。当然,这并不意味着精英集团的成员之间不存在意见分歧,他们彼此也会为一些问题而争得面红耳赤。从历史发展情况来看,没有一个社会的精英之间不存在竞争,冲突的产生是一种必然。但是,精英理论认为,这类争论往往是围绕具体和细枝末节的问题,范围也比较狭小,不涉及一些根本性的问题。而且,精英之间观点一致的方面远远多于不一致的方面。根本性的问题包括很多方面的内容。比如在美国,运用教育精英决策模型来研究美国教育政策制定的历史,便可看出,联邦政府制定的教育政策随着大众需求而不断变化,为了保障更多人的教育权利,决策者不断地对教育政策进行修改、完善、执行与反馈,使得教育决策的质量得以保障。

第二节 实验设计

一、实验目的

通过学习精英决策模型和分析典型案例的设计,全面了解且完全掌握如何将精英理论应用到国家公共政策的制定和执行中,并且使问题的分析得以深入,形成有效的分析框架,实现公共政策社会价值的最大化。

二、实验步骤

1. 归纳整理中外学者有关公共政策中精英决策模型的观点及概念。
2. 寻找典型案例,并分析案例中所体现的精英决策模型的理论点。
3. 通过对实验材料的分析,寻找案例中反映的问题,同时试着归纳解决方法。

三、实验要求

1. 利用知网和图书馆找出相关参考文献以及有关案例。
2. 所选择分析的案例必须是真实案例。
3. 结合精英决策模型相关理论,解释具体案例中存在的问题。

四、实验成绩

序号	实验要求	分值
1	用精英决策模型分析案例中体现的问题	30
2	案例分析要遵循所给实验方法进行	30
3	根据所给案例,结合精英理论提出改进的措施	30
4	条理清晰,符合逻辑要求	10

五、思考题

1. 精英决策模型的原理可以归纳为哪几点？
2. 如何从传统决策视角看待精英决策模型？
3. 如何理解新决策视角中的公民参与？
4. 在矛盾与整合之下，如何建立有效政策模型？

第三节 实验材料

广西壮族自治区 B 市 Y 区农村改厨改厕政策简介

农村改厨改厕政策有着典型的精英决策特点。为了契合政治目标,相关部门需要出台符合中央大政方针的地方性政策,并在一定程度上完成政策指标,然而有的政策无法反映大众真正的需求。以下案例试图从广西壮族自治区农村改厨改厕政策管中窥豹,分析精英决策的利弊,探寻可行的民主法治改良方法。

广西壮族自治区改厨改厕政策出台的背景如下。根据中央建设"美丽中国"决策部署,2013 年初,广西壮族自治区开展"美丽广西"乡村建设活动,此活动是为了改善农村农民卫生环境,提高农村农民群众生活水平。根据《"美丽广西"乡村建设重大活动规划纲要(2013—2020)》部署,乡村建设活动分四个阶段进行:清洁乡村、生态乡村、宜居乡村、幸福乡村。其中,2017 年至 2018 年,开展第三阶段"美丽广西·宜居乡村"活动,打造"美丽广西"乡村建设升级版。实施"三改六提三增"工程("三改"就是在农村进行改厕、改厨和改圈工程),需要在 2018 年完成 200 万户农村厨房厕所改造,力求农村的无害化卫生厕所普及率达到 90%;完成 200 万户农村厨房改造,使农村清洁厨房普及率达到 60%。2016 年,广西壮族自治区党委办公厅、自治区政府办公厅发布《关于印发〈"美丽广西·宜居乡村"活动指导意见〉及三个配套文件的通知》,启动改厨改厕项目。2017 年,广西壮族自治区全区农村改厕和改厨建设任务各 100 万户,完成了改厕 99 万户、改厨 97 万户,未实现当年目标。2018 年继续推进农村改厕、改厨各 100 万户的建设任务。

广西壮族自治区 B 市 Y 区在改厨改厕政策的实施中,先确定改厨改厕对象。结合当地农村改厕、改厨工作实际情况,改厕对象的顺序为:无厕所农户优先,有厕所但非卫生厕所的农户次之,最后为有卫生厕所但未达到无害化处理条件的农户。在确定农村改厕改厨对象时,结合脱贫攻坚、扶贫济困等工作,对建档立卡贫困户、五保户、低保户、残疾人家庭 4 类特殊对象给予优先保障。B 市 Y 区 2017 年农村改厨补助标准为 900 元/户,农村改厕补助标准为 1600 元/户;2018 年农村改厨补助标准提高到 1400 元/户,农村改厕补助标准提高到 2400 元/户。其中自治区、市本级、县(区)财政按照 1∶2∶1 比例承担补助资金,即每户改厕改厨自治区补助 950 元、市本级补助 1900 元、县(区)补助 950 元,区本级财政共配套资金 190 万元。改厨改厕工程所需资金采取自治区补助、地方配套、农户自筹等多种筹资方式。农村改厨改厕申请和审批、资金拨付程序严格按照"农户申请—村委评议—乡镇审核—县区审批"的流程,由农户根据自身需要,自行选择自建、联建或者委托统一代建的建设方式,登记一户、完成一户、验收一批、拨付一批。B市Y区2017年改厨、改厕建设任务各2000户,改厕完工1700户,改厨完工1700户,未完成当年指标;2018年改厨、改厕任务各2000户,2018年改厕完工2011户,改厨完工2244户。

(改编自许廷冠.精英决策模型视角下农村改厨改厕政策的研究[J].青年与社会,2019(30):253-254.)

第四节 实验报告

院系			专业			
班级		姓名			学号	
实验教师		成绩			日期	
实验名称						

一、实验目的

二、实验原理

三、实验步骤

四、实验数据（如有，请简要列出）

五、实验结果

六、讨论分析（完成指定的思考题和作业题）

七、实验总结及改进实验的建议（如有，请简要列出）

备注：

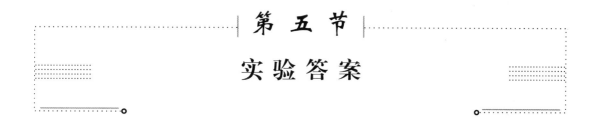

第五节 实验答案

精英决策模型视角下广西壮族自治区 B 市 Y 区 农村改厨改厕政策的研究

从广西壮族自治区 B 市 Y 区农村改厨改厕政策的具体案例中,我们通过精英决策模型的视角可以看出存在一些问题,详细分析如下。

一、精英决策模型实施中存在的问题

1. 改厨改厕政策没有经过科学的前期调研,仅为政府完成行政指标,不能反映大众的意志

改厨改厕的对象是面临生活基本保障问题,同时没有足够的经济能力去改善生活条件的农户。改厨改厕补助资金较低,农户需自筹部分资金才能完成改厨改厕,农户认为不参加改厨改厕并不影响其生产生活,没有必要在这方面腾出资金,或者认为要等自己有资金新建房屋后再考虑改善厨厕条件。而政府制定政策没从农户的角度出发,没有针对特定的目标群体的利益进行研究,把农村的"脏乱差"归咎于农户的厨厕条件差,认为把农村的改厨改厕任务完成,就达成了政策目标。这种决策模式缺乏上下互动,是政府单方面意愿行为,是权利精英达成目标的过程。这种模式最大的优势是可以很快制定决策方案,并通过行政手段和财政补贴迅速落实行政指标。但是该行政指标的落实没有真正取得效果,没有使农户真正受益,最终也没能真正实现政策目标。

2. 改厨改厕政策执行中,各层级缺乏沟通与协调

政府在改厨改厕政策中实行建设任务指标制,自治区制定任务时已规定了县区的任务数,县区制定方案时就分配好了各乡镇的任务数,指标的制定有利于业绩的考评,却缺乏灵活性和实效。2017 年,广西壮族自治区总体上没有完成改厨、改厕各 100 万的建设任务数;2018 年,为确保完成目标,在行政上加强督查,每月上报进度;2017 年,B 市 Y 区农村改厨补助标准为 900 元/户,农村改厕补助标准为 1600 元/户,2018 年,B 市 Y 区将农村改厨补助标准提高到 1400 元/户,将农村改厕补助标准提高到 2400 元/户,政府检查资金配套落实情况。补助标准的提高在一定程度上激发了农户参与改厨改厕的积极性,但由于没有统一设计、统一标准、统一生产,每户改厨改厕农户各自聘请水泥匠施工,导致

建设水平参差不齐。有些农户为了省钱,只建一个空壳应付验收,以获得补助,建设质量不达标。虽然数据表明广西壮族自治区顺利完成了建设任务数,但实际上,由于改厨改厕项目验收程序非常简单,由政府工作人员组成验收组,到农户家现场拍照,签好验收表格,而验收组的大部分人员不具备验收工程资格,不能真实评估改厨改厕的工程质量。

二、精英决策模型的改良建议

1. 政府要积极转变执政理念

政策的出台要听取当事民众的意见,并让更多的民众参与社会公共事务管理,坚持以人为本、执政为民的理念,建设服务型政府,还权于民。服务型政策制定要以民众的诉求为主,政策制定要将民众利益放在首位,将民众的诉求作为制定公共政策的行为导向,让民众和社会组织主动接受政策,积极参与。在对各级政府开展合理分权的基础上,适当把权力下放给基层;推行政务公开,保障民众知情权,引导民众参与公共政策制定,开通民众监督公共政策实施的渠道,提高行政部门的效率,增强管理主体的活力,重构服务型政府与民众的关系。

2. 完善民众参与决策的法律法规

完善公民参与的法律法规,使公民参与有法可依。公民要实现依法参与,首先就要建立完备的、能够保证所有公民在参与过程中全面遵从的法律规范体系。这种法律规范体系不仅要保障公民能够正当行使民主权利,还能够依法对违背法律法规的行为进行惩处,维护法律的权威性和严肃性。这就要求我们抓紧建立和完善有利于扩大公民参与的法律法规,如完善社团法,培育成熟的公民参与主体;建立新闻法,拓宽公民参与的渠道;健全请愿法,将公民的上访以及对政府的批评、建议纳入法制化的轨道;制定立法法,拓展公民立法参与的广度和深度等。加强普法力度,提高民众的法治意识及法律素质,建立完善的法治系统要从个人开始,使每一个人都具备基本的法律知识和法治素质,认识到法治的原则和精神。加强普法力度是提升民众法律素养的重要途径。

(改编自许廷冠.精英决策模型视角下农村改厨改厕政策的研究[J].青年与社会,2019(30):253-254.)

拓展材料

第八模块 政策试验模型实验实训

第一节 实验技术

一、政策试验模型的概念

德国学者韩博天通过解释改革开放以来中国的经济腾飞,提出了政策试验模型,认为中国政府在政策制定过程中经常运用一种"试点"的方法,即允许地方政府根据当地实际情况摸索各种解决问题的方法,之后成功的地方经验将会被吸纳到中央政府制定的政策之中,继而在全国推广,形成"由点到面"的政策变迁。韩博天认为大规模的分级制政策试验(experimentation under hierarchy)是中国政策制定过程中的一个独特之处,它提供激励机制,支持地方政府开展政策试验,提高了中国政府的政策创新能力和适应能力。

二、政策试验的三种类型[①]

第一类是决策者精心选点、布点和组织试验,初见成效后公布决策(梯度推进,大见成效后再做全面推广)。

---

① 陈彦军.中国式政策试验的内在机理:以海南自由贸易港建设为例[J].湖南工程学院学报(社会科学版),2021,31(2):87-93.

第二类是以政府暂时不作为或模糊决策,使局部范围(单位、部门、地区)某些突破现行规制的新生事物获得生长空间,待新生事物表现出强大的生命力和优势,并被广大人民群众认识并接受后,政府及时地给予肯定和支持,总结经验,制定总体性政策,完善新生事物,并使之得到全面推广。

第三类是某一地方层级(省、市、县、乡)的政治领导人从自己对高层决策者的某一政策理念或战略构想的特殊理解出发,在未获上级领导正式批准的情况下,在自己管辖的范围内进行政策试验,或者选定辖区内某一局部范围作为试点。

三、政策试验的两种模式

随着试验方法在自然科学各领域获得巨大成功,19世纪,西方国家有人着手把它引入社会科学研究领域,或者把它用作社会改造的工具,由此形成两种模式的社会试验(社会领域的试验可分为真试验和准试验两类)。①

第一种是各式各样的社会改良主义者,包括空想社会主义者,把他们设计的理想社会蓝图实施于与社会隔离的特定社群中;倘若效果与目标相符,就可能推广到更多的社群。自18世纪晚期以来,在西方国家不断有人按照形形色色的乌托邦方案进行社会试验,今天我们仍不难观察到那些执着地生活在"试验区"里的人们的别样生活。从总体上来看,这个模式的社会试验由于和现实的社会关系相隔离,即使试验结果能够实现内部效度的极大化,在向更大的范围推广时也不能够解决外部无效度的问题,因而对人类历史进程难以产生重要影响。

第二种模式的社会试验指的是在社会科学各个学科领域里,研究者以问题为起点,按照一定的研究目的、方案和程序,通过人为地改变某些社会因素或控制某些社会条件,来探求自变量和因变量的因果关系的研究方式。从试验结构来看,社会试验和自然科学试验一样,是由试验主体、试验条件和试验客体组合的"刺激—反应"过程,即试验主体刻意设置试验条件以排除干扰因素,然后对试验客体施以特定的刺激因素,并观察试验客体发生的变化,从而发现或检验自变量与因变量之间的因果关系。

政策试验就是在公共决策的研究和实践领域里,按照这个模式的社会试验的基本要求所进行的试验。西方国家一直都在探索如何有效地解决试验过程中非预设因素的涉入问题,以及研究结果在推广过程中外部无效度的问题。中国共产党则另辟蹊径,其遵循辩证唯物论的实践观,以政策过程中点与面的关系为基轴,通过对实践与认识、个别与一般、群众与领导、民主与集中之间互动机制的构建,突破了政策试验的困局。

四、政策过程路线图

以毛泽东为代表的第一代领导集体和以邓小平为代表的第二代领导集体关于政策试验的理论和实践,对政策过程的两个基本阶段(即政策制定阶段和政策执行阶段)的

---

① 宁骚.政策试验的制度因素——中西比较的视角[J].新视野,2014(2):27-33.

试验给予了充分的关注,形成了有别于以西方国家的经验为基础的政策过程路线图。[①]

第一阶段的路线图按照下列顺序展开:政策问题的认定—确定政策目标—调查研究、试点—总结试点经验并参照影响全局的其他因素形成若干政策草案—对各政策草案进行比较、分析,并形成统一的整体性顶层设计方案—对顶层设计方案组织评估—顶层设计文本的完成和通过。

第二阶段的路线图按照下列顺序展开:顶层设计文本的正式发布—调查研究、试点—根据局部经验和地方特点细化顶层设计—推广试点经验以推动顶层设计普遍实施。

综上所述,鲜明的中国特色是以"试点—推广"为基本内涵的方法的特质,同时它也具有通常的政策试验方法的要素和品格。因此,"试点—推广"是政策试验的中国模式,也可以说是中国式政策试验。

显而易见,做试点以及试点经验的总结或推广,在中国的政策制定过程中具有至关重要的作用。实际上,由于政策试验成为原则和基本方法,中国以"试点—推广"为基础的政策过程的各个阶段和环节,都会贯穿着试验精神。例如政策评估,在很多情况下都会先进行试评,通过试点来改进和完善评估的标准、程序和方法,以增强正式评估的科学性和公正性。

五、评价

在西方国家,政策试验通常是在正式法规内加入试验性条款,在小范围内进行探索性尝试,或者是在联邦体制下,把州和地方积累的经验注入联邦政策系统。然而,中国却采取了不同于西方的大规模政策试验,包括试验性法规、政策试点、政策试验区,等等。大规模的试验有效地刺激了各地区政策学习,提高了国家政策创新能力,取得了较为显著的成效。

在西方发达国家,中央(联邦)政府开展大规模政策试验首先要解决合法性问题,在决策者、行政官员、利益集团和公民的参与下,启动这一议程本身就是一个问题,存在极大的政治风险。但在中国的制度安排下,从中央到地方,从政府到社会,人们对政策试验普遍持积极态度。

---

① 宁骚.政策试验的制度因素——中西比较的视角[J].新视野,2014(2):27-33.

第二节 实验设计

一、实验目的

学习并了解政策试验模型的类型、路线图以及模式,结合相关案例,探究政策试验模型的优点与缺陷,为补充政策试验模型的研究内容提出建设性意见,也为独立分析案例奠定基础。

二、实验步骤

1. 通过中国知网、期刊或者图书等获得能用此模型进行分析的几个有代表性的案例。
2. 对这些案例进行整合分析,总结该模型存在的优点与缺陷。
3. 针对总结得出的优点和缺点,提出建设性意见。

三、实验要求

1. 所获得的案例是在可查询的官方渠道获得的,不是毫无根据杜撰的。
2. 所总结的模型优点与缺陷是基于自己独立分析和比较后得出的。

四、实验成绩

序号	实验要求	分值
1	通过可查询的官方渠道选取几个案例	30
2	总结该模型的优点与缺陷	70

五、思考题

1. 什么是政策试验模型?
2. 试列举几个中国共产党使用政策试验模型进行政策实施的案例。

第三节 实验材料

《国务院关于印发中国（上海）自由贸易试验区总体方案的通知》

2013年9月,《国务院关于印发中国（上海）自由贸易试验区总体方案的通知》提到,建立中国（上海）自由贸易试验区,是党中央、国务院做出的重大决策,是深入贯彻党的十八大精神,在新形势下推进改革开放的重大举措。试验区肩负着我国在新时期加快政府职能转变、积极探索管理模式创新、促进贸易和投资便利化,为全面深化改革和扩大开放探索新途径、积累新经验的重要使命,是国家战略需要。方案的总体目标是经过两至三年的改革试验,加快转变政府职能,积极推进服务业扩大开放和外商投资管理体制改革,大力发展总部经济和新型贸易业态,加快探索资本项目可兑换和金融服务业全面开放,探索建立货物状态分类监管模式,努力形成促进投资和创新的政策支持体系,着力培育国际化和法治化的营商环境,力争将上海建设成为具有国际水准的投资贸易便利、货币兑换自由、监管高效便捷、法制环境规范的自由贸易试验区,为我国扩大开放和深化改革探索新思路和新途径,更好地为全国服务。试验范围涵盖上海外高桥保税区、上海外高桥保税物流园区、洋山保税港区和上海浦东机场综合保税区4个海关特殊监管区域,并根据先行先试推进情况以及产业发展和辐射带动需要,逐步拓展实施范围和试点政策范围,形成与上海国际经济、金融、贸易、航运中心建设的联动机制。

(改编自国务院关于印发中国（上海）自由贸易试验区总体方案的通知[EB/OL].[2013-09-27]. http://www.gov.cn/zwgk/2013-09-27/content_2496147.htm.)

第四节 实验报告

院系		专业	
班级		姓名		学号	
实验教师		成绩		日期	
实验名称			

一、实验目的

二、实验原理

三、实验步骤

四、实验数据（如有，请简要列出）

五、实验结果

六、讨论分析（完成指定的思考题和作业题）

七、实验总结及改进实验的建议（如有，请简要列出）

备注：

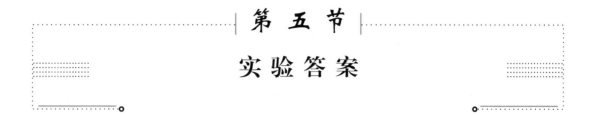

上海自贸区政策试验的渐进改革策略分析

自2013年以来,政府行政改革、贸易投资、金融服务、航运服务、文化服务和社会服务等各方面的试验在上海自由贸易区(以下简称上海自贸区)陆续进行,由此为切入点进行的其他有规划的试验也逐渐获得了大量可以推广到其他地方的宝贵经验。对其中的试点和推广两个阶段的央地互动进行分析,可以有如下发现。

一、首批14项海关制度试验的渐进推广模式分析

1. 条条结构下首批14项海关制度的试点—推广过程分析

海关系统是一种自上而下垂直管理的条条结构,在上海自贸区成立之际,海关总署即出台了18项措施支持配合上海自贸区的建设。这些措施的出台为上海自贸区在海关方面的发展奠定了一定的基础。在海关总署的指导下,上海自贸区迅速组织实施,积极推进落实,在实践中探索、完善,就重大事项与有关部门沟通联系,并及时向总署请示报告,认真总结可复制可推广的改革经验和制度设计。2014年4月,上海自贸区推出了首批可推广的14项海关创新制度(以下简称14项制度)。之后海关总署便开始由局部到整体进行部署推广。2014年7月,海关总署率先批准西安、天津、重庆三个海关启动对上海自贸区制度创新的复制推广试点工作,以测试复制过程中可能出现的问题。2014年8月,海关总署分三步正式开始部署上海自贸区海关14项制度的复制推广工作。从2014年8月18日起,在长江经济带的51个海关特殊监管区域复制推广;从2014年9月3日起,在全国113个海关特殊监管区域复制推广;从2014年9月18日起,在全国海关特殊监管区域以外的地区复制推广。

2. 条条结构下政策试验的渐进推广策略模式分析

通过上述分析可以发现,14项制度的试验是由中央部门(海关总署)主导设计、试点阶段由上海自贸区负责落实的试验。在试点之初,中央部门出台了相关的改革方向与制度方案,具有较明确的改革方向。试点阶段则是由单批试点地区(上海自贸区)对政策的有效性进行探索与完善,在这一过程中,一方面,中央部门主动通过政策文件和实地考察的形式与上海自贸区进行互动;另一方面,上海自贸区在实践探索过程中遇到问题,凡涉

重大事项,都及时向中央部门请示报告。因此,条条结构下的政策试验是在顶层设计下经单批试点地区测试后内部效度较高而外部效度较低的试验类型。

为了测试政策的外部效度,在推广阶段,中央部门则是由局部到整体渐进推广,从几个试点开始,到长江经济带,再到全国范围逐步推进。在逐步推进的过程中,海关总署给地方海关预留了一定的自主空间。一方面,海关总署允许各地方海关根据本地企业的实际需要,有条件、按需求地进行复制推广。因此,在实际的扩散过程中,大部分地方海关是以需求为导向对14项制度进行分批复制推广的,没有一个海关是将14项制度一次性全部复制的。比如,青岛海关先期开展了5项制度的复制推广,呼和浩特海关优先选取4项制度进行了复制推广。另一方面,海关总署强调复制推广并不是简单的照搬模仿,鼓励各地海关根据实践勇于进行探索,可在向海关总署请示报备的前提下进行再创新。例如重庆海关,在学习借鉴上海自贸区保税商品展示交易制度的基础上,创新了展示展销监管模式。但地方海关的这种探索再创新,并没有被海关总署吸纳,只是作为地方的特色而存在,因而可将其称作地方对创新政策的因地制宜式执行。

二、块块结构下"证照分离"制度试验的渐进试点模式分析

1. "证照分离"制度的试点—推广过程分析

"证照分离"指将工商部门颁发的营业执照和各相关行业主管部门颁发的经营许可证相分离,即主体资格登记与经营资格登记相分离的一种制度。"证照分离"改革是上海自贸区在推进简政放权时率先做出的重要创新举措,在将试点方案上报国务院请示后,2015年12月29日,国务院正式批复同意在上海市浦东新区开展"证照分离"改革试点,对116项审批事项按照取消、改备案、告知承诺、提高透明度和可预期性、强化准入监管5种方式实行改革。在深入总结上海市浦东新区"证照分离"改革试点经验的基础上,2017年9月28日,国务院部署在更大范围推进"证照分离"改革试点工作,决定在天津、辽宁、浙江、福建、河南、湖北、广东、重庆、四川、陕西10个自贸试验区复制推广上海市改革试点的成熟做法。此外,《国务院关于在更大范围推进"证照分离"改革试点工作的意见》还建议各地有条件的国家自主创新示范区、国家高新技术产业开发区、国家级经济技术开发区、国家级新区等,经省级人民政府批准,可从实际出发复制推广上海市浦东新区"证照分离"改革的具体做法。通过在前期试点基础上总结各地试点经验,2018年11月10日起,国务院在全国范围内推开"证照分离"改革,首次在全国范围内对第一批106项涉企行政审批事项分别按照直接取消审批、审批改为备案、实行告知承诺、优化准入服务四种方式实施"证照分离"改革。

2. 块块结构下政策试验的渐进试点模式分析

"证照分离"制度在试点阶段经历了从初步试点到扩大试点直至在全国试点的过程。上海首先将试点方案上报给中央进行请示,经中央授权后在浦东范围内开始初步试点。待试点到一定阶段后,中央便授权在更大范围内进行试点。一方面,在改革的地域范围方

面,除了要求在天津等10个自贸区进行扩大试点之外,还建议各地方政府在有条件的高科技园区等试水改革;另一方面,在"证照分离"改革的具体试点内容方面,无论是自贸区还是其他有条件的地方政府,均允许其结合本地实际自行探索实际进行改革的事项,当然,涉及重大事项须上报中央进行请示报告。因此除了上海之外的30个地方省级政府在中央的号召下陆续展开试点,并且各地大都根据自身实际情况进行探索,具体内容差异较大。比如广东省较早进行试点改革,涉及事项有132项;而西藏自治区进行试点的事项只有59项。在推广阶段,中央是基于行政指令的全面推广。2018年11月,国务院对第一批106项涉企事项的"证照分离"改革在全国范围内进行推广时,有25个省级政府按照国务院要求在全省范围内推广了106项改革事项,其中只有5个省级政府根据自身情况做了小幅调整,除此之外,差异较大的只有上海市。上海市作为"证照分离"改革创新的起源地,一直不断深化改革,其全面推广"证照分离"改革的时间略晚于国务院要求的时间,即在2018年12月17日,"证照分离"改革才在上海市范围内全面推广,但是其进行推广的"证照分离"改革事项却是全国最多的,上海市将国务院批复的第一批116项行政审批事项、第二批47项事项以及上海自行探索的35项改革事项共198项全部进行了推广。

(改编自王厚芹.如何摸着石头过河?——基于政策试验的中国政府渐进改革策略分析[J].中国行政管理,2021(6):112-118.)

拓展材料

第九模块 中国特色的"上下来去"决策模型实验实训

第一节 实验技术

自中华人民共和国成立后,我国先后经历数个形态各异的经济发展阶段,我国政府在各个阶段体现出迥乎不同的政策特点。国内学者纷纷对我国政策决策模型进行总结,比如胡象民的"中央—地方""民主—集中"和"领导—群众"三种过渡模型,盛宇华的"摸着石头过河"模型,卢迈的"上下互动"模型。本模块主要详细介绍北京大学教授宁骚提出的"上下来去"决策模型[①]。

一、"上下来去"决策模型的基本观点

我国的公共政策学是在改革开放的进程中,特别是在党的十三届六中全会决定强调建立和健全民主的、科学的决策和执行程序之后建立和发展起来的;其概念体系、理论和模型所依据的是西方学者构建的框架;框架里的概念、理论和模型所依据的是公共决策经验事实,用以整理事实的分析工具则渗透着西方国家人们的价值观念。我国有着悠久的历史,人们根深蒂固的传统文化和价值观念与西方国家大不相同,这决定着我国不能实行与西方国家相类似的政策过程模型。况且在我国悠久的历史中,大家大作层出不穷,中国

---

① 宁骚.中国公共政策为什么成功?——基于中国经验的政策过程模型构建与阐释[J].新视野,2012(1):17-23.

完全可以将本土丰富的历史执政经验和执政思想与现实结合,构建全新的本土化的政策过程模型。

西方经验的政策过程模型难以真正揭示我国公共政策成功的动力因素,只有依据本土政治特色构建的政策过程模型,才能真正表现当代中国政策的来龙去脉。构建这样的模型,须以中国领导层制定与执行政策的思维和实践方式为原型。

二、"上下来去"决策模型的构建

构建公共政策过程模型需要两个基础:一是理论;二是社会实践。在当代中国发展中,理论往往与实践存在着某种一致性,因此,学者宁骚以毛泽东思想、邓小平理论、"三个代表"重要思想和科学发展观关于认识论、思想方法论、工作方法论的思想资料为基础,构建了一个新的政策过程模型。

在当代中国的公共政策实践中,政策的社会认识过程是一个从"形而下"到"形而上"再到"形而下"的过程,而政策的社会操作过程是一个"从群众中来、到群众中去"的过程。学者宁骚从整体上把公共政策的运作过程概括为"上下来去"的过程(见图9-1)。

政策的社会认识过程		
政策制定过程	政策执行过程	政策过程的循环
实事求是,一切从实际出发: 从客观到主观 从实践到认识 从个别到一般	实事求是,一切从实际出发: 从主观到客观 从认识到实践 从一般到个别	物质—精神—物质循环往复 实践—认识—实践循环往复 个别—一般—个别循环往复

政策的社会操作过程		
政策制定过程	政策执行过程	政策过程的循环
从群众中来:从群众到领导;从民主到集中 从点到面:"解剖麻雀",引出一般;调查—研究—决策	到群众中去:从领导到群众;从集中到民主 从面到点:一般号召与个别指导相结合;试点—总结—推广	群众—领导—群众循环往复 民主—集中—民主循环往复 点—面—点循环往复

图 9-1 "上下来去"决策模型

三、"上下来去"决策模型的理论基础

1. 哲学基础

政策过程是政策主体认识世界和改造世界的过程。"上下来去"决策模型的哲学基础是辩证唯物论和历史唯物论。按照这些理论,政策主体在制定和执行公共政策的过程中,要坚持以人为本;尊重人民主体地位,尊重人民首创精神;从人民的实践中汲取智慧,从人民的发展要求中获得动力;把最广大人民的根本利益作为公共决策的出发点与归宿,在制定和执行政策的过程中切实做到集思广益,充分体现人民群众的共同意愿。这在政策的社会操作层面上,被称为"从群众中来,到群众中去"。

2. 政策的社会认识过程与政策的社会操作过程及其相互关系

政策的社会认识过程是指政策主体对政策问题的认识经由社会实践而把握其因果关系的脉络,据此形成应对的行动方针,进而经由社会实践,将观念形态的政策思维转变为社会现实。政策的社会操作过程是指政策主体经由"从群众中来"而集中群众的认识和要求,形成政策,并经由"到群众中去",将政策实施于群众。政策的社会认识过程和政策的社会操作过程在逻辑上可区分为政策制定阶段和政策执行阶段,前一阶段为后一阶段提供依据与指导,后一阶段的完成对前一阶段形成反馈。政策的社会认识过程为政策的社会操作过程提供观念上的指导,而政策的操作过程则把抽象的认识和理论转换成具体的政策并将政策转化为社会现实;同时,政策的社会操作过程反过来又影响政策的社会认识过程。

3. "上下来去"

"上",指的是主观、精神、认识、理论以及居于上位或核心地位的政策行为者;"下",指的是客观、物质、实践、行动以及居于下位或外围地位的政策行为者。"上"与"下"互动,互动的路线和方向在政策的社会认识的过程中遵循客观—主观—客观(物质—精神—物质)、实践—认识—实践、个别—一般—个别的规律;在社会操作的过程中,是从群众来,到群众中去,其具体操作性程序是群众—领导—群众、民主—集中—民主、点—面—点。这两个过程中的上下互动不是一次完成的,需要经过无数次的循环往复。

4. 四个子模型

"上下来去"决策模型包含四个子模型:政策认识的实事求是模型、政策操作的群众—领导模型、政策操作的民主—集中模型,以及政策操作的试验模型。

(1)政策认识的实事求是模型。其基本命题是:政策的正确性取决于政策主体经由实践而对客观真理发现和把握的程度。客观真理是认识对象本身固有的规律性。对真理的发现需要从客观存在、国情、社会实践多方面出发。因而这并不是一蹴而就的,它需要一个循序渐进的过程。

（2）政策操作的群众—领导模型。其基本命题是：政策过程是一个从群众到领导再到群众的过程。正确的政策来源于群众的实践、群众的经验以及群众的意见；政策的形成来源于领导者将群众的意见收集起来，化为系统思想并以此解决问题；政策的执行过程，则是领导者在群众中宣传政策，获取群众认可，在执行的过程中检验政策的可行性，搜集群众对政策的反馈。如此循环而无止境，使得政策能够尽量贴近时代和群众的需要。这个命题的核心便是"从群众中来，到群众中去"。

（3）政策操作的民主—集中模型。其基本命题是：正确的政策的形成及其有效实施依赖于民主集中制原则的实行。而实行民主集中制的首要任务是区分政策的决策者和群众。决策者以听取群众的意见、与群众协商讨论的方式发扬民主，并将获得的一切讯息整合分析，得出政策方案。待政策方案经过决策者的确认后，便由上至下逐级推行，群众则应该积极配合政策的执行。最后决策者组织群众对政策执行的情况进行总结，形成反馈。此模型的核心命题是"在民主的基础上的集中，在集中的指导下的民主"。

（4）政策操作的试验模型。其基本命题是：正确的政策的形成和执行是一个从点到面，再从面到点的过程。该模型对较多的个体和局部进行调查，或者选择少量个体和局部（"选点"）进行系统观察，如同做个案研究，然后将这些个体和局部做比较分析，发现导致政策问题的诸多因素之间的因果关系，依此做出更具体的决定，形成政策（"到面"）。之后，政策主体在对政策执行做出一般号召的同时，选择少量个体和局部先行执行政策（即选点试验），从个别人群、个别地方、个别单位、个别事件中获得经验并预先体验政策效果。做政策可行性试验，目的在于"典型示范、以点带面"，推动并完善政策的全面实施。这个模型的核心命题是"一切经过试验""解剖麻雀，引出一般""一般号召与个别指导相结合"。

四、"上下来去"决策模型的特征和适用性

"上下来去"决策模型是一个以本土经验为依据，具有鲜明的中国特色的政策过程模型。与其他的政策过程模型相比，除了抽象的实践经验不同以外，"上下来去"决策模型还有以下特征。

（1）与其他政策过程模型遵循逻辑实证主义或后现代主义不同，"上下来去"决策模型所遵循的哲学路线是辩证唯物主义和历史唯物主义。换而言之，辩证唯物主义和历史唯物主义规定了政策与实践、政策与理论、人民群众与政策主体的基本关系：政策是实践经验的原则化并在实践中得以完善和发展，实践须以政策为出发点并贯穿其整个过程；理论来源于实践并为政策提供依据，政策是理论与实践的中间环节；人民群众是政策的主体，群众的社会实践是检验政策正确与否的唯一标准。

（2）与其他模型的单向逻辑流程（自下而上或自上而下）不同，"上下来去"的政策逻辑是"上"与"下"互动的双向流程。

（3）"上下来去"决策模型十分注重"一切经过试验"，即注重政策实施前的试点；而在其他模型中，却难以发现政策试验的痕迹。而试点恰恰是对政策运行可行性最有力的证明。

(4)"上下来去"决策模型明确地把公共政策的制定与执行设定为社会集体行为,即公共政策不仅是领导者集体决策的产物,还是群众与领导、地方与中央、下级与上级、间接决策者与直接决策者、外围决策者与核心决策者互动的结果。

(5)"上下来去"决策模型的根本诉求是公共决策的科学化和民主化,所以能容纳具有同样诉求的其他政策过程模型。"上下来去"决策模型是由若干个子模型组成的。

第二节 实验设计

一、实验目的

通过对"上下来去"决策模型的设计,使学生了解并且掌握公共政策决策的中国特色模型的形成和应用。

二、实验步骤

1. 归纳整理学者有关公共政策"上下来去"决策模型的观点以及概念。
2. 选取一位学者的观点,寻找一个典型的案例作为材料。
3. 通过对实验材料的分析,寻找实验材料与"上下来去"决策模型的契合点。

三、实验要求

1. 选取真实的案例材料。
2. 案例与模型紧密结合。
3. 分析决策过程中的"上下来去"。

四、实验成绩

序号	实验要求	分值
1	理论知识把握准确	20
2	依据理论提出分析框架	20
3	提出解决方案	30
4	语言流畅、文字简练、条理清楚	30

五、思考题

1. "上下来去"决策模型的现实基础是什么?
2. 具体说明"上下来去"决策模型在现实中的应用。

第三节
实 验 材 料

中国农村改革与发展的决策

　　自古以来,农业、农村、农民问题都是一个不可忽视的。在长期以农耕社会为主的我国,农业人口居高不下,"三农"问题更是一件关系到国计民生的大事。国家统计局数据显示,1978年我国人口为9.6亿,其中7.9亿为农业人口。改革开放后,随着经济的高速发展,城镇人口逐渐增多,2015年年初,全国人口为13.6亿,其中6.1亿为农业户口,农业人口占了约一半。即使在经济较为发达的今天,我国仍有四成左右的农业户口。农村问题始终牵动着我国决策者的心。

第四节

实验报告

院系			专业		
班级		姓名		学号	
实验教师		成绩		日期	
实验名称					

一、实验目的

二、实验原理

三、实验步骤

四、实验数据（如有，请简要列出）

五、实验结果

六、讨论分析（完成指定的思考题和作业题）

七、实验总结及改进实验的建议（如有，请简要列出）

备注：

第五节 实验答案

"上下来去"决策模型在中国农村改革与发展决策中的运用

自中华人民共和国成立以来,尤其是在改革开放之后,中央多次在农村问题上狠下功夫,对农村开始了长达数十年的政策规划、试点以及推广。这数十年来,中国政府将"上下来去"政策过渡模型充分运用在农村政策上。时至今日,农村的经济已经产生了质的飞跃。事实证明,这些政策在适合的时机、适合的大环境下成功地引导了农村的进步。

一、从人民公社到包产到户

从1956年开始,农业集体化逐渐在农村推广开来,人民公社就是其中的代表。然而,随着公社化运动的飞速推广,各农村不论现实基础,对公社化运动盲目照搬,人民公社如同雨后春笋一般在中国农村出现。随着时间的流逝,人民公社的弊端开始初露端倪。在收入没有提高、吃"大锅饭"、付出与收益不成正比的情况下,产生退社念头的农民逐渐增多,他们对公社化运动的态度开始摇摆不定。20世纪60年代初,很多农民对人民公社美好未来的憧憬开始动摇。到了1962年,"自留地""家庭副业""集市贸易"等概念已经在政府的推行下流传开来,这些改变极大地改善了当时农民的生活,政府在农村改革的道路上又前进了一步。1978年到1980年间,随着政策逐渐变得宽松,开放包产到户的声音在农村中越来越响。最终,1980年,中共中央《关于进一步加强和完善农业生产责任制的几个问题》的会议纪要出炉,这就是"75号文件",它促进了包产到户的合法性。这一重大转变,为后来农村的发展奠定了坚实的基础。到1983年,包产到户政策在全国推广完成。

这个阶段是中国政府处理农村问题最艰难的时期。万事开头难,在没有可以参考的历史经验的情况下,中国每下达一份有关于农村的政策,都会产生深远的影响。因此,当时的领导者以我国社会主义为出发点,谨慎地提出了人民公社,将其向农村推广。在接下来的短短数年中,成效难以展现,局势一度不明朗,这也使决策者在是否坚持先前政策的问题上举棋不定。在这种举棋不定的困难情况下,往往需要群众对决策者做出反馈,推动决策者做出决策。其标志性的事件就是在农村私下悄然推广开来的包产到户模式,在随后的几年中,包产到户合法化的呼吁在农民群众中得到越来越多的响应。政府也随之分阶段地响应群众的需求。我们可以把以上过程归结为一个"群众—领导"以及"领导—群众"的无限良性大循环。这也就是我们所认为的"上下来去"决策模型中的子模型——政策操作的群众—领导模型。

二、调整农村产业结构,推动城乡企业发展

早在1958年,中国就提出了办工业、办钢铁的口号,然而当时相对落后的物质基础不足以支撑企业的发展,盲目的尝试最终以失败告终,政府的社队企业推广计划也就暂时搁置了下来。1966年到1976年间,中国社队企业开始了第二次发展尝试,却再一次失败。虽然经历两次失败,中国并没有放弃对集体企业及社队企业的改革。

1978年以后,改革开放的春风吹拂着大地。伴随着意识观念的转变,政府开始从本质下手,将社队企业改为乡镇企业。1984年,为了改善农产品的流通渠道,政府将产品处置权下放给了农民。同年,中央也在相关文件中提出将社队企业正式改为乡镇企业,这标志着企业不再以公共利益为中心。在此之后的数年,政府一步步放松了对农村各方面经济的掌控力度。

中国逐渐削弱对农村计划经济般的掌控,逐渐为农村提供了与城镇类似的平台,把农村托付给了市场这只"看不见的手"。这就是此阶段最为显著的特征。同时,这也就是"上下来去"决策模型中的"政策操作的民主—集中模型"子模型。在这个时期,随着包产到户的推行,农村的工作效率得到了显著的提高,大量家庭溢出为数众多的剩余劳动力。为了安置剩余的劳动力,农民开始向政府申请开放更多包括产品处置权、自主择业权等有关农民生活各个方面的自主选择权利。随着社会的呼吁的加强,领导者也加快了对政策相关信息的收集与分析,从多维度对农村农民权利的开放进行分析,在经过内部激烈的商讨之后,决定依据国情彻底放开基层农村的计划经济体制,为农村搭建起市场经济舞台。

在政策推广过程中,决策者自上而下、一步一步地放宽农村政策,运用市场经济理念引导农村的改革。与此同时,决策者又仔细倾听群众的反馈,积极调整下一步政策细节,力争做到最好。"政策操作的民主—集中模型"的各个要点在这个过程中展现得淋漓尽致。

三、农村体制的改革

中国政府在1982年颁布的宪法中规定:乡、民族乡、镇设立人民代表大会和人民政府。接下来,中国政府又先后发布《关于实行政社分开 建立乡政府的通知》以及《关于加强农村基层政权建设工作的通知》,从政治、经济两个角度详细地提出了完善乡镇政权建设的思路,政府对农村改革的重心由发展经济转变为对农村机构体制的改革。

1. 机构下放改革

1986年,山东省莱芜市在我国率先进行县乡机构综合改革试点工作,将市所管辖的二十多个与农业有关的部门机构下放给了乡镇政府管理。在此之后,全国各地亦纷纷进行了局部的改革试验。

2. 村民自治改革

1987年,第六届全国人民代表大会常务委员会第二十三次会议通过了《村民委员会组织法(试行)》,以法律的形式将农村村民自治制度在农村中推行开来。这次持续十年的制度试行,给予了亿万农民当家作主的权利,其规模之大前所未有。在制度试行的过程中,领导者深入群众,全方位、多角度研究政策的不足。

3. 撤乡并镇并村改革

20世纪90年代,全国各地掀起了"撤乡并镇并村"改革风暴。在改革之前,乡镇行政区域的划分大多受传统习俗、交通或自然地理条件的影响,存在着一定的历史局限性。而随着生活的发展,曾经的区域划分已经难以满足政府的需要,并且产生了一系列问题:规模小,部门多,财政供养人数与农民比过高;机构散布,统筹困难,服务功能缺失;人员杂,素质参差不齐。因此,撤乡并镇并村改革是领导者基于优化行政管理的目的做出的探索行为。这场改革风暴,使得中国乡镇、行政村、村干部总数大幅减少。

在这一阶段,中国领导者在农村体制问题中大费周章,以试点的形式将政策在少量地区("选点")进行系统观察,做个案研究,然后将这些个体和局部做比较分析,发现导致政策问题的诸多因素之间的因果关系,并以此为根据做出决定,形成政策("到面")。这就是"上下来去"决策模型中的子模型——政策操作的试验模型。

4. 现今我国的农村改革

随着改革开放的推进,我国国民收入大幅提高,却也导致了逐渐增大的贫富差距。农村更是贫困的"重灾区"。2015年10月,国家主席习近平在2015减贫与发展高层论坛上,提出了"农村7000万贫困人口脱贫、所有重点县全部减贫摘帽"的目标。这彰显了领导者消除农村贫困问题的决心。2021年,我国脱贫攻坚战取得全面胜利,"上下来去"决策模型在其中发挥了重要作用。

四、评论

在古代社会并没有"公共政策学"这一概念,原因有两个方面。一是当时人们所了解的与政府政策有关的讯息仅仅来源于对政策结果的观察和分析,人们忽略或无法接触政策过程,不知政策"之所以来";二是由于科学技术和认知水平的限制,人们对政府政策的了解大多是个人经验的产物,一般片面而无效。

对政策过程的认知,包括政策的社会认识过程和政策的社会操作过程。对信息的收集,包括对反馈信息的收集和对政策结果的收集两个方面。这些构成了现代公共政策学中不可或缺的四个工具。"上下来去"决策模型全面地将这四个工具联系起来,并加以应用,这在理论上体现了其先进性。中国的政策执行过程也处处彰显着"上下来去"政策过程模型的实用性。

最为可贵的是，"上下来去"决策模型推崇吸收其他有着相同目标的模型作为理论的子模型，使得"上下来去"政策过程模型能够随着生产力的发展而改变，随着实践的结果而自我进化，使自身成为一个不断发展的理论。

（改编自张新光.中国近30年来的农村改革发展历程回顾与展望[J].中国农业大学学报（社会科学版），2006（4）：19-23.）

拓展材料

第十模块 共识决策模型实验实训

第一节 实验技术

一、共识决策模型的概念

共识决策模型是陈玲等学者基于对中国公共政策制定过程的研究提出来的。[①] 该模型立足于中国政治体制，致力于在政策参与者之间达成共识。该模型融合了有限理性决策理论和渐进决策理论的内容，比如提出的政策方案是有限的，各种备选方案的取长补短以折中、协商和渐进为基本特征。

依据共识决策模型来看，中国的政治制度环境是形成共识决策的重要因素。一方面，民主集中制强调民主和集中的辩证统一关系，在实践中体现为充分尊重集体讨论的首长决策机制；另一方面，党政合一的行政管理体制也强化了"共识"目标，中国共产党采取委员会制的集体领导制度，从中央到地方，党的各级委员会实行集体领导和个人分工负责相结合的制度，各级党委负责重大政策制定，政策决策自然会以凝聚共识为目标。

[①] 陈玲，赵静，薛澜.择优还是折衷？——转型期中国政策过程的一个解释框架和共识决策模型[J].管理世界，2010(8)：59-72+187.

二、共识框架

1. 作为政策目标的共识

"共识"就是意见一致,这是分析中国政策过程的核心概念。民主政体将共识视为决策的精髓。首先,在民主的决策机制中,民众或其代表的政策意见能够得到表达,各方面通过协商、参议的方式寻求共识,通过"少数服从多数"的简单原则来确认共识。民主集中制强调民主和集中的辩证统一关系,在实践中体现为充分尊重集体讨论的首长负责制决策机制。公共行政组织通常有两种决策制度,一种是"委员会制",另一种是"首长制"。中国的政府领导体制采取了行政首长负责制,也综合了委员会制的一些特点。1982年宪法明确规定:国务院实行总理负责制。各部、各委员会实行部长、主任负责制;地方各级人民政府实行省长、市长、县长、区长、乡长、镇长负责制。同时,中国政府机构还兼备委员会制的特点,表现为民主集中制。宪法规定:中华人民共和国的国家机构实行民主集中制的原则。其次,党政合一的行政管理体制进一步强化了"共识"目标。中国政府的领导制度受到政党制度的高度影响。中国共产党采取的是委员会制的集体领导制度。1980年,中国共产党第十一届中央委员会第五次会议通过的《关于党内政治生活的若干准则》明确规定:"集体领导是党的领导最高原则之一。从中央到基层的各级党的委员会都要按照这一原则实行集体领导和个人分工负责相结合的制度。凡是涉及党的路线、方针、政策的大事,重大工作任务的部署,干部的重要任免、调动和处理,群众利益方面的重要问题,以及上级领导机关规定应由党委集体决定的问题,应该根据情况分别提交党的委员会、常委会或书记处、党组集体讨论决定,而不得有个人专断。"该准则还特别指出:"在党委会内,决定问题要严格遵守少数服从多数的原则。书记和委员不是上下级的关系。书记是党的委员会中平等的一员。"2016年,中国共产党第十八届中央委员会第六次全体会议通过的《关于新形势下党内政治生活的若干准则》也规定:"各级党委(党组)必须坚持集体领导制度。凡属重大问题,要按照集体领导、民主集中、个别酝酿、会议决定的原则,由集体讨论、按少数服从多数作出决定,不允许用其他形式取代党委及其常委会(或党组)的领导。落实党委常委会(或党组)议事规则和决策程序,健全常委会向全委会定期报告工作并接受监督制度,坚决反对和防止独断专行或各自为政,坚决反对和防止议而不决、决而不行、行而不实,坚决反对和防止以党委集体决策名义集体违规。各级党委(党组)要善于观大势、抓大事、管全局,及时发现和解决矛盾和难题,不上推下卸,不留后遗症。建立上级组织在作出同下级组织有关重要决策前征求下级组织意见的制度。"

2. 达成共识的几种方法

在中国的政策制定实践中,一般采取圈阅、会议、协调、动员、听证等多种方式来达成政策共识。

(1)圈阅。

圈阅制度是领导人在小范围内交换意见、达成共识的方式。有学者认为,领导人在有关书面材料上做出简要批示,然后交由其他领导人圈阅,这在过去和现在都是中国领导人重要的工作方式。除了比较简单或特殊的问题,批示并不表示已做出决策。这通常是提示某些人员或部门注意解决哪些问题,或者要求提出处理建议,或者对提出的建议表示意见。[①]

(2)会议。

召开会议是最常见的决策方式。我国有比较完整的会议制度,如中央政治局常务委员会会议、中央政治局会议、中央工作会议、中央委员会全体会议、党的全国代表大会、国务院常务会议、国务院全体会议等。有关部门经过大量的准备工作,拟出初稿和提出预案,在党内外反复酝酿、广泛征求意见后,分别提交党政有关会议直至全国性会议审议通过,最终形成党、政府和国家的决策。

(3)协调。

领导小组是在处理跨部门的政策问题时为取得共识而常常采用的组织方式。这一类组织的特点是任务性很强,通常是临时性的和非正式的,其人员主要为相关部门的负责人。领导小组起到在各个部门沟通不同意见和建议的作用,其组成人员在各自部门中担任领导职务,因此容易在各个部门之间达成共识。领导小组常常由于一些难以迅速做出决断,或者时效性不强的政策问题而成为长期性的组织,由于其成员多为兼职,反而容易带来机构虚置、职能不清、效率低下等问题。

(4)动员。

动员是为了在大范围取得共识而采用的方式。通过动员来获取共识,从而建立议程和推行政策,是中国政策过程的一个显著特点。胡伟认为,当代中国促使和推动政策议程建立的因素(即政策议程的创始因素),主要包括政治领袖和权力精英的倡、突发性事件或危机事件、广泛的民意、大众传播媒介等。政策议程的创始因素不同,就形成了建立议程的不同模式。大体上说,有内在创始模式、外在创始模式和动员模式。动员模式由权力精英特别是政治领袖进行问题的创始,但是为了获得足够的或者更多的社会政治力量的支持,就需要利用大众传媒进行宣传、制造舆论,从而促进政策议程的建立。

(5)听证。

听证是近几年逐渐在国内公共政策领域兴起的政策方式。一些涉及公众利益的政策,如物价、市政规划、基础设施建设等,开始引入听证会制度,听取公众代表和专家群体的意见,从而达成更大程度的政策共识。但是和政治协商制度一样,听证会制度目前在国内的发展还很不完善,对政策过程的实质性影响还不显著。对于难以决断、一时难以达成共识的问题,通常采取推迟做出决定的方式。

三、共识框架的变量体系

共识框架的任务是提供分析政策过程的视角和变量要素。就视角而言,共识框架将政策过程视为达成共识的过程;就变量要素而言,政策过程共识框架由图 10-1 所示的变量体系构成。

---

① 陈思丞,孟庆国.中国政治运行中的批示:定义、性质与制度约束[J].政治学研究,2016(5):70-82+126.

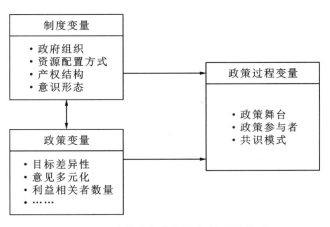

图10-1 政策过程共识框架的变量体系

1. 因变量

政策过程共识框架的研究对象是政策过程。政策过程包括三个方面的因素,即政策舞台、政策参与者和共识模式。政策舞台是指政策提出、酝酿、构思和决策的组织与机构。政策参与者是指参与共识形成过程的个人、组织或群体。在不同的历史时期和政策领域,参与政策过程的行为主体有所差异。根据参与者的不同类型,行为主体的范围逐渐变化,包括了权威、精英、组织、利益集团、观念网络、大众等。政策决定由最高权威做出,并且通过指令方式强制达成共识。有的政策涉及专业技术领域或专业部门,这些专业技术领域或部门的精英代表参与决策并促进达成共识。当组织利益或部门利益凸显并影响政策过程时,组织就成了重要参与者,如企业、民间机构等。在特定政策过程中,具有共同利益趋向和政策倾向的组织和个人形成利益集团,以影响政策过程。不具有明显的共同利益诉求,但持有相同或相似政策信仰或理念的个人或组织则通过观念网络来影响政策过程,如支持激进改革的独立思想库、报刊媒体、利益集团就构成一个观念网络。最后,有的政策涉及广泛参与的公开讨论,此时大众也成了政策过程的参与者。在我国,选民直接投票选举人大代表,这是大众形成政策共识的显著例子。共识范围的逐渐扩大是中国政策过程变迁的重要特征之一,共识模式是指政策参与者达成共识的方式,最基本的共识模式有三种:指令、协商和竞争。

2. 自变量

共识框架的自变量体系是制度。制度是一个笼统的概念。广义而言,制度包含所有规范人们相互关系和行为方式的组织安排、法律法规、道德、文化和习俗。但从研究分析的操作层面上而言,制度主要界定了四个方面的规则,进而影响了政策过程的模式。这四个方面就是政府组织、资源配置方式、产权结构和意识形态。

政府组织是指政府的层级结构、职能划分和业务流程。政策在政府组织内制定,因此政府组织决定了政策过程的正式舞台和程序,并规定了政策参与者之间的权力关系。

资源配置方式主要有市场和计划两种。公共政策本质上是对资源的重新分配，因此资源配置方式决定了政策方案的原则和政策工具的选择。

产权结构决定了政策参与者之间的利益格局，进而决定了政策参与者的立场、观点和行为。

意识形态决定了政策参与者的政策信仰和政策偏好。

3. 与政策相关的中间变量

政府组织等自变量究竟如何影响达成共识的政策过程呢？一系列中间变量有助于我们对其进行理解。从纯技术的角度而言，我们将达成共识的过程理解为多个行为主体之间通过信息交流、协商和妥协，使得政策参与者和决策者不断调整策略和偏好，最终达到一致性意见的过程。在这个过程中，决定共识达成的影响因素包括协商次数、组织的等级序列和目标差异，意见群体的多元化程度和利益相关者的数量，政策自身的风险程度等。此外，决策机制本身的刚性也是重要的变量。

首先，政策参与者之间的协商次数会显著影响政策的共识水平，这是因为通过不断的重复和反馈，政策参与者的知识、价值和观念发生改变，尤其是原来通过直觉或感知所认识的事物发生了改变。因此，经过多次重复的决策过程后，个体更愿意接受和改变意见。

其次，政策涉及的部门越多、目标差异越大，就越难达成共识。共识决策通常发生在相同级别的组织之间。同级组织无法确定相互的领导和从属关系，但服务于不尽相同的政策目标，因此达成共识就成了决策的关键。组织的目标差异越大，达成共识的难度也越大。为了在不同目标之间达成共识，在共识达成之前的协商过程中，问题性质往往必须发生转变，必须将不同利益冲突之间的零和博弈转化为积极整合和解决问题。

参与共识决策的意见多元化程度和利益相关者数量也会显著影响共识结果。研究指出，如果在确定和评估备选方案过程中利益相关者未被完全包含，则决策过程的结果将会面临争议，政策执行也会面临重重障碍。多元化的意见和视角在政策决策过程中的相互影响可以促使人们对问题有更深层次的理解，从而让决策结果更易被接受。

总之，共识作为中国公共政策的制度安排和政策实践的目标，是政策过程的核心诉求。达成政策共识的过程和方式具有多样化特征，并且受到诸多变量的影响。考察不同行为主体和变量之间的相互关系，可以得出不同的共识决策模型。

4. 共识决策模型的局限性

共识决策模型展示了中国制度环境下政策决策的基本流程和显著特征，对于我们更好地理解中国政策决策过程具有启发性。但共识决策模型也存在局限性，主要表现为以下两点。第一，共识决策缺少制度化的意见分歧解决机制，不同部门之间的意见出现分歧时，没有一种清晰的审议程序和裁决机制。实际上，高层政治权威总是扮演着最终裁决者的角色。第二，共识决策过程很难保障各方参与者具有平等的意见表达渠道。由于意见表达渠道的畅通情况不一样，一些政策意见未能充分展开辩论，共识主要表现为有限参与者之间的共识。

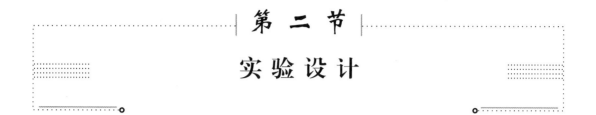

第二节 实验设计

一、实验目的

通过学习共识决策模型的理论以及对相关案例进行分析,深入理解共识决策模型的相关概念、达成共识的几种方法以及变量体系,并能够灵活利用共识决策理论对其他案例进行分析。

二、实验步骤

1. 阅读并理解共识决策模型及案例分析。
2. 在同一模型下,分析不同学者的案例分析角度。
3. 选择可用共识决策模型进行分析的案例。
4. 运用共识决策模型对所选案例进行分析。
5. 总结运用共识决策模型进行案例分析的优缺点。

三、实验要求

1. 认真阅读并思考相关资料。
2. 可以运用多种渠道获取信息,如中国知网、相关期刊和教材等。
3. 在分析案例时,有自己的见解,有一定的独立思考的能力。

四、实验成绩

序号	实验要求	分值
1	认真阅读并思考相关资料	20
2	通过多种渠道获取所需的信息	20
3	在分析过程中有自己的思考,并在分析结果中体现出来	60

五、思考题

1. 达成共识的方法有哪些?
2. 试列举一个可以用共识决策模型进行分析的案例。

第三节 实验材料

中国医疗卫生体制改革分析

2005年,国务院发布报告称,中国医疗卫生体制改革"从总体上讲是不成功的"。这一权威报告的发布,不但使社会各界震惊,也将老百姓感觉到的越来越严重的看病难、看病贵问题放在了台面上,由此拉开了新医改的序幕,加快了新医改的步伐。

2006年,医改进入第五阶段。2006年9月,国家成立了由11个有关部委组成的医疗体制改革协调小组,国家发改委主任和卫生部部长出任双组长,新一轮医改正式启动。2006年10月,中共中央十六届六中全会在京召开,通过《中共中央关于构建社会主义和谐社会若干重大问题的决定》,第一次明确提出建设覆盖城乡居民的基本卫生保健制度的目标。同月,中共中央政治局进行第三十五次集体学习,探讨医疗卫生体制和事业发展。医改基调定为由政府承担基本医疗,年底出台新方案。然而由于医改的广泛性和复杂性,年底出台方案的计划落空。

作为"补偿",2007年,时任卫生部部长陈竺表示,到2010年在全国初步建立基本医疗卫生制度框架,并试点推行覆盖全部城镇居民的医保制度,这标志着医改进入第六阶段。

2007年1月,医改协调小组委托6家研究机构进行独立、平行研究,为决策提供参考。5月29日至30日,国家发改委组织召开评审会,但并未做出最终选择。

2008年4月,温家宝两次主持召开深化医药卫生体制改革工作座谈会,向社会征求意见。同年10月14日,医改协调小组《关于深化医药卫生体制改革的意见(征求意见稿)》面向全社会征求意见,1个月内共收到反馈意见3.5万余条。比较集中的意见包括加大政府投入,深化公立医院改革,保障医务人员待遇,加强县医院、乡镇卫生院建设,等等。

2009年1月21日,国务院原则通过新医改方案和实施方案,标志着医改进入新阶段。同年3月,《中共中央国务院关于深化医药卫生体制改革的意见》正式出台,这标志着新医改正式起航。

新医改方案认为,健康是人全面发展的基础。医药卫生事业关系千家万户的幸福,是重大的民生问题。中华人民共和国成立以来,特别是改革开放以来,我国医药卫生事业取得了显著成就,同时也应该看到,当前我国医药卫生事业发展水平与经济社会协调发展要求和人民群众健康需求不适应的矛盾还比较突出。具体表现为城乡和区域医疗卫生事业发展不平衡,资源配置不合理,公共卫生和农村、社区医疗卫生环节比较薄弱,医疗保障制度不健全,药品生产流通秩序不规范,医院管理体制和运行机制不完善,政府卫生投入不足,医药费用上涨过快等。

深化医药卫生体制改革的总体目标是建立覆盖城乡居民的基本医疗卫生制度,为群众提供安全、有效、方便、价廉的医疗卫生服务。

中国新一轮的医疗体制改革历时 4 年,从 2005 年 3 月到 2009 年 4 月先后有多套备选方案出台,经过反复论证、广泛讨论和意见征求,最终方案得以敲定。这一轮新医改是近些年来中国最为盛大、公开和谨慎的公共政策决策过程之一,它调动了各行各业、各阶层的积极性,在激烈的讨论中,许多优秀方案角逐,出现了很多意见分歧和辩论,由此形成多方意见阵营,它们都期待着最终"拔得头筹"。事实上,最终医改的方案,并不是某一个阵营思虑周全后得出的最优方案,而是融合多方意见的集大成者。

(改编自回顾中国医改 30 年历程[EB/OL].[2009-03-20]. http://www.ce.cn/cysc/ztpd/09/ygfa/dsj/200903/20/t20090320_18561240.shtml.)

第四节

实 验 报 告

院系			专业			
班级		姓名			学号	
实验教师		成绩			日期	
实验名称						

一、实验目的

二、实验原理

三、实验步骤

四、实验数据(如有,请简要列出)

五、实验结果

六、讨论分析(完成指定的思考题和作业题)

七、实验总结及改进实验的建议(如有,请简要列出)

备注:

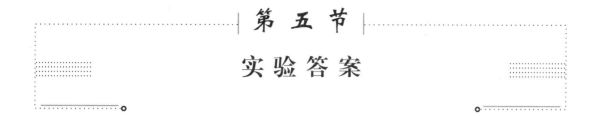

共识决策模型在医改决策过程中的运用

医改的决策过程表现出目标差异性大、政策方案纷繁复杂、政策过程多、决策难度大和决策风险高的特点,在这样决策主体众多、过程复杂的公共决策中,很难达成共识。通常需要长时间的协商、沟通和反复的论证,才有可能达成共识。共识决策往往在同级政府组织机构之间发生,高层政治官员的仲裁作用显得至关重要。然而,这样的共识决策结果常常是一个模糊而笼统的政策纲领,不太可能体现强烈的政策偏好。

基于上述理解,共识决策模型可以表述为:

$$C = f(G, P, R, N, e) \tag{式 10-1}$$

式中,C 为共识的程度;G 为组织的目标差异性;P 为意见群体或政策方案的多元化;R 为政策本身的风险程度;N 为协商的次数;e 为决策的制度环境约束变量,如决策的问责机制、决策流程的制度刚性等。

一、共识决策中体现的择优和折中

医改最终方案的协商、确定过程本质上是政策共同体通过协商、交涉达成内部共识的过程,这一过程并不是简单的择优过程,而是多方意见、多种方案的折中,这种共识往往会在多次、长时间的协商妥协中达成,使得最终政策带有模糊性,具体变现为以下三点。

首先是内部化策略。在提出医改的初级阶段,业务主管部门内部的意见会出现分歧,他们的意见不尽相同,有时业务主管部门主导的政策方案也没有得到其他政府部门的认同。在这样的困境下,更高层次的全局型官员组织成立专门的政策共同体——国务院医改领导小组,试图将部门之间的意见分歧"内部化",促进意见共识的达成。

其次是试图择优的外部竞争性策略。政策共同体内部没有办法达成有效、一致的共识,这时就需要开始寻求外部思想库的技术帮助,通过外部的力量寻找更加合适、合理的方案,从而降低决策风险。为了形成竞争方案、择优选择,政府还会同时委托多家机构进行平行研究。

最后是折中融合共识策略。通过多方渠道获得的多种方案存在差异性大、复杂程度高的特点,这使得这些方案都无法获得政策共同体的一致同意。所以政策共同体不得不推迟政策出台的预期时间,转由专门小组综合考量多种方案,对多种方案折中、糅合处理,

以形成最终的方案。

二、共识决策中体现的妥协与融合

共识决策的过程本就是在多种方案的背景下进行的,任何一项最终方案的敲定都不会是时间短暂而意见一致的,均需要经过长时间的考量、多次的协商和妥协。所以共识决策模型可以很好地解释政策制定过程中出现的妥协和据理力争,相关行为主体通过思想交流、信息共享、意见交换等行为方式构建意见网络,并最终达成意见共识,这一过程涉及多方的意见诉求,进而表现出反复、拖沓和复杂的特点,最终的结果是各方在多次"谈判"中不断妥协与融合,而不是一方取得压倒性胜利。

三、政策目标、价值诉求的多元性

共识决策的基础是政策目标的多元性,这一方面表现为医疗改革的目标多元性,比如希望提高医疗服务的效率与质量、健全完善医疗服务体系等,另一方面表现为决策主体的多元性,政策决策涉及多个主体之间的利益牵制,这要求社会政策涵盖多方主体的政治利益诉求,综合考虑多方因素,以平衡、解决不同利益主体之间的冲突和矛盾,这使得达成共识变得困难重重,因此催生出拼合式方案。在最终的医改方案中,"促进基本公共卫生服务逐步均等化"体现了此次医改对"以人为本"和"公平性"目标的特殊偏好;"建立覆盖城乡居民的全民医疗保障系统"是劳动与社会保障部的目标;而"完善基层卫生服务体系"和"推进公立医院改革"是卫生部的职责所在。一份医改政策涵盖多重目标、价值和政策维度,这在中国公共政策尤其是指导性政策中屡见不鲜。

四、政府部门数量多,层级相同

政策制定涉及的政府部门数量越多,职能重叠部分越多时,达成共识的难度就越大。在国务院医改领导小组这个政策共同体中,有三个存在意见分歧的核心部门——卫生主管部门、劳动保障部门和财政主管部门。正因为这三个部门在政府组织结构上层级相当,职能上存在交叉,但部门目标又各有侧重,所以需要更高层面的全局型官员进行协调,才能促成共识。

五、政策自身的高风险性

政策自身的风险程度也会影响政策共识的达成难度。政府机构大部分是厌恶风险的行为主体,风险越高的政策,就越难以获得主管部门的认同。20世纪90年代的首轮市场化医疗卫生改革带来了看病难、看病贵的社会问题,为了减少负面作用,政府在进行下一轮医改时更加谨慎,最终提出以渐进式方法改革近期目标和长远目标,并逐步采取试点方法进行推进,这一点也说明了政府对于风险的态度。

(改编自陈玲,赵静,薛澜.择优还是折衷?——转型期中国政策过程的一个解释框架和共识决策模型[J].管理世界,2010(8):59-72+187.)

拓展材料

第十一模块

"学习—适应"模型实验实训

第一节 实验技术

一、"学习—适应"模型的提出背景

王绍光教授提出,近些年有越来越多的人渴望探寻一种"中国模式"。尽管在改革开放二十周年左右,仍然有很多人预测中国体制即将崩溃,但是实践证明长期以来中国经济在保持中高速增长的同时,还能保持政治稳定,这绝不是幸运或者偶然。[①] 北京大学姚洋教授把这种"中国模式"归纳为四项主要内容:第一,中国政府是一个以社会长远利益为追求目标的政府;第二,财政分权带动了地方的积极性;第三,中国探索了一条新的民主化道路;第四,中国的执政党不是一个意识形态僵化的政党,而是一个求真务实的政党。

总的来说,"中国模式"注重"学习—适应"模型,中国在不断的学习和适应之中摸索适合自己的方法和道路,能利用各种形式的实践和试验进行学习,获取必要的经验和教训,进而调整政策目标和政策工具,以适应不断变化的社会环境。"中国模式"之所以能够逐渐成形主要取决于不相信任何"放之四海而皆准"的标准。

---

① 王绍光.学习机制与适应能力:中国农村合作医疗体制变迁的启示[J].中国社会科学,2008(6):111-133+207.

二、适应能力与学习模式的概念

适应能力是指人们在面对环境变化等因素带来的种种不确定性时,所拥有的一种发现和纠正现有缺陷、接受新信息、学习新知识、尝试新方法、应对新挑战、改进制度运作的能力。而几乎所有人,包括决策者、政策研究者和专家,都只具备有限理性,因此无法在面对所有未知局面和将要做出决策时做出最佳选择,只能在不断试验和实践中找到令人满意的解决方案。中国长期保持经济中高速增长,且走的是中国特色社会主义道路,在这个过程中缺少可供参考的其他国家的经验和教训,最多只能借鉴我国以往的经验,因此在发展"中国模式"的过程中只能"摸着石头过河"。这种渐进的发展策略更需要中国有较强的适应能力,在学习过程中探索合适的发展道路和模式极为重要。

适应能力的基础和前提是学习能力。学习能力是指有意利用某时、某地有关政策或制度的经验教训,来调整此时、此地的政策或制度。依据学习的推动者(决策者或决策倡导者)和学习源(实践或试验)两个向度,可区分出四种学习模式(见图11-1)。

学习的推动者	学习源	
	实践	试验
决策者	A 模式	B 模式
政策倡导者	C 模式	D 模式

图 11-1 四种学习模式

学习的推动者包括决策者和政策倡导者。那么为什么决策者会对学习产生兴趣?当决策者遇到政策失灵、制度失效等状况时,他们会好奇应该做些什么,从而在自己已有的经验和别人的经验中找到解决问题的方法,这就需要决策者去学习。除了决策者之外,如政策主管部门、地方政府、公务员、媒体工作者、社会上的利益相关群体等都可能成为学习的推动者。如果这些人对某些基本信念和问题的看法一致,就可能会在无形之中组成"倡导者联盟",他们在学习过程中不断寻找可以支撑自己理论的依据,或者向决策者推介自己的学习成果。

学习源可以分为两大类:一是各时期、各地方的实践(包括本国的政策与制度遗产、本国内部各地区不同实践和国外以往与现实的经验教训),即图11-1中的A模式和C模式;二是系统性试验,指在小范围进行的,为了探寻解决问题的有效工具而开展的干预性试验,即图11-1中的B模式和D模式。实践与试验是相互关联的,不同的实践会成为不同政策与制度性实验的基础。

图11-1中的四种学习模式并不是相互排斥的,一个国家完全可能采用不止一种模式进行学习。一个体制适应能力的强弱取决于它是否能充分利用所有模式来进行学习。从逻辑上讲,适应能力强的体制应该具备以下四个特征。

第一,体制安排使得决策者对新出现的问题、困难、不平衡十分敏感,并感到有责任做出回应。

第二，决策者深信只有通过实践或试验的方式进行学习，而不是照搬国外的经验或时髦的理论，才能找到解决政策与制度问题的途径。

第三，在政治统一的前提下，允许在相当多领域进行分权式决策，从而为通过分权式的实践与试验最大限度地探寻解决问题的不同方式创造制度条件；换句话说，体制培育了丰富多彩的学习源，同时能对其进行全局性的协调。

第四，对从实践和试验中产生的新东西，在进行集中式纵向推广应用的同时，允许或鼓励分权式横向推广应用，尤其是在决策前期。

第二节 实验设计

一、实验目的

通过对"学习—适应"模型的设计,了解并且初步掌握学习模式和适应能力中所涉及的因素,理清其中的关系,为今后的理论与实践学习打下基础。

二、实验步骤

1. 结合实验材料,分析其中的内容如何运用了图 11-1 中的学习模式。
2. 根据所给实验材料,分析案例是如何体现"学习—适应"模型的。
3. 对比传统合作医疗与新型合作医疗的不同之处。
4. 讨论我国决策者和政策倡导者应如何调整政策工具和政策目标以回应变化的环境。

三、实验要求

1. 利用知网找出参考文献以及有关案例。
2. 理清其中关系,并通过表格的方式表现出来。
3. 通过分析案例,总结并思考"学习—适应"模型带给我们的启示。

四、实验成绩

序号	实验要求	分值
1	准确理解模型内容	30
2	内容分析精练、有条理	30
3	运用具体案例了解学习模式	40

五、思考题

1. 学习模式与适应能力有什么联系?
2. 我国从传统合作医疗到新型合作医疗经历了哪些发展?

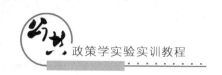

第 三 节
实 验 材 料

1949 年以后我国农村合作医疗的形成和发展

自中华人民共和国成立以来,我国的农村医疗卫生融资体制走过了六个阶段,即医疗合作的萌芽(1949—1952 年),合作医疗的兴起(1953—1968 年),合作医疗的普及(1969—1978 年),传统合作医疗的衰落(1979—1984 年),新型合作医疗的探索(1985—2008 年),以及新型农村合作医疗的持续发展(2009 年至今)。

一、医疗合作的萌芽

20 世纪初,农村人口在我国总人口中占极大比重,而农村的医疗卫生状况十分落后,我国婴儿死亡率高,人均寿命短。1950 年,我国政府在第一届全国卫生工作会议上确定了新的医疗卫生工作方针。1952 年,全国县级卫生机构数量增长并覆盖了全国 90% 的地区[①]。这个阶段,我国针对医疗卫生所施行的一系列措施和改革都只是提供医疗服务方面的合作,并不是医疗融资的合作,而个人付费是这个时期唯一的医疗融资方式。

二、医疗合作的兴起

1953 年,在农业合作化运动的浪潮中,联合诊所应运而生,山西省高平县米山乡联合保健站是当时全国第一个农村医疗保健站。保健站的建设经费来自农民缴纳的"保险费"、从农业社提取的公益金以及医疗收入。1958 年,河南省遂平县嵖岈山卫星人民公社提出公社实行合作医疗,按家庭人口数量每年缴纳合作医疗费,农民就诊不收取费用。1959 年,山西省稷山县提出:人民公社的两种医疗制度分别是谁看病谁出钱,人民公社社员集体保健医疗制度。中央对此做出肯定,表示"卫生部党组关于全国农村卫生工作山西稷山现场会议的报告及其附件很好",要求各地参照执行。

在中央的推动下,全国行政村纷纷开始举办合作医疗。但是,1958 年后"大跃进"和人民公社化运动中"左"的错误,对合作医疗的发展造成了严重的消极影响,使合作医疗未能正常、持久发展。

---

① 王绍光.学习机制与适应能力:中国农村合作医疗体制变迁的启示[J].中国社会科学,2008(6):111-133+207.

三、合作医疗的普及

1968年底,湖北省长阳县乐园公社实行合作医疗制度,根据社员历年来的医疗情况、用药水平,确定每人每年交1元合作医疗费,每个生产队按照参加人数,从公益金中为每人再抽出1角缴纳。除个别需要常年吃药的疾病以外,社员每次看病只需要交5分钱的挂号费,不用支付药物费用。与此同时,数以万计的乡村医生队伍也渐趋壮大。合作医疗在全国普遍推广,其最大的作用就是解决了农民看不起病、吃不起药的困难。合作医疗是一种非强制性的,费用由个人和集体共同负担,依托于低成本乡村医生的医疗体制。

这一时期,合作医疗遍地开花,虽然根基不稳,覆盖率在不同地区差异较大,但其成效显著。合作医疗的构建使中国人民的平均寿命延长,婴儿死亡率下降,在各地实践中发挥了巨大作用。

四、传统合作医疗的衰落

家庭联产承包责任制的推广和实行,使得多数农村的集体经济变得薄弱甚至消失,而苏南地区的私有化改制证明集体经济是传统合作医疗的经济基础,集体经济的没落使得传统合作医疗开始走下坡路。不仅如此,政府对合作医疗持一种模糊态度,指出各地区要因地制宜,根据实际经济情况推行某种医疗制度,许多文件试图避免使用"合作医疗"四个字。缺少明确的政策支持,传统合作医疗不可避免地走向衰落。

五、新型合作医疗的探索

1985—1990年,卫生部倡导的中国农村健康保险实验项目与传统医疗合作有了明显区别。1985—2002年,相关部门进行了很多有关坚持合作医疗范例的调查研究。1987年,相关部门在湖北、山东和北京进行了合作医疗制度与自费医疗制度的配对调查研究。1988年,相关部门根据20县农民的基础情况进行调研,按照不同经济情况设计出四种类型的农民健康保险模式。1992—1996年,中国卫生经济培训与研究网络、美国哈佛大学公共卫生学院共同承担了"中国农村贫困地区卫生筹资与组织"项目。1994—1996年,国务院政策研究室和卫生部推出"中国农村合作医疗保健制度改革"项目。1997—2002年,中国在西藏自治区实行不同的农村医疗体制。1998—2005年,由世界银行贷款,中国政府实行的"加强中国农村贫困地区基本卫生服务"项目覆盖面广,"支持建立和完善农村合作医疗制度"是项目的重要领域之一。

事实上,1996年以后,在研究农村医疗卫生体制的领域里,已经形成了"合作医疗的普及有赖于中央和地方政府的财政支持"的共识,但它并没有成为政府政策。2002年10月,中国明确提出各级政府要积极引导农民建立以大病统筹为主的新型农村合作医疗制度(简称新农合)。2009年,中国做出深化医药卫生体制改革的重要战略部署,确立新农合作为农村基本医疗保障制度的地位。

六、新型合作医疗的持续发展

随着医疗技术的不断升级与医保政策的不断完善,新农合每年需缴纳的费用是不断变化的,2003年农民个人承担的缴费金额为10元/人/年,2009年上涨至20元/人/年,2020年涨至280元/人/年,而依照国家公布的政策,2021年城乡居民医保个人负担金额再上涨40元,居民医保最低的缴费标准为320元/人/年。

2017年,我国已经有22个省份把新农合和城市居民医保整合为城乡居民医保,由人社部统一管理。据人社部社会保险事业管理中心主任唐霁松介绍,到2017年9月底前,可实现跨省异地住院医疗费用直接结算。而另据国家卫计委基层司相关工作人员介绍,2017年8月底,国家卫计委负责的辽宁、吉林、安徽、海南、四川、贵州、西藏、陕西、甘肃9个省份新农合异地住院直接结算已经实现全覆盖。2019年,许多医院都接入了微信新农合支付,实现跨省就医实时结报,可以支持实时结算。

经过多年的发展,中国已经建立起以城乡居民基本医疗保险为主体、城乡居民大病医疗保险和商业医疗保险为补充、医疗救助和健康扶贫政策为托底的农村医疗保障体系。中国农村医疗保障项目通过减轻农村居民医疗负担、提升农村居民健康水平和劳动参与率以及阻止贫困代际传递等方式防范农村居民致贫风险,对于农村减贫发挥了巨大作用。

(改编自王绍光.学习机制与适应能力:中国农村合作医疗体制变迁的启示[J].中国社会科学,2008(6):111-133+207.

曹普.1949—1989:中国农村合作医疗体制的演变与评析[J].中国云南省委党校学报,2006(5):41-45.

金振娅,邱玥.新农合,异地住院费用可以直接报销了[N].光明日报,2017-9-10(06).)

第四节 实验报告

院系			专业	
班级		姓名		学号	
实验教师		成绩		日期	
实验名称				

一、实验目的

二、实验原理

三、实验步骤

四、实验数据(如有,请简要列出)

五、实验结果

六、讨论分析(完成指定的思考题和作业题)

七、实验总结及改进实验的建议(如有,请简要列出)

备注:

第五节 实 验 答 案

依据"学习—适应"模型探究中国农村医疗体制的变迁

一、农村医疗融资体制的学习模式

通过梳理农村医疗融资体制在过去几十年里的演变过程,我们可以发现,在不同的历史时期,中国决策者和政策推动者所做的努力是不同的,具体可以归结为以下七点。

第一,在过去的几十年中,基层的实践一直是最重要的学习源。20世纪50年代,山西省米山乡和河南省卫星人民公社出现的合作医疗范例都来自基层的实践,而不是决策者与政策倡导者的规划。这些实践为中央决策者和政策倡导者提供了灵感来源。

第二,中央没有要求全国采取同一种模式来实施合作医疗,不同地区实行的合作医疗制度因当地的实际情况不同而存在着很大的差别。不仅如此,1969—1978年,在合作医疗发展的鼎盛时期,合作医疗也并没有覆盖全国所有农村。我们观察每一时期的合作医疗,可以发现合作医疗的实施几乎都是非强制性的,政府从没有强求所有社队实行合作医疗。而学习源中实践的多样化为考察不同农村医疗筹资体制的可行性提供了一定的保障。

第三,20世纪80年代以后,在小范围进行试点的干预性试验的目的是发现有效的政策目标、政策工具,这些干预性试验是重要的学习源。

第四,20世纪80年代以前,学习的推动者主要是决策者。他们通过各级卫生行政部门、媒体的内部或公开的报道了解各地的实践情况。

第五,20世纪80年代以后,政策倡导者(比如中央及地方各级政府部门、国际组织、国内外高校等)加入了学习推动者行列。政策倡导者在政策/体制变迁中发挥了越来越大的作用。有些时候,不同的政策倡导者同盟能够推动不同的政策落地,如20世纪80年代有关合作医疗、健康保险的辩论,这表明中国的政治体制的开放性和包容性越来越大。

第六,随着学习源从基层的实践扩展到系统的试验,学习推动者从决策者扩展到政策倡导者,中国体制的学习能力与适应潜力得到了进一步增强。中国农村合作医疗体制随着"学习—适应"模型的变革逐步完善。

第七,学习与适应是永无休止的过程。如今,新农合的优势已经十分明显了,但着眼于未来,它还面临许多问题,中国在农村医疗融资方面的探索仍在继续。

二、传统合作医疗与新型合作医疗的不同

从实验材料可以看出,相比传统合作医疗,新型合作医疗有了很大的发展,这些都得益于"学习—适应"模型的作用。除此之外,传统合作医疗与新型合作医疗还有以下不同之处。

一是新型合作医疗改变了合作医疗的性质,成为由政府统一组织、引导、支持的农民医疗互助共济制度,而不是像传统合作医疗一样依靠乡村社区自行组织。

二是政府加大了对新型合作医疗的支持力度,其资金来源为以政府投入为主的多方筹资,中央和地方财政每年还安排了专项资金予以支持,对比主要靠个人缴纳和村级集体经济补贴的传统合作医疗,新型合作医疗的资金支持更强,推广力度更大。

三是新型合作医疗的重点是解决农民因患大病而出现的因病致贫、因病返贫问题,避免了过去的合作医疗主要解决小伤小病、抗风险能力差的缺陷。

四是新型合作医疗提高了统筹层次,以县为单位进行管理,互助共济的作用较大,而过去的合作医疗大多以村为单位统筹,少数以乡为单位统筹,互助共济的能力较差。

五是新型合作医疗同步推进了医疗救助制度的建立,设立由政府投资和社会各界捐助等多渠道筹资的专项基金,对农村贫困家庭和五保户进行医疗救助。

三、新型合作医疗未来的发展方向

我国的决策者和政策倡导者始终在不断提高医保补助标准,全面推开针对20个病种的重大疾病保障试点工作,以减轻人们的医疗负担。除此之外,我国新型合作医疗在保障对象、保障范围、保障水平方面逐年进行调整,以适应不同人群和经济水平的发展情况,由此得以在适应过程中建立以城乡居民基本医疗保险为主体、城乡居民大病医疗保险和商业医疗保险为补充、医疗救助和健康扶贫政策来托底的农村医疗保障体系。

新型合作医疗强调的不是个人成本收益的平等,而是保险金的社会满意度。新农合作为一种社会保险,受益的农民和政府补助资金来源的纳税人的满意度对其推行的程度具有举足轻重的作用。农村合作医疗保险最开始是由我国农民(农业户口)自己创造的互助共济的医疗保障制度,它在保障农民获得基本卫生服务、缓解农民因病致贫和因病返贫方面发挥了重要的作用。它现在成为一项主要依靠政府财政支持的全民性社会福利制度,学习推动者(决策者和政策倡导者)使其在全国各地一系列试点和推广过程中逐步得到中央政府的重视,从而将其发展为一项较好的政策。

总的来说,学习推动者(决策者和政策倡导者)都应该从学习源(实践和试验)中获取经验,找到适合我国发展的"中国模式"。本章实验材料中展示的中国农村合作医疗体制的变迁只是"中国模式"发展的一个缩影。该案例能帮助我们更加深刻地了解中国的决策

者和政策倡导者如何利用各种形式的实践和试验进行学习并获取经验,进而调整政策目标和政策工具,以适应不断发展的社会环境。

(改编自王绍光.学习机制与适应能力:中国农村合作医疗体制变迁的启示[J].中国社会科学,2008(6):111-133+207.)

拓展材料

第十二模块 "路径—激励"模型实验实训

第一节 实验技术

一、"路径—激励"模型

基于中国政府运行的制度环境,杨宏山分析了单一制与联邦制环境的差异性,根据政策路径和激励机制两个自变量,构建了一个更有解释力的政策执行模型,即"路径—激励"模型。①

政策路径是指决策者提出政策目标,并给出实施政策的工具、方法和评价标准,这一系列因素构成了实现决策者所期望结果的行动路线图。一项公共政策的构成要素可分为政策价值和政策路径两个模块(见图 12-1)。政策价值即决策者的价值偏好,正式的政策文本一般会提出指导原则和基本方向,向执行者传达决策者的价值偏好。而政策路径则不尽然,一项政策有可能明确界定政策路径,也可能对此予以模糊处理。当对政策问题的认知及对策达成共识时,政策文本就会提出明确的政策目标、政策工具及评估标准;当政策环境不稳定,政策执行存在风险时,决策者则倾向于对政策路径进行模糊化处理,给予执行者更大的自主行动空间。所谓的"摸着石头过河",就是对政策目标、政策工具和评估标准不明晰的一种形象表达。

---

① 杨宏山.政策执行的路径—激励分析框架:以住房保障政策为例[J].政治学研究,2014(1):78-92.

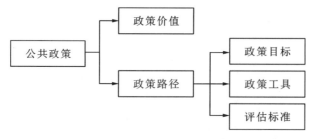

图 12-1　公共政策的构成要素

激励机制是指中央政府为地方政府实施政策提供的激励方式,它将地方政府及当事官员的预期收益与政策实施及结果联系起来(见图 12-2)。从激励向度看,激励机制包括正向激励和负向激励两个方面。正向激励通过提高预期收益来奖励地方政府的服从行为,包括增加财政收益和就业机会、获得政治晋升等;负向激励通过责任追究来惩罚地方政府及官员的不执行行为,表现为部门问责、官员诫勉、行政处分、追究刑事责任等形式。依据不同的激励内容,激励机制分为政治激励和经济激励两种类型。政治激励通过行政分权、政治晋升和问责机制调动地方政府和当事官员的积极性;经济激励通过财政分权、转移支付、优惠政策等措施,使地方政府尤其是先行先试者获得更大的经济收益。

图 12-2　激励机制的基本形式

二、政策执行模式

根据政策路径的明晰性和对地方政府的激励性,可以将政策执行模式分为四种类型:行政性执行(明晰性高、激励性强),试验性执行(明晰性低、激励性强),变通性执行(明晰性高、激励性弱),象征性执行(明晰性低,激励性弱)。在"路径—激励"矩阵中,每一种政策执行模式都是特定情境的产物(见图 12-3)。

		对地方政府的激励性	
		强	弱
政策路径的明晰性	高	行政性执行	变通性执行
	低	试验性执行	象征性执行

图 12-3　公共政策执行的"路径—激励"矩阵

1. 行政性执行

当政策路径的明晰性较高,对地方政府的激励性也很强时,地方政府就会采取行政性执行模式,即依托专门机构,全面落实公共政策。在这种情况下,公共政策不仅具有明确的政策目标,还清晰界定了地方政府的责任以及在部署和落实政策时必须应用的政策工具;同时,中央政府通过绩效契约和目标考核等形式,使政策实施结果与地方政府及当事官员的预期收益挂钩。由于政策路径明晰,地方政府及官员很清楚自身的职责和任务,中央政府可依据绩效标准对政策执行情况进行评估。地方政府全面落实政策,可获得财政奖励、转移支付、税收返还等经济激励,政绩突出的当事官员可获得表彰、晋升等政治激励。如果地方政府落实政策不力,则中央部门予以督查、纠正,乃至追究行政责任。作为理性行动者,地方政府一般会优先执行中央给予强激励的公共政策。

行政性执行依托于组织体系,一般设置专门机构,组织专门人员履行职责,并拨付专项经费,将政策实施融入日常工作。在行政性执行模式下,中央政府清晰地界定了政策目标、实施流程和评估标准,地方政府必须根据上级政令行事,并接受自上而下的监督和考评。为提高政策执行力,中央政府往往还会提供优惠政策,并设置监督、奖励和问责机制。就实施过程而言,行政性执行相对独立于环境因素,受外部因素的影响较小。就实际成效而言,行政性执行的结果主要取决于技术和资源条件。如果技术条件可行,投入的执行资源充足,则可在很大程度上实现政策目标。

2. 变通性执行

当政策路径较为明晰、执行政策的预期收益较低时,地方政府则会采取变通性执行策略。在此情境下,政策文本明确地阐述了政策目标和实施手段,地方政府落实政策时有清晰的路线图作为参考,但受资源和技术条件限制,政策执行的难度较大,付诸行动的预期收益也不高。在单一制组织制度下,地方政府有责任执行上级的政策指令。在财政分权体制下,地方政府主要依靠本级财政资源执行各项政策。面对执行难度大、预期收益低的现实情况,地方政府就可能在执行中改变某些要求,根据实际情况采取与上级要求不完全一样的政策安排。通常所讲的"上有政策、下有对策"问题,实际上就反映了这种变通性执行现象。它通过制定实施细则对原政策目标做出调整。从表面上看,实施细则规定的基本原则与原政策可能一致,但从具体内容看,具体目标和执行工具与原政策不完全一致,甚至存在背道而驰的情况。

变通性执行的显著特征是地方政府自行调整了政策目标或改变了执行工具,而不仅仅是对政策目标的细化和具体化。许多学者都注意到中国地方政府在落实上级政策中的这种变通现象。"变通"这一概念最初指的是在制度实施过程中,执行者在未得到决策者的正式准许、未通过改变制度的正式程序的情况下,自行做出改变原制度中某些部分的决策,从而推行一套经过改变的制度安排。庄垂生将政策变通分解为定义性政策变通、调整性政策变通、选择性政策变通和歪曲性政策变通四种类型。[①] 刘玉照、田青发现,地方政府在落实上级政策时,往往先通过改制运动追求"形式绩效",然后再通

---

① 庄垂生.政策变通的理论:概念、问题与分析框架[J].理论探讨,2000(6):78-81.

过变通性的制度安排追求"实质绩效"。① 在政策路径明晰的前提下,有效执行的根本标准在于落实决策者的价值诉求。这种变通性执行有可能获得超乎预期的实质绩效,也可能违背决策初衷。

3. 试验性执行

当政策路径的明晰性较低,而自上向下的激励力度却很强时,地方政府就会采取试验性执行模式。在这种情况下,决策者明确了政策问题,并做出了政策规划,但对于政策目标和实施手段存在不同看法。政策文件只是提出了总体目标和原则性要求,并未规定具体指标和实现手段,地方政府具有较大的自由裁量权。为了探寻有效的政策路径,中央政府鼓励有条件的地方政府开展试验,并提供优惠政策和财政支持。由于政策执行可获得额外收益,作为理性的行动者,地方政府及当事官员自然就会产生内在动力,具有很强的率先采取探索行动的意愿。

此时,不明晰的政策路径为地方政府实施政策创新提供了自主行动空间。与行政性执行模式相比,在试验性执行过程中,地方政府不仅要细化政策执行方案,还要根据本地的经济社会特征进行政策再规划。由于各地的经济社会环境不同,加之政治环境存在差异性,各地出台的具体行动方案也不相同。这种多样性的政策试验有助于探索更为有效的政策工具,也为完善政策本身提供了学习和试错的机会。

4. 象征性执行

当政策路径不明晰,并且政策实施的收益很低时,地方政府则会采取象征性执行策略。如果一项政策的行动目标不清晰,就难以对执行者提出明确的任务指标和时限要求,也难以对执行效果进行考核评价。在这种情况下,如果激励或问责机制缺失,地方政府就会仅仅停留于形式性、仪式性活动,热衷于"做表面文章",如召开座谈会、组织政策学习、宣传政策精神、转发文件等,但并不采取实质行动。在干部考核和政绩竞争的压力下,地方官员也可能先观望其他地区的执行情况,再确定本地的行动策略。

从政策制定视角看,当公众高度关注某一政策问题,但尚不具备全面解决问题的条件时,政策路径模糊也可能是决策者维护政治合法性的一种行动策略。一些焦点事件使得公众高度关注某一社会问题,媒体也会建立公众议程,要求政府回应社会问题、出台相关政策、采取治理行动。在这种情况下,为了维护政府公信力,决策者不得不将焦点问题列入政策议程。金登的多源流分析框架指出,政策制定有赖于问题源流、政策源流和政治源流的汇合。在政策源流较弱的情况下,问题源流与政治源流相汇合而提出的政策路径就会较为模糊,它更多地传递了决策者关注焦点问题,并致力于解决问题的一种态度、意志和决心,具体的行动目标和实现途径还有待明晰。在此情形下,决策者在制定政策时就已意识到执行的难度很大,也没有期望地方政府能够迅速解决问题。

---

① 刘玉照,田青.新制度是如何落实的?——作为制度变迁新机制的"通变"[J].社会学研究,2009(4):133-156+245.

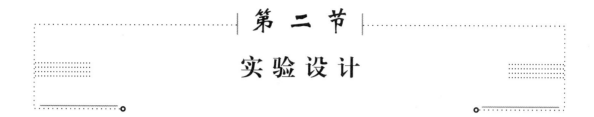

第二节 实验设计

一、实验目的

运用"路径—激励"模型分析案例中政府的行动策略及模式演化。了解并且掌握公共政策执行中政策路径的明晰性和对地方政府的激励性之间的关系。

二、实验步骤

1. 梳理公共政策执行过程的"路径—激励"模型。
2. 结合案例,分析政府的行动策略及模式演化。
3. 通过分析案例,总结并思考"路径—激励"模型带给我们的启示。

三、实验要求

1. 运用"路径—激励"模型,分析案例中政府在每项政策中的行动策略及模式演变。
2. 归纳"路径—激励"模型带给我们的启示。
3. 尝试画出公共政策执行的模式转换图。

四、实验成绩

序号	实验要求	分值
1	结合"路径—激励"模型,对政策执行情况进行分析	50
2	归纳"路径—激励"系统模型带给我们的启示	30
3	画出公共政策执行的模式转换图	20

五、思考题

1. 什么是"路径—激励"模型?
2. 依据"路径—激励"模型,政策执行模式可以分为哪几种类型?

第三节 实验材料

中国城镇住房保障政策体系的演进

中国城镇住房保障的制度建设起步于20世纪90年代。1998年7月,国务院下发第23号文件《国务院关于深化城镇住房制度改革的决定》,宣布全面深化住房制度改革,停止住房实物分配,逐步实行住房分配货币化。该文件提出,对不同收入家庭实行差异化的住房供给政策,最低收入家庭由政府或单位提供廉租房,中低收入家庭购买经济适用房(简称经适房),高收入家庭购买、租赁商品房。此后,经过十多年的探索,我国形成了城镇住房保障政策的基本框架,主要包括住房公积金、经适房、廉租房、公租房四个方面的政策体系(见表12-1)。

表12-1 中国城镇住房保障的相关政策文件(1999—2012年)

政策领域	政策文件	发布时间	发文单位
住房公积金	《住房公积金管理条例》	1999年4月3日	国务院
	《住房公积金管理条例》	2002年3月24日	国务院
经济适用房	《经济适用住房管理办法》	2004年5月13日	建设部、国家发改委、国土资源部、中国人民银行
	《经济适用住房管理办法》	2007年12月1日	建设部、国家发改委、监察部、财政部、国土资源部、中国人民银行、国家税务总局
廉租房	《城镇廉租住房管理办法》	1999年4月22日	建设部
	《城镇最低收入家庭廉租住房管理办法》	2003年12月31日	建设部、财政部、民政部、国土资源部、国家税务总局
	《廉租住房保障办法》	2007年11月8日	建设部、国家发改委、监察部、民政部、财政部、国土资源部、中国人民银行、国家税务总局、国家统计局

续表

政策领域	政策文件	发布时间	发文单位
公租房	《关于加快发展公共租赁住房的指导意见》	2010年6月8日	住建部、国家发改委、财政部、国土资源部、中国人民银行、国家税务总局、银监会

一、住房公积金政策

1991年,上海市借鉴新加坡的中央公积金制度,首先试点建立住房公积金制度。1994年,财政部、国务院住房制度改革领导小组和中国人民银行三部门联合下发《建立住房公积金制度的暂行规定》,在全国范围内推行这一制度。在总结经验的基础上,1999年,国务院颁布了《住房公积金管理条例》,规定国家机关、各类企业和事业单位及在职职工都要缴存住房公积金,设区城市设立住房委员会和住房公积金管理中心,实行住房公积金管理委员会决策、住房公积金管理中心运作、银行专户存储、财政监督的原则。针对运作中出现的问题,2002年,国务院对《住房公积金管理条例》进行修改,进一步明晰了机构设置和管理制度。

二、经适房政策

1994年,建设部、国务院住房制度改革领导小组和财政部三部门联合发布《城镇经济适用住房建设管理办法》,规定经适房为普通住宅,以中低收入家庭、住房困难户为供应对象。2004年,建设部等四部门制定《经济适用住房管理办法》,将经适房界定为"政府提供政策优惠,限定建设标准、供应对象和销售价格,具有保障性质的政策性商品住房",其建设用地实行行政划拨方式供应,并减收行政事业性收费。随着商品房成为住房供给的主要渠道,经适房经历了从商品房转变为保障性住房的属性变迁。2007年,建设部等七部门联合发布新的《经济适用住房管理办法》,将供应对象调整为"城市低收入住房困难家庭",去除了经适房的商品房属性,增加了退出和监管规定。

三、廉租房政策

1998年取消福利分房以后,廉租房成为解决城镇最低收入家庭住房问题的政策安排。1999年,建设部制定了《城镇廉租住房管理办法》,将廉租房界定为"向具有城镇常住居民户口的最低收入家庭提供的租金相对低廉的普通住房",规定廉租房采取实物配租方式,租金标准由政府定价,承租者不得转租。2003年,建设部等部门发布了《城镇最低收入家庭廉租住房管理办法》,规定廉租房政策以发放租房补贴为主,实物配租、租金核减为辅。2007年,建设部等部门发布了《廉租住房保障办法》,将保障对象修改为"城市低收入住房困难家庭",保障方式也调整为货币补贴和实物配租相结合,要求地方政府把廉租房建设纳入地方发展规划。

四、公租房政策

2010年6月,建设部等七部委联合发布《关于加快发展公共租赁住房的指导意见》,要求地方政府加大财政投入,推进公租房建设。公租房的供应对象为城市中等偏低收入家庭,申请者的具体条件由地方政府确定。该意见提出,公租房建设用地纳入年度土地供应计划,建成的公租房只能租赁,不得出售;公租房只能用于承租人自住,不得出借、转租或闲置,不得从事经营活动。此后,公租房成为保障性住房供给的基本形式。2011年9月,国务院办公厅下发《关于保障性安居工程建设和管理的指导意见》,提出以公租房为重点推进保障性安居工程建设,到"十二五"末全国保障性住房覆盖面达到20%左右。

(改编自杨宏山.政策执行的路径—激励分析框架:以住房保障政策为例[J].政治学研究,2014(1):78-92.)

第四节 实验报告

院系		专业	
班级		姓名		学号	
实验教师		成绩		日期	
实验名称					

一、实验目的

二、实验原理

三、实验步骤

四、实验数据（如有，请简要列出）

五、实验结果

六、讨论分析（完成指定的思考题和作业题）

七、实验总结及改进实验的建议（如有，请简要列出）

备注：

第五节
实验答案

我国住房保障政策执行的"路径—激励"分析

一、住房公积金政策:从变通性执行走向行政性执行

我国住房公积金制度发端于20世纪90年代初。经过近10年的试点和探索,国务院于1999年颁布《住房公积金管理条例》,要求地级以上城市设立住房公积金管理机构,实行住房公积金管理委员会决策、住房公积金管理中心运作、银行专户存储、财政监督的原则。以此为标志,这一政策从地方性试验走向全国性实施。该条例的政策路径较为明晰,明确规定了政策目标和运作机制,但激励约束机制相对薄弱。

该条例发布后,地方政府迅速付诸行动,在一年内,全国大多数省份出台了住房公积金管理办法或实施细则,设区城市普遍设立了住房公积金管理中心。由于对公积金管理中心的隶属关系缺少规定,加之激励约束机制薄弱,在该项政策实施的早期阶段,地方政府在执行中也存在变通现象,主要表现为:住房公积金管理中心的隶属关系不统一,有的隶属于房地产管理局,有的隶属于财政局或其他部门,甚至出现一个城市设有多个管理中心的现象,不利于统一管理和监督;住房公积金政策的覆盖面不宽,归集率和使用率不高;住房公积金规模小,不能满足职工的住房融资需求;住房公积金被挤占、挪用现象时有发生。

针对政策执行中出现的问题,2002年,国务院对《住房公积金管理条例》进行修订,进一步明晰了政策路径,并强化了激励约束机制。新条例明确规定设区城市设立住房公积金管理中心负责日常运作。对于经常出现的违规行为,新条例采取列举方式做出禁止性规定,并强化了责任追究。为实施新条例,2002年5月,国务院下发《关于进一步加强住房公积金管理的通知》,明确指出每个设区城市只能设立一个住房公积金管理委员会,也只能设立一个住房公积金管理中心,管理中心不得挂靠任何部门,不得与其他部门合署办公,不得兴办经济实体。该通知要求住房公积金实行收支两条线管理,并对委托银行、个人账户、个人贷款发放、监督机制、违法追究等做出具体规定。

随着住房公积金政策的目标、程序和监管机制不断明晰化,各省和设区城市也在细化管理办法,这一政策实施开始走向行政性执行。以北京市为例,2005年,北京市制定《北京市实施〈住房公积金管理条例〉若干规定》,规定住房公积金管理中心为市政府直属事业单位,负责执行市公积金管理委员会的决策,履行公积金管理运作及执法监督职责。在刚性的制度约束和问责机制下,各地住房公积金管理中心的机构设置和隶属关系走向规范化,政策执行的回旋余地也越来越小。在决策与执行相分离的制度设计下,住房公积金管理中心负责记载职工住房公积金的缴存情况,审批住房公积金的提取和使用,并接受建设、财政、审计等行政部门的监督。

二、经济适用房政策:从变通性执行走向替代性执行

作为我国城镇住房供给的一项政策安排,经济适用房政策形成于20世纪90年代。2004年和2007年出台的政策,尽管对经济适用房的性质界定发生了变化,但都提出了较为清晰的行动路线图,涉及经济适用房的保障对象、供给机制、销售价格、售后管理等方面。然而,经济适用房供应与地方财政收入存在冲突,对地方政府缺少经济激励性。经济适用房建设用地实行行政划拨,无须支付土地出让金,并减收行政事业性收费。城镇住房制度改革以后,房地产业成为城市支柱产业之一,土地出让收入成为市、县财政的重要来源之一。在商品房项目中,从土地出让到房屋建设、出售、转让环节,地方财政都能获取收益。经济适用房对商品房具有一定的替代性,如果增加经济适用房的供应,商品房需求势必会减少。出于财政收益考虑,地方政府对经济适用房建设一直缺少内在动力。

1998年取消福利分房以后,商品房成为住房供给的主要渠道。为解决城镇低收入群体的住房问题,2004年出台的《经济适用住房管理办法》提出经适房具有保障性质,但并未规定经适房在住宅供给中所占的比重,也未涉及地方政府的供给责任。由于缺少可操作的监管标准和问责机制,出于财政利益考虑,地方政府在落实经适房政策时普遍存在变通行为。在土地供应上,地方政府不是优先保障经适房项目,而是要确保商品房市场繁荣。地方推出的经适房项目,也主要用于旧城改造项目、政府拆迁的转移安置项目,以及解决机关事业单位职工住房困难问题。自1999年以来,经适房投资在全国住宅投资中所占的比重呈总体下降趋势,经适房的供给量远远低于政策规定的目标群体的需求量。

面对商品房价格上涨过快的问题,建设部等九部委于2006年下发《关于调整住房供应结构稳定住房价格的意见》,要求各城市政府制定并公布经济适用房、廉租房的建设目标。当年,经济适用房投资占全国住宅投资的比重在短期内出现了回升迹象。与目标群体(中低收入家庭)所占的比重相比,经济适用房的供需缺口仍然巨大。2007年修订的《经济适用住房管理办法》将供给对象调整为"城市低收入住房困难家庭",明显缩小了目标群体规模。2008年以后,经济适用房投资占比继续下降。到2010年,经济适用房投资占全国住宅投资的比重仅为3.1%。公租房政策出台以后,经济适用房的投资规模和建设总面积进一步缩小。2012年,广东、江西、河南等省已经停止经济适用房建设,将经济适用房的保障对象纳入公租房的供应范围。

由于问责机制弱化,经济适用房在建设、出售和转让环节的变通性执行问题也很突出。经济适用房实行住房保障与市场化相结合的操作模式,由开发商承担建设任务。出于经济利益考虑,一些开发商与地方官员合谋操纵经济适用房项目,自定户型和套内面积,改变销售对象,导致住宅面积过大、总价过高。结果是,这一政策的目标群体买不起或

买不到经济适用房,政府提供的实惠被一些中高收入者挤占。经济适用房政策执行中的倒卖房号,富人入住、已购房出租、出借、长期闲置等问题,成为社会关注的焦点话题,也引发了学界对该政策的批评和反思。

三、廉租房政策:停留于象征性执行

1999年出台的廉租房政策规定,廉租房的提供对象为城镇最低收入家庭,租金标准实行政府定价,但未对建设规模和覆盖面提出量化标准,也未涉及地方政府不作为的法律责任,这意味着地方政府即使不作为,也不会被行政问责。此后,该项政策几经修订,政策目标仍不甚明了,也缺少刚性的问责机制,市、县政府可根据本地情况自主确定建设目标、保障标准和具体措施。廉租房建设资金主要来源于财政支出,建成后仍要投入资金用于维护和管理。从具体落实看,一些地方政府采取象征性执行策略,仅建设个别项目作为形象工程,并未全面付诸行动。从全国情况看,这一政策执行存在资金来源不稳定、覆盖面小、保障方式不完善等问题,不能满足最低收入家庭的住房保障需求。

根据建设部的情况通报,截至2005年底,全国仅有32.9万户家庭被纳入廉租住房保障范围,13个省(区)仍未将廉租房建设纳入目标责任制管理。2006年底,全国有145个城市(占总数的1/4以上)根本就没有建立廉租房制度,全国累计用于廉租房供给的资金仅为70.8亿元,其中财政预算安排资金32.1亿元。[①] 与筹集和装修现有房源相比,新建廉租房项目的推进更为迟缓。以直辖市为例,天津市于2003年开建首批廉租房,北京市2007年启动首个廉租房项目,重庆市首批廉租房项目于2011年交付使用,上海市于2012年才交付首批项目。2010年,国家出台公租房政策后,一批城市已将廉租房纳入公租房体系,明确提出停止廉租房建设。

四、公租房政策:从试验性执行走向行政性执行

在中国城镇住房保障体系中,公租房政策出现得较晚,政策目标和内容都有待细化。公租房政策最早起源于深圳市。2006年,深圳市在住房建设规划中提出建设公共租赁住房。2008年,深圳市制定了《公共租赁住房管理暂行办法》,率先探索建立公租房保障体系。2009年3月,国务院政府工作报告提出"积极发展公共租赁住房"。2010年6月,住建部等七部门联合制定《关于加快发展公共租赁住房的指导意见》,提出推进公租房建设。以此为标志,公租房政策开始在全国推行。

公租房政策对投资主体、资金来源、建设运营、租金标准的规定还比较模糊,政策路径有待细化。为推进公租房建设,中央政府对保障性住房建设提出明确的指标要求,并强化问责机制。从2011年开始,国务院保障性安居工程协调小组与省级政府签订目标责任书,将每年的保障房建设任务分解到各地,要求各地确保完成这一"硬任务"。公租房建

[①] 建设部通报全国城镇廉租住房制度建设和实施情况[EB/OL]. [2006-04-04]. https://www.mohurd.gov.cn/xinwen/gzdt /200604/20060404_181520.html.

所需资金巨大,而地方政府的财力有限。在公租房建设的政策工具尚不明晰的情况下,为了完成这个"硬任务",各地不得不积极探索创新运作机制。

各地探索公租房建设和管理模式积累的经验,也为制定全国性政策提供了学习机会。在总结地方经验的基础上,建设部于2012年制定并发布《公共租赁住房管理办法》,对公租房的申请、审核、轮候、配租、使用、退出等做出规定,公租房管理的政策内容有所细化。该办法对公租房的房源筹集、资金来源、建设管理仍采取宽泛化界定方式。

(改编自杨宏山:政策执行的路径—激励分析框架:以住房保障政策为例[J].政治学研究,2014(1):78-92.)

拓展材料

第十三模块 政策执行过程模型实验实训

第一节 实验技术

一、政策执行过程模型的概念

美国政策科学家史密斯(T. B. Smith)是最早构建影响政策执行因素及其过程模型的学者。他在"政策执行过程"(1973)一文中提出了政策执行过程模型,故该模型又被称为"史密斯模型"。

史密斯认为,政策可以被界定为在旧的机构内,设立新的处理公共事务的模式或机构,或改变原来的处理模式的复杂行动。政策发布以后,会在社会上产生一种张力或压力。政策付诸实施以后,政策执行者和受政策影响者,就会感受到一种张力或压力,以及由此带来的冲突。

我们可以把政策环境想象成一种约束通道,在这里不同的文化、社会、政治和经济状况可能对不同的政策起支配作用。此模型说明,公共政策的有效执行必须具备一系列相关的前提条件。具体地说,政策的形式、政策的渊源、政策的适用范围及受支持度、社会对政策的印象、执行机关的结构和人员、执行的能力与信心、目标群体的组织或制度化程度、接受领导的情形以及先前的政策经验、文化、社会经济与整治环境的不同,均是影响政策执行成败的因素。

二、影响政策执行的四大因素

政策执行所产生的张力或压力可能会引起激烈的抗议,因此可能需要采取相应的措施以实现政策目标,在这个过程中也可能带来一些其他变革。史密斯将影响政策成败的重要因素归结为以下四种。

1. 理想化政策

理想化政策包括政策的形式(法律或命令)、政策的类型(分配性和再分配性)、政策的范围(渊源、社会支持度)、政策的社会形象(公众看法)等是否合理,还包括政策目标是否切合实际,政策内容是否妥当,政策规定是否明确、可行等。

2. 目标群体

目标群体指政策实施的对象,包括政策对象的组织化与政策化程度、接受领导的传统、先前的政策经验,还包括受公共政策影响的政策对象特性等。

3. 政策环境

政策环境指影响政策执行的环境方面的因素。社会因素、政治因素、经济因素、文化因素或历史因素等,均是政策执行过程中的关键因素。

4. 执行机构

它包括机构与人员、领导方式与技巧、执行者的能力与信心,以及负责政策执行的政府机关或单位的特性等。具体来说,政策的形式、类型、渊源、范围、受支持度,社会对政策的印象,执行机关的机构与人员,主管领导的方式和技巧,执行的信心和能力,目标群体的组织化或制度化程度,目标群体接受领导的情形以及先前的政策经验,以及社会经济与政策环境,均是政策执行过程中需要考虑的因素。

在此基础上,史密斯构建了政策执行过程模型,如图 13-1 所示。他将政策制定与政策执行作为两大相互作用的过程。在政策执行过程中,理想化政策、目标群体、政策环境、执行机构四者之间发生互动。政策执行的过程就是从四者互动的紧张状态,经过处理,走向协调与平缓状态的过程。政策执行的结果作为反馈,再输入到政策制定过程中。

三、政策执行过程模型的意义

1. 强调除理想化政策以外的其他三个因素

史密斯的政策执行过程模型与以往的政策执行模型研究的不同之处在于,它不仅强调了执行中的理想化政策,而且强调了执行中的其他三个因素。人们习惯于把更多的精力放在理想化政策的制定上,似乎政策执行是简单地照章办事,也不太注意目标群体,更

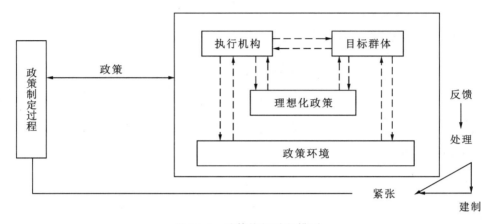

图 13-1　政策执行过程模型

少考虑到执行机构与政策环境的影响。事实上,这四个因素是互动的,对它们要给予充分的重视。因此,有人认为史密斯政策执行过程模型最大的贡献在于提出目标群体、执行机构与政策环境之间的互动关系。但是,对于执行人员的重要性,史密斯模型却没有给予恰当的关注,这可以说是它的主要缺陷。

2. 提出"反馈"是政策执行过程的重要组成部分

史密斯认为,当理想化政策、执行机构、目标群体、政策环境之间存在冲突时,行动主体之间就会产生交易行为,形成尚未定型的新规范,并通过反馈环节将相关信息传递给执行系统的核心变量,从而导致政策内容发生变化。该模型提出,反馈是政策执行过程的重要组成部分,它表明政策执行是一个连续的过程,存在持续的互动和调试。

3. 史密斯模型是第一代政策执行研究成果的典型代表

它为政策执行过程提供了一种理论解释。根据该模型,在政策执行中,行动主体之间的交易行为可能会形成不符合政策执行者期望的新规范,产生出乎意料的效果。把结果反馈给政策执行者,可能强化或弱化某项政策的进一步实施。史密斯模型认识到反馈对于政策执行具有重要影响,但它仅着眼于认知和解释,没有就如何运用反馈机制改进政策执行做进一步探索。

4. 麦克拉夫林基于此提出了政策执行的相互调试模式

在史密斯模型的基础上,美国斯坦福大学公共政策学者麦克拉夫林(Mibrey McLaughlin)进一步提出了政策执行的相互调试模式。在麦克拉夫林看来,成功的政策方案依赖有效的政策执行,有效的政策执行依赖持续的相互调试过程。他通过实证研究指出,政策执行是政策执行者与政策受影响者之间相互调试的过程,这种调试涉及目标和手段两个方面。政策执行者与政策受影响者之间的需求和观点并不一致,彼此经过说明、协商、妥协等方式修正立场,以确定一个双方都可以接受的执行方式。

第二节 实验设计

一、实验目的

通过对政策执行过程模型的学习,了解并且掌握政策执行过程模型的相关因素,理清其中的关系,为以后的理论和实践工作打好基础。

二、实验步骤

1. 找出一个有关政策执行过程模型的典型案例。
2. 分析案例中所体现的政策执行过程模型的理论。
3. 分析案例中的问题,同时试图找出解决方法。

三、实验要求

1. 利用知网找出参考文献以及有关案例。
2. 所选案例必须是真实案例。
3. 结合政策执行过程模型相关理论,解释案例中的问题。

四、实验成绩

序号	实验要求	分值
1	对政策执行过程模型进行分析	30
2	结合理论,分析政策执行中的困难因素	35
3	结合理论,完善政策执行的措施	35

五、思考题

1. "史密斯模型"中,影响政策执行的四个因素是什么?
2. 政策执行过程模型的意义有哪些?

第三节 实验材料

流浪儿童救助策略

联合国儿童基金会区分了两种不同类型的流浪儿童:一种是"在街头工作的儿童";另一种是"在街头生活的儿童"。中国政府认为流浪儿童是联合国儿童基金会所指的"在街头生活的儿童"。[①] 流浪儿童的存在与中华民族伟大复兴的战略布局格格不入,这个群体必然成为我国政府关注的重要对象之一。

目前,对于流浪儿童的救助政策存在很多困难,主要表现在很多方面。从流浪儿童救助的方式来看,我国现有的救助方式比较单一。对于流浪儿童的救助应该包括基本生存所需要的救助、心理所需要的救助,以及儿童自身发展所需要的救助。然而,目前我国对流浪儿童的绝大多数救助仅仅停留在临时的衣食住行医等物质救助层面,而对于涉及流浪儿童心理健康和自身发展所需要的心理救助、法律援助、教育救助、技能培训等方面的救助却很少。一般来说,流浪儿童的自控能力、自我概念水平比处境正常的儿童要低,享乐取向和潜在犯罪倾向比处境正常的儿童要高,对世事的辨别能力较低,心理健康水平低,并且他们极易因生活所迫染上各种社会恶习。因此,对流浪儿童进行心理疏导,为他们提供教育援助,必要时提供法律援助是非常有必要的。毫无疑问,对流浪儿童的救助仅仅停留在物质方面是不够的,还需要进行一系列的促使流浪儿童回归社会和进行自身发展有效措施。此外,我国现有的救助模式也比较单一。国际上救助流浪儿童的模式主要包括矫正模式、康复模式、人本模式和预防模式,而且在救助方面呈现以人本模式和预防模式为主的趋势。中国救助流浪儿童的模式主要包括返送模式、类家庭模式和类学校模式。类家庭模式是指模仿家庭的结构,招募合格的"爸爸""妈妈"组建一个家庭,以救助流浪儿童;类学校模式是指为流浪儿童提供劳动技能培训。尽管中国有多种对于流浪儿童的救助模式,但是返送模式在流浪儿童救助中占主流。类家庭模式和类学校模式并不多见或者实施得并不好。比如,兰州市救助站对于流浪儿童救助沿用了过去简单的"收容—遣送"模式。再比如,南京救助机构对于流浪儿童的救助实践是将流浪儿童尽快返送户籍所在地或父母身边,流浪儿童一般在救助机构的停留时间为1~5天。

(改编自贾洪波,李继红.流浪儿童救助策略研究——基于史密斯政策执行过程模型[J].北京航空航天大学学报(社会科学版),2019,32(2):70-76.)

[①] 薛在兴.流浪儿童问题研究评述[J].中国青年政治学院学报,2009(6):17-22.

第四节 实验报告

院系			专业	
班级		姓名		学号	
实验教师		成绩		日期	
实验名称				

一、实验目的

二、实验原理

三、实验步骤

四、实验数据（如有，请简要列出）

五、实验结果

六、讨论分析（完成指定的思考题和作业题）

七、实验总结及改进实验的建议（如有，请简要列出）

备注：

第五节 实验答案

流浪儿童救助的政策执行过程模型分析

史密斯于1973年提出政策执行过程模型,他认为政策执行主要受四个因素影响,分别是理想化政策、执行机构、目标群体和政策环境。其中,理想化政策是指正确、合理、科学的政策;执行机构是指负责政策执行的政府机关和单位;目标群体包括政策对象、政策的直接影响者;政策环境包括政治、经济、文化、社会等多个方面。

一、流浪儿童救助政策执行困难的原因

结合政策执行过程模型,流浪儿童救助政策执行困难的原因主要在于以下几点。

1. 缺乏理想化政策文本

中华人民共和国成立以来,中国政府颁布了多部与流浪儿童救助有关的政策法规,比如2006年修订并颁布的《未成年人保护法》、2008年颁布的《流浪未成年人救助保护中心建设标准》、2011年发布的《关于加强和改进流浪未成年人救助保护工作的意见》等。虽然这些政策文本在维护我国流浪儿童的社会救助权益方面曾经发挥了积极作用,但是大部分政策法规的可操作性不强,主要表现为以下三点。

(1)部分政策法规之间的协调性不足。比如《关于加强和改进流浪未成年人救助和保护工作的意见》规定家庭是预防和制止未成年人流浪的第一主体,但《未成年人保护法》没有明确说明家庭法定监护人未履行监护义务时应该受到何种惩罚。再比如,现有法律规定,在儿童缺乏监护人的情况下,由其所在单位、居委会、村委会或民政部门承担监护责任,涉及部门繁多,边界模糊不清,各部门目前难以有效履行职能。

(2)部分政策法规的执行主体不明确,且各部门合作意识不强。流浪儿童救助工作涉及多个部门,例如交通、卫生、医疗、公安部门等。政策法规规定了各个部门在工作过程中的责任,却忽略了设置核心的牵头部门以及对牵头部门的问责机制,导致多头管理以及政策真正执行时各部门相互推诿责任。救助流浪儿童是需要多方合作的系统工程,缺少任何一方的力量,救助效率都会受到严重影响。

(3)部分政策法规的权威性不足。在我国,专门规范流浪儿童群体社会救助的法律比较少,其中大多是行政法规或部门规章,法律位阶较低,权威性不足。

2. 执行机构有效执行能力不足

救助保护中心是我国现阶段对流浪儿童实施救助的主要机构。救助保护中心对于儿童救助的有效执行能力不足，主要表现在以下三个方面。

(1)救助保护中心理念落后、模式单一。救助保护中心对流浪儿童多采取封闭式管理，工作人员将流浪儿童标签化、问题化，很少与流浪儿童交流，他们过多关注流浪儿童的行为问题，却忽视了流浪儿童的心理问题，这导致流浪儿童长期存在心理问题，少数人甚至会走上犯罪的道路。长期以来，救助保护中心在实施救助的过程中形成了救助临时性、物质性、遣返性的理念，仅为流浪儿童提供临时性的服务，将流浪儿童看成需要控制的群体，对其实施集中式管理，把来到救助保护中心的流浪儿童第一时间送回家庭或转送到户籍所在地的救助保护中心。而大量的流浪儿童是因为家庭关系紧张、遭受家庭虐待或无人照料而流浪，对于这种情况，遣送回家对于流浪儿童来说并不算真正的救助。

(2)救助保护中心获得的财力、物力支持不足。流浪儿童救助离不开大量财力、物力的支持，现实情况却是，在财力支持有限的情况下，救助保护中心的床位数和服务设施供给数量和质量严重不足。民政部《2017年社会服务发展统计公报》数据显示，截至2017年，我国流浪儿童救助保护中心共有床位0.8万张，而全年共有3.5万人次获得救助，这远不能满足流浪儿童的实际救助需求。[①] 救助保护中心床位不足与数量庞大的流浪儿童群体需求形成了矛盾。

(3)救助保护中心缺乏专业化的人力支持。大多数流浪儿童都有一些诸如孤独、叛逆、社交恐惧、不信任别人等心理问题，因此心理救助是流浪儿童救助的必要组成部分。对于因无法找到监护人而长期滞留在救助保护中心的流浪儿童，对其进行身心健康、文化与技能知识培训、思想引导等方面的教育也是必需的。对于那些有违法行为的流浪儿童，提供法律援助也是必要的。目前救助保护中心的人力配备情况很难满足这种多样性的需求。

3. 目标群体高度复杂

在其他条件不变的情况下，目标群体的复杂程度与政策执行的效果成反比。也就是说，目标群体的复杂程度越高，政策执行的效果就越差；目标群体的复杂程度越低，政策执行的效果就越好。我国流浪儿童不仅数量庞大，而且类型多样，其复杂性具体表现为以下四点。

(1)流浪儿童对世事的辨别能力低。流浪儿童属于未成年人，涉世未深，对世界的认知度低，独立行为能力较差。比如，一些流浪儿童无法清楚明白地说出自己的名字和家庭住址，还有一些流浪儿童受教育程度较低，甚至没有接受过教育，是非判断能力弱。

(2)流浪儿童类别多样。刘继同把流浪儿童分为五种类型：外出打工挣钱的流浪儿童、纯粹的流浪儿童、因暂时性因素离家出走的流浪儿童、受拐骗而流浪的儿童和拥有纯

---

① 2017年社会服务发展统计公报[EB/OL]. http://www.mca.gov.cn/article/sj/tjgb/2017/201708021607.pdf.

粹流浪动机并染有恶习的流浪儿童。①

（3）流浪儿童容易伴有心理健康问题或沾染社会恶习。流浪儿童的心理健康水平明显低于普通在校生，流浪儿童的自控能力、自我概念水平比处境正常儿童要低，享乐取向和潜在犯罪倾向比处境正常儿童要高，流浪儿童更倾向于外部归因，其依赖、焦虑、退缩、冲动、夸大等行为更多，更具攻击倾向。流浪儿童心理健康水平低，容易染上一些社会恶习，如吸烟、赌博、打架、偷盗、吸毒等。

（4）流浪儿童救助需求多样化。流浪儿童类型多样、心理健康水平相对较低、容易沾染社会恶习等特征决定了流浪儿童救助首先是物质救助，此外还应该根据不同流浪儿童的特点，有针对性地实施教育救助、心理救助、法律援助等多维救助。流浪儿童救助需求的多样化对救助保护中心的救助能力提出了极高的要求。可见，流浪儿童的多样化需求也是导致流浪儿童救助政策执行困难的原因之一。

4. 流浪儿童救助的政策环境薄弱

目前制约流浪儿童救助政策执行的环境因素主要表现在以下几个方面。

（1）城乡二元经济结构。中国城乡经济二元结构导致城乡贫富差距、文化教育水平差距和基础设施水平差距都较大。部分流浪儿童宁愿在城市流浪，也不愿回到位于农村的家。比如，有学者发现贵阳市救助保护中心的工作人员全年忙碌地工作，却并没有减少街头流浪儿童的数量，其原因之一就是在救助保护中心实施救助的同时，农村地区的儿童仍持续不停地流入城市。② 而且，区域间经济发展不平衡使人口跨区域流动更加频繁。一些少数民族流浪儿童的流入增加了流入地民政部门执行政策的难度。比如，徐州市流浪儿童救助中心曾救助了一位新疆维吾尔族的流浪儿童，该中心专门为其寻找了会说维吾尔语的人，才得以和该流浪儿童顺利沟通。

（2）认知方面的误解。由于中国在2003年之前对于流浪乞讨人员实行强制性的收容遣送制度，很多流浪儿童误认为国家现在还在继续实行强制性的收容遣送制度，对救助保护中心存在戒心，或者并不愿意接受救助，这给流浪儿童救助政策执行带来了困难。有研究者在调查中发现，贵阳市流浪儿童救助保护中心的工作人员曾主动到街头寻找流浪儿童，但流浪儿童见到救助保护中心的车就跑，他们认为去救助保护中心就是去"坐牢"。③

（3）相关社会组织活动不发达。中国流浪儿童的救助工作主要由政府开展。作为流浪儿童救助补充渠道的社会组织在中国的发展还处在起步阶段，参与流浪儿童救助的社会组织较少。社会组织对流浪儿童救助的支持力度不足，政府在流浪儿童救助过程中承担了巨大的财政与人力方面的压力。

---

① 刘继同.关注中国城市流浪儿童——郑州市流浪儿童状况调查报告[J].社会福利,2002(5):35-38.
② 贾洪波,李继红.流浪儿童救助策略研究——基于史密斯政策执行过程模型[J].北京航空航天大学学报(社会科学版),2019,32(2):70-76.
③ 贾洪波,李继红.流浪儿童救助策略研究——基于史密斯政策执行过程模型[J].北京航空航天大学学报(社会科学版),2019,32(2):70-76.

(4)宣传力度不足。前文提到流浪儿童对救助政策存在误解,这就是宣传不到位的一个例证,宣传力度不足导致公众对于政策和救助机构的了解不足,也使得救助工作的执行效果无从保证。

二、完善救助流浪儿童政策执行的对策

1. 提高政策文本的可操作性

(1)提高政策法规之间的协调性。中国应在"儿童优先原则"[①]的基础上,制定一系列综合配套的流浪儿童救助政策法规。例如,有必要建立和完善从源头预防流浪儿童产生的家庭扶持干预制度,在扶持贫困家庭的过程中,仅有最低生活保障制度是远远不够的,还要设立特定的儿童扶助津贴,专门保障儿童自身成长所需的生活、教育、医疗等方面的权利。

(2)明确各执行主体的权力与责任。一方面,要使民政、公安、妇联、卫生、城管等各相关部门在各自的职责范围内做好相应的流浪儿童救助工作;另一方面,需要加强各部门之间的工作衔接与合作,避免出现因职能交叉而互相推诿的情况。

(3)提高政策法规的权威性。国家应加快出台专门针对流浪儿童救助的政策法规,尤其应加快出台全国人大通过的法律,增强流浪儿童救助依据的法律权威性。同时,有必要在法律法规明确规定各组织、学校、监护人对于儿童监护的责任与惩罚措施的基础上,建立监督机制,并加大执法力度,从源头上预防虐待儿童、遗弃儿童的事件发生。

2. 提升执行机构的能力

(1)救助保护中心应该更新救助流浪儿童的理念。救助保护中心应该摒弃临时性、物质性、遣返性的流浪儿童救助理念,以帮助流浪儿童正常发展作为救助流浪儿童的新理念。在新理念的指引下,救助保护中心应充分了解儿童自身意愿,以关怀和服务取代控制和强制的管理模式,对于想要回家的儿童,帮其寻找原生家庭,对于不愿意回家和无家可归的儿童,提供相应的物质和精神帮助,并提供一定的思想教育和技能培训,使其具备生活的条件和生存的能力,为以后顺利融入家庭、社区和社会提供前提和保障。

(2)要加大对救助保护中心的财物支持。一方面,政府要设立专门的预算拨款项目救助流浪儿童,根据各地的具体情况进行财政拨款和物资配备,对于流浪儿童数量较多的地区增加拨款;另一方面,政府要充分利用社会资源,拓宽救助保护中心的资金来源渠道,积极谋求与企业、非营利组织的合作,形成政府、救助机构与社会组织的良性互动,共同解决救助保护中心物质、资金短缺问题。

(3)在人力资源方面,要对救助执行人员进行严格的培训,使流浪儿童在发现、接收、救助、教育和护送等各个环节都能由专业的人员来执行。通过提高救助保护中心岗位工

---

① 儿童优先原则(first call for children)主张一切为了儿童,为所有儿童的生存和正常发展提供基本保护。1990年,首次世界儿童问题首脑会议提出了这一原则,强调在资源分配方面,儿童的基本需求应得到优先考虑。

资与福利待遇的途径,引进心理咨询、教育培训、社会工作、法律服务等方面的专业工作人才,确保流浪儿童能接受专业化的救助服务。

3. 对目标群体实施分类救助

目标群体的复杂程度决定了需要对不同类别的流浪儿童实施分类救助,这样有助于更好地提高流浪儿童救助政策的执行效果。

(1)救助保护中心应该引导流浪儿童树立正确的观念。对于那些年龄较小且没有形成正确世界观、价值观和人生观的流浪儿童,救助保护中心需要重视并对其进行思想启蒙教育,帮助其提高辨别是非的能力,逐步引导流浪儿童树立正确的世界观、价值观和人生观。

(2)救助保护中心将暂时性离家出走或者受拐骗而流浪的儿童遣返回家。虽然单一的遣送流浪儿童回家这种救助模式并不适用于所有流浪儿童,但是对于暂时性离家出走或者受拐骗而流浪的儿童来说,非常适合将其送回原生家庭。

(3)对于不适合遣返回家并且缺乏劳动技能的流浪儿童,救助保护中心要进行教育和培训。救助保护中心通过为这类流浪儿童提供合适的教育和培训,让他们拥有生存和发展所需的知识与技能,增强其将来回归社会的适应性。

(4)对于有心理障碍的流浪儿童,救助保护中心要实施心理疏导和救助。比如,对于沾染恶习的流浪儿童,救助保护中心需要寻找他们叛逆的根源,对他们进行心理疏导,并配合行为矫正的课程。

(5)救助保护中心要为身体有残疾的流浪儿童提供专业的康复治疗。这需要建立专门的流浪儿童救助基金,以便为流浪儿童的康复治疗提供资金支持。

(6)对于难以送返回原生家庭的流浪儿童,救助保护机构可帮他们寻找新的监护人或将他们送往儿童福利院。这有利于减轻流浪儿童救助保护中心的压力,同时也有利于为流浪儿童创造集体生活的机会,增强他们回归社会的适应性。

4. 营造良好的政策环境

(1)努力缩小城乡二元发展差距。城乡二元结构是人民日益增长的美好生活需要和不平衡不充分的发展之间的矛盾,即中国当前社会主要矛盾的表现之一。为了尽可能避免由于城乡差距导致儿童反复流浪这一问题,国家应该继续推进城乡一体化建设。政府应加大对农村的财政投入,改善农村的基础设施、教育水平、医疗水平,努力实现城乡基本公共服务均等化。同时,国家应该加快城镇化进程,尤其应该加强小城镇建设,使小城镇成为既能解决农村剩余劳动力问题,又能带动地方发展的载体,以此来逐步缩小城乡差距。

(2)积极吸纳社会组织参与流浪儿童救助。多主体参与是实现社会善治的有效方法,政府应该鼓励社会组织参与到流浪儿童救助工作中来。为此,政府要加大对社会组织的扶持力度。通过政策优惠、税收减免等方式,支持社会组织的发展,为其进行流浪儿童救助工作提供前提条件。政府还可以向社会组织购买流浪儿童救助服务,这既支持了社会组织的发展,也减轻了政府作为单一主体实施流浪儿童救助的压力。救助保护中心也应该主动寻求多方合作,可以通过与高校建立联系,鼓励社会工作学、心理学、教育学、法学、医学护理学等专业的学生作为志愿者到救助保护中心提供服务。

(3)广泛宣传流浪儿童救助的理念和相关政策。利用报刊、电视、网络等多种媒介,对流浪儿童的生存现状进行宣传,引起社会各界对流浪儿童群体的关注。政府应加大对流浪儿童救助政策的解读力度,使人们了解救助政策的目标与内容,消除人们对救助政策的误解,这对于降低流浪儿童政策执行难度会起到积极作用。

(改编自贾洪波,李继红.流浪儿童救助策略研究——基于史密斯政策执行过程模型[J].北京航空航天大学学报(社会科学版),2019,32(2):70-76.)

拓展材料

第十四模块 政策执行的互动模型实验实训

第一节 实验技术

一、政策互动过程的基本要义

有学者将政策互动过程称为"互动理论模型"。这一模型的构建者米尔布里·麦克拉夫林在《相互调适的政策执行》(1976)一文中对此做了论述。他在对美国当时教育机构改革问题进行个案研究的基础上,运用由具体到抽象的方法,阐述了政策执行过程的本质是政策执行者(组织或人员)与受影响者之间就目标或手段相互调适的过程,并且认为这应该是一个动态平衡的过程,政策执行是否有效取决于二者之间互适的程度;两者相互影响,互相促进。

二、政策执行的互动模型

在政策执行的调适过程中,主要参与者有两个:一个是政策执行者;另一个是受影响者。双方之间存在着可以相互调适的部分。政策互动过程就是要寻找双方都能接受的调试过程,而双方调试的结果又反过来对政策的制定产生作用。

三、政策执行的互动模型的主要内容

政策执行的互动模型的主要内容如图 14-1 所示。政策执行者与受影响者的需求和观点不完全一致,双方基于政策上的共同利益,通过协商、说明以及妥协等方法,寻求一种双方都可以接受的政策执行方式。政策执行者的目标和手段应具有弹性,可依据环境和受影响者的需求和观点的改变而变化。政策执行者与受影响者之间在相互调适中处于平等地位,调适是一种双向的互动过程,而不是传统理论上的"上令下行"的单向流程。受影响者的利益、价值取向及观点将反映到政策上,从而影响政策执行者的利益、价值取向和观点。

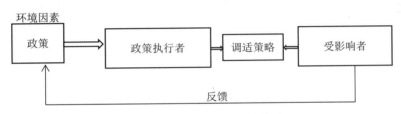

图 14-1　政策执行的互动模型

在麦克拉夫林看来,政策方案的成功依赖有效的政策执行,而有效的政策执行则依赖成功的相互调适过程。麦克拉夫林的方法论较"纯科学"的行为主义政策执行理论有了很大的进步,他是在对一个具体案例进行研究的基础上说明问题的,即通过由具体到抽象的途径,说明政策执行人员和受影响者的相互调适对达成政策目标的影响。麦克拉夫林同时将政策过程看作一个动态的过程,揭示了基于在政策执行过程中相互调适的结果,政策执行者和受影响者都能赋予政策以新的含义。就这一点而言,政策执行者不是简单被动的执行政策,受影响者也不是简单被动地接受政策,二者在相互调适过程中起到了影响政策制定的作用。尽管如此,麦克拉夫林仍未能说明调适过程的实质。

除此之外,麦克拉夫林提出的是一个相对简单的互动调适模型。这个模型一方面肯定了政策执行者与受影响者之间的互动过程,另一方面也存在缺陷,即对一些重要的影响因素过于轻视,而且其使用范围也有很大的限制。

第二节 实验设计

一、实验目的

通过对公共政策执行的政策调适实验分析,使学生了解并掌握政策执行的互动模型的互动过程,同时启发学生在公共政策执行的过程中采取正确有效的执行措施。

二、实验步骤

1. 根据所给材料,清楚分析案例中的政策互动过程。
2. 分析材料中政策执行的调适过程。
3. 分析政策执行的互动模型带给我们的启示。

三、实验要求

1. 所选案例需为真实案例。
2. 案例分析过程要按照实验步骤展开。
3. 案例分析应符合逻辑。

四、实验成绩

序号	实验要求	分值
1	分析公共政策执行中的互动过程	30
2	分析案例中的相互调适对公共政策执行的影响	40
3	分析案例中公共政策执行互动过程的启示	30

五、思考题

1. 举例说明应该如何优化公共政策执行的互动过程,以及怎样促成政策执行中的有效互动。
2. 具体说明在现实中如何运用政策执行的互动模型。

第三节 实 验 材 料

2014年中国高考制度改革

2013年,党的十八届三中全会对考试招生制度改革做出了全面部署,2014年《政府工作报告》对招生考试制度提出了明确要求。在我国经济社会发展转型迫切需要高质量人力资源的关键时刻,为贯彻落实党中央、国务院决策部署,适应经济社会发展对多样化高素质人才的需要,2014年8月29日,中共中央政治局审议通过了《关于深化考试招生制度改革的实施意见》;9月4日,国务院公布了《关于深化考试招生制度改革的实施意见》(以下简称《实施意见》),从有利于促进学生健康发展、科学选拔各类人才和维护社会公平出发,认真总结经验,突出问题导向,拉开了新一轮高考改革的序幕。

作为恢复高考以来最全面、最系统的一次改革,此次深化考试招生制度改革于2014年启动改革试点,在2017年全面推进,到2020年基本建立中国特色的现代教育考试招生制度。通过对改革内容的梳理,我们可以看出此次考试招生制度改革包涵5大项18个分项的内容和措施,其中有关高考考试改革的内容占据重要比例。此次改革对大众关心的高考问题中的招生、考试和录取都提出了明确的要求。虽然高考的主要功能是科学选拔人才,但在我国现阶段国情下,高考还附带了追求公平的社会功能,两者相互影响、相互促进。因此,正确处理科学选才的教育功能与促进公平的社会功能的关系,已成为深化高考改革中必须处理好的一个基本问题,也是此次高考改革要解决的重点问题。其中,在促进公平这一目标的实现上,此次改革主要强调改革招生计划分配方式和招生录取机制。在招生计划分配方式的改革中,通过提高中西部地区和人口大省以及农村学生的高考录取率,平衡中西部地区、城乡之间的招生录取比例,严格控制部属高校属地招生的比例,扩大西部、农村学生的入学比例,进一步促进高考的入学机会公平。《实施意见》提出,2017年录取率最低省份与全国平均水平的差距从2013年的6个百分点缩小到4个百分点以内。

高考的公平不仅指其自身的公平,还涉及高考之前整个教育历程的公平,因此,在改革方案中,也提出了完善中小学招生办法、破解择校难题的思路。《实施意见》提出,要通过减少和规范考试加分、完善和规范自主招生等措施,来完善高校招生选拔机制,完善高考录取规则和制度,促进招生录取的公开、公平、公正,例如,"严格控制考试加分项目,2015年起取消体育、艺术等特长生加分项目","探索完善边疆民族特困地区加分政策","加强考生加分资格审核,严格认定程序,做好公开公示,强化监督管理","规范并公开自主招生办法、考核程序和录取结果","高校要将涉及考试招生的相关事项,包括标准、条件和程序等内容,在招生章程中详细列明并提前向社会公布","高校可通过聘请社会监督员巡视学校测试、录取现场等方式,对招生工作实施第三方监督"。

在科学选才这一目标的实现上,此次改革主要强调考试形式和内容的改革。两者的科学性水平高低决定了考试效果,决定能否有效考查学生的知识储备和能力水平。改革内容从高中学业水平考试的完善、综合素质评价规范的健全,到高考考试科目、考试内容的变动,再到普通本科与高职院校的考试招生相对分开,以及招生录取机制的完善——在以上学生培养到考试录取的各个阶段,都体现出科学的价值取向,赋予了学生更多的选择自主权,将学生从应试重压下解放出来,使他们有了多样化的受教育机会,也有了更多的成长道路选择。科学选才机制的建立与完善,实际上也有助于促进整个高考过程的公平。

为了使研究案例更具有可比性,本实验材料围绕促进公平这一社会功能选取案例。对于群众讨论热烈的"异地高考"这一话题,《实施意见》只字未提。仔细阅读《实施意见》,我们发现,只有在"改进招生计划分配方式"的第 3 条"完善中小学招生办法破解择校难题"中提到"进一步落实和完善进城务工人员随迁子女就学和升学考试的政策措施"。正如上文所提到的,高考的公平不仅涉及其自身的公平,还涉及高考之前整个教育历程的公平,因此,针对异地高考这样一项利益涉及面过于宽广的制度,还需要从源头开始改革。《实施意见》只提到进城务工人员随迁子女中小学阶段的就学和升学考试问题,更深刻的改革需要日后在各方条件的允许下再继续进行。

相比异地高考,《实施意见》对自主招生则给予了更多的关注,主要内容第 3 项"改革招生录取机制"中特别提到"完善和规范自主招生",并附有详细解释:"自主招生主要选拔具有学科特长和创新潜质的优秀学生。申请学生要参加全国统一高考,达到相应要求,接受报考高校的考核。试点高校要合理确定考核内容,不得采用联考方式或组织专门培训。规范并公开自主招生办法、考核程序和录取结果。严格控制自主招生规模。2015 年起推行自主招生安排在全国统一高考后进行。"

为贯彻落实《实施意见》,进一步规范和完善自主招生招录机制,2014 年 12 月 17 日,教育部公布了《关于进一步完善和规范高校自主招生试点工作的意见》,提出了以下六个方面的改革举措。一是完善申请报名和审核程序,以确保考生机会公平。自主招生统一采用教育部阳光高考平台进行报名申请、成绩公示等工作,取消学校推荐,改为考生自荐申请。二是合理确定考核内容和形式,重点体现科学选才。考核内容侧重考查考生的学科特长、创新潜质,提高高校人才选拔水平,不得采用联考方式或组织专门培训。三是规范录取程序和要求,重点体现规则公平和结果公正。四是试点高校自主招生考试统一安排在高考结束后、高考成绩公布前进行。五是加强信息公开公示。完善教育部、各省级招生考试机构、试点高校和中学四级信息公开制度,实行自主招生信息"十公开"(招生政策公开;高校招生资格公开;高校招生章程公开;高校招生计划公开;考生资格公开;录取程序公开;录取结果公开;咨询及申诉渠道公开;重大违规事件及处理结果公开和录取新生复查结果公开),加强社会监督。六是严厉查处各类违规行为。该意见提出 11 条自主招生工作禁令,依法依规严厉查处违法违纪的单位和个人。

自 2003 年我国开启自主招生改革试点以来,各高校经历长期的实践探索,招生的渠道越来越多,方法方式也越来越多样化。与此同时,各种问题也随之而来,并成为社会舆论关注的焦点,例如,北京大学实行的"中学校长实名推荐制"、规模堪比高考的多所知名高校联合组织的考试、高校之间的生源争夺大战、不规范培训市场的兴起、违规招生等。通过分析对比不难发现,网络舆情焦点主要集中在招生的科学性和公平性方面。自主招生的科学性面临以下几点争议。

第一,文化课考试重复,时间安排不合理。这加重了考生的学业负担,影响了中学正常教学秩序,如多所知名高校联合在高考前组织的大规模文化考试,要求学生花费大量时间和精力准备,加上考核时间一般都在高考前两三个月,考生正处于高考复习的最后攻坚阶段,难免有些顾此失彼。

第二,部分高校对自主招生的定位不明确。高校应结合学校学科和专业特色以及培养要求,针对拥有不同学科特长的学生采取不同的考核办法,而不是组织内容与高考相似的统一考试。

第三,自主招生院校的选拔体系尚未形成。自主招生试点后,高校获得招生自主权,但由于高校之前没有承担过招生工作,缺乏相关理念和氛围,招生能力十分欠缺。

2013年,中国人民大学招生处原处长蔡荣生被查。该事件受到强烈关注,相关信息一经发布,短短几天内自主招生就被推向舆情的风口浪尖,各种担心和质疑蜂拥而至。相关数据显示,在2013年发生的典型教育舆情事件中,中国人民大学招生处原处长蔡荣生被查事件关注度颇高。11月27日,主流媒体《法制晚报》报道了中国人民大学招生处原处长蔡荣生在深圳海关被截获的信息,引发大量有影响力的媒体相继报道和转发,由此开始了媒体对该事件的集中关注。11月28日,教育部新闻发言人表示"教育部对高校反腐高度重视、态度坚决、旗帜鲜明"[①],要求中国人民大学配合有关部门认真进行核查。11月29日,有媒体披露蔡荣生在多家公司担任独立董事等更多问题。12月,教育部下发通知,要求自主招生试点高校加强招考管理、信息公开、监督检查等工作。

异地高考作为备受争议的网络舆论事件,是我国现行户籍制度与教育资源分布不均衡所引发的冲突之一。随着我国人口流动速度加快,这一情况触及了越来越多的人的利益。而网络舆论对该话题争论的主要焦点是异地高考和教育公平的关系,主要分成了正反两个不同阵营。

支持异地高考的人们认为,在很多省份高考自主命题的情况下,不开放异地高考必然会引发新的不公平。在流入地受教育多年,再回原籍考试的考生不得不面临所学与所考不相符的尴尬情况,甚至未考先输。而为避免这种尴尬,留在原籍受教育的务工人员子女又有可能成为缺失父母关爱的留守儿童,引发更加深刻的社会问题。开放异地高考,一方面有助于随迁子女享受教育公平,弥合群体分化,也有利于城市的长治久安,另一方面能增加选拔人才的范围和途径。因此,开放异地高考是追求教育机会公平和教育质量公平的重要手段。

反对异地高考的人们则认为,上海、北京等大城市虽然教育资源相对较多,但相应的人口规模也相当庞大,社会承载力和教育承载力有限。如果开放异地高考,势必引发务工人员随迁子女与当地学生争夺教育资源的问题,对当地人来说不公平,会损害当地人的权

---

① 人大招生处原处长"潜逃"被截 涉案或达数亿元[EB/OL]. http://www.banyuetan.org/chcontent/gxff/fbdf/20131127/94394.shtml.

益。而且异地高考可能会再次导致大批量的高考移民,进一步加剧高考不公平。另外,异地高考的开放会导致越来越多的人口流入优质教育资源聚集地,给流入地带来除教育之外的,如环境、公共服务、医疗、就业等方面的社会负担,不利于城市的良好发展。

(改编自杨乐.网络舆情和教育政策互动关系研究[D].兰州:兰州大学,2016.)

第四节 实验报告

院系		专业			
班级		姓名		学号	
实验教师		成绩		日期	
实验名称					

一、实验目的

二、实验原理

三、实验步骤

四、实验数据(如有,请简要列出)

五、实验结果

六、讨论分析(完成指定的思考题和作业题)

七、实验总结及改进实验的建议(如有,请简要列出)

备注:

第五节 实验答案

网络舆情和教育政策互动关系分析

随着互联网的发展，网络舆情逐渐兴起，并在现代信息社会中发挥着重要作用。可以说，网络舆情是公众舆论的代表，能反映社会存在的问题，同时也是社情民意的代表，所以可以将对网络舆情的捕捉分析看作对社会问题的一种分析，网络舆情和公共政策之间的互动是最为常见的现象。

一、网络舆情和公共政策的相互调适过程分析

1. 互动的循环过程

可以将网络舆情和政策互动看作一种多层次的循环。在第一层大循环下，每一次政策调整都可以作为一个小循环。以2014年高考改革为例，以大循环路线上收集的问题及相关舆情信息为基础，新的政策方向初显眉目。政策制定主体根据现实问题初步制定政策方案，最初制定出来的"准政策"只是初稿，不会立即大范围执行，而是需要验证和试验。这时候，就出现了政策试点，如英语改革中的北京试点，2014年高考改革的上海、浙江试点。试点的目的是促成政策的进一步完善。这也是小循环的开头。一方面，政策主体需要继续收集相关信息和舆情，查漏补缺，将理论和实际情况相结合，为全面实施政策做足准备。另一方面，政策主体也给了政策客体、社会大众一个理解和适应政策的缓冲机会。所有试点的目的都是促进政策的完善和全面推广实施。试点之后，政策主体根据试点反馈的问题和信息，对政策做进一步调整和完善，进入政策微调阶段。

2. 反馈阶段

舆情影响主要集中在政策的问题认定和制定、执行上。第一步是舆情基础上的政策问题认定，这是一个将实践提升到理论的过程。这一步的舆情是大循环上的，是政策问题的提出环节，政策问题由此进入政策议程，开始进行政策制定。第二步是政策初步制定—试点—修改—执行，这是一个将理论运用到实际问题中，从而得到新问题的过程。试点期间的舆情则是小循环上的，是政策调整的信息源头。政策在试点中收到来自客体的信息反馈（即舆情），政策主体根据信息反馈对政策做进一步完善，提出最终方案。

3. 过程分析

我们可以简单地将网络舆情和政策互动的过程概括为以下四个步骤。首先,在问题认定阶段,网络舆情的规模越大,呼声越高,问题就越容易被政策主体注意,并被认定为政策问题。其次,在方案规划阶段,利益相关者一方的意见及舆情的力量不容小觑,深刻影响着政策制定主体对方案的规划和构思。一个负责、有作为的政策主体在这两个阶段会主动搜索相关舆情热点,积极考虑、采纳舆情意见。再次,在方案执行阶段,网络舆情主体(即公民)会通过发表支持或抵触的舆情信息,进而支持或者抵触政策执行;而政策主体有时为了政策执行顺利,会通过提前构建舆情环境,潜移默化地影响公民观念,从而获得舆情支持。最后,在评估和反馈阶段,舆情相当于信息提供者,将公民对政策运行的意见和建议提供、反馈给政策主体,同时政策主体也会多方面了解舆情动态,据此调整政策。在整个政策运行中,作为政策客体的公民同样可以通过上述渠道,和政策主体就政策内容、执行、评估等内容进行交流。

值得一提的是,互动双方并没有主次之分,双方都可以作为主动一方出击,也可以作为被动一方回应。在政策运行过程中,政策主体主导政策制定,多数政策制定过程并没有公开听取舆情这一环节,因此其他各方如政策客体等并不知道制定过程的细节,所以客体对制定施加的影响有限。政策执行时,政策展现在客体面前,客体才能对其施加影响、提出意见。

二、网络舆情和公共政策互动过程的影响分析

网络舆情对政策过程的影响涉及政策运行的全过程,即问题认定阶段、方案规划阶段、方案执行阶段,以及评估和反馈阶段。在这四个阶段,网络舆情都可能会引起政策的改变、调整。在第一层循环,网络舆情对政策的影响在于促使舆情问题进入政策主体的视野并使其察觉问题的严重性,从而由政策主体主导舆情问题进入政策议程。在第二层循环,网络舆情对政策的影响在于为政策提供相应的运行信息、反馈意见,促进政策的进一步调整和完善。在政策第一层循环中的问题认定阶段、方案规划阶段、方案执行阶段,以及政策第二层循环中的评估和反馈阶段,网络舆情对政策运行的影响都很大。

就政策循环模型来看,"自主招生"和"异地高考"这两个舆情事件均处于第一层大循环,是 2014 年高考招生改革政策制定之前的舆情信息,影响着政策的问题认定和方案出台。而上海、浙江试点之后所得到的舆情数据,属于政策小循环上的舆情,所影响的是政策的进一步完善和调整。由于本实验材料所选取的案例没有第二层循环上的舆情事件,在此不做分析。

三、网络舆情和公共政策互动过程的启示

1. 建立健全互联网管理规则

首先,针对互联网管理,一是要构建互联网管理的技术平台,在信息海量增长的情况下,必须借助一定的技术手段,对信息和网民行为进行监控、管理;二是完善互联网管理规则,加强网络法制建设和舆论引导,确保网络健康发展和社会稳定。

其次,针对网民管理,一是要规范网民行为,促进互联网和谐健康发展;二是要培养网民媒介素养,使他们理性面对舆情事件。

最后,针对政府管理,一是要给予网络用户合理范围内自由宽松的环境,并创造条件让网民合理关注舆情。二是要合理妥善处理舆情事件,政府对舆情的应对和处置,应该以公民的利益诉求为出发点。

2. 完善舆情监测机制

完善舆情监测机制,政策主体不仅需要在技术上搭建专门的舆情监测平台系统,分析相关舆情数据,为舆情管理做好重要的基础工作,还需要有相应的管理制度支持,如建立相应的舆情预警、回应流程、权责体系等,确保对舆情事件的处理有条不紊。

3. 扩展舆情表达渠道,了解民意动向

互联网监管部门应在高度重视网络舆情的前提下,为网络舆情发展提供制度规定内的合理、健康的空间,促进民意充分表达,多方位、深层次收集舆情信息,保障公众权益的充分实现。

4. 正确分析和研判舆情,避免舆情绑架

政策主体不能盲目满足舆情要求,而是应加强对网络舆情及其所反映的社情民意的研判和分析,分辨舆情,从而把握社情民意的真实意图,避免被舆情"牵着鼻子走"。

5. 及时回应并疏导舆情,反馈热点和疑点

由于网络舆情的产生具有不确定性、爆发性和传播迅速性,政策主体对网络舆情的反应往往相对滞后,官方失声导致原始信息缺失,最终导致网络舆情持续发酵,并可能走向极端。政策主体应强化舆情议程设置能力,提升媒介应对水平,保证最大化疏导舆情。

6. 构建正向舆情阵地,加强宣传引导

加强政策宣传是一项关乎意识形态和价值重构的重要政治任务,有利于平衡社会各

方利益诉求。加强互联网宣传能力,需要政策主体建立完善互联网宣传机制,提升宣传能力,探索掌握科学的宣传方法。强化舆情引导能力,需要政策主体充分发挥意见领袖的作用,加大对政策的宣传解读力度,解疑释惑,以服务公共利益和公众诉求为方向,引导公众对舆情的认知,营造良好的改革氛围。

(改编自杨乐.网络舆情和教育政策互动关系研究[D].兰州:兰州大学,2016.)

拓展材料

第十五模块

政策执行的沟通模型实验实训

第一节 实验技术

一、政策执行的沟通模型

政策执行的沟通模型是由美国布鲁金斯学会的客座研究员马尔科姆·L.高津（Malcolm L. Goggin）等人提出的。1990年，在《政策执行理论与实务：迈向第三代政策执行模型》一书中，高津等人提出了"府际政策执行沟通模型"（the communication model of intergovernmental policy implementation）[①]，认为第一代公共政策执行的研究呈现出一种演绎的途径，而第二代公共政策执行的研究则呈现出一种分析性的归纳演绎途径。公共政策执行是一个复杂的过程，受各种不确定性因素的影响，又发生在不同时间与不同空间的政治与行政决策和行动的过程中，单独通过演绎或归纳的途径并不能达到多方面解释公共政策执行的目的，因此高津等人主张公共政策执行研究不应忽视对各种层次执行的动态过程的探讨，即要注重公共政策执行的动态过程研究。这一模型重点分析了政府间的关系对政策执行的影响，同时突出强调地方政府的相对独立性，体现为一种综合的看法。该模型区分了各影响因素之间的相互作用，这也是我们在进行政策分析过程中容

---

① Goggin M L, Bowman A, Lester J, et al. Implementation Theory and Practice: Toward a Third Generation [M]. London: Scott Foresman & Co, 1990.

易忽略的一点,因此该模型的提出具有重要意义。

二、政策执行的沟通模型的影响因素

在政策执行的沟通模型中,高津等人认为政策执行的影响因素可分为以下两类。

1. 独立的自变量

这类影响因素包括中央政府的诱导和约束、地方政府的诱导和约束,这两者都是事先存在的。

2. 半独立的中间变量

半独立的中间变量由中央政府决策与地方政府决定共同影响,地方政府能力和地方政府输出的决定是两个重要的中间变量,影响着因变量(即地方政府政策的执行),而地方政府政策执行情况又反馈给中央政府。

高津等人认为,在政策执行过程中,中央政府做出决定,启动政策执行过程,这一决定又通过其内容与形式或多或少地约束或诱导政策执行人员的行为选择。地方政府回应中央政府、加强约束或诱导的方式是不一样的,这取决于地方政府偏好的强度和性质,以及地方政府行为的能力。与此同时,政府决策不再是一种单一的理性人的行为,而更多的是团体之间讨价还价的结果。

因此,政策执行实际上最终取决于自上而下的研究途径所关注的影响因子,也取决于自下而上的研究途径所关注的影响因素。

三、府际间运作关系类型

在高津等人之后,大批学者丰富和发展了府际政策执行沟通模型的内容。

兰德尔·里普利(R. B. Ripley)和格雷斯·富兰克林(G. A. Franklin)指出:典型的公共政策执行发生在一个复杂的府际关系网格中,其中多元参与者经常抱有充满分歧而且冲突的目标与期望。基于此,各种层次的府际间关系运作能否顺畅无碍,自然与政策执行的效果息息相关。[①]

施柏莉(D. Scheberle)认为政策能得到有效执行,关键在于培养正面的府际间运作关系。施柏莉根据联邦与地方官员彼此互信程度及上级机构监督介入情形,将府际间的运作关系分为以下四个类型。[②]

---

① Ripley R B, Franklin G A. Congress, the Bureaucracy and Public Policy[M]. Baltimore: Brooks/Cole Publications, 1991.
② Scheberle D. Federalism and Environmental Policy: Trust and the Politics of Implementation[M]. Washington, D. C.: Georgetown University Press, 1997: 10-20.

1. 合作但维持地方自主型

政策执行前景取决于地方政府,但地方政府又受到诱因激励与约束条件的限制,此时政策执行可能会面临障碍。

2. 合作共事型

在彼此互信程度较高的情况下,合作共事型运作关系允许联邦机构高度介入地方政策执行的过程,由此带来显著的政策执行效果。

3. 争斗式各自为政型

联邦政府高度介入地方事务,但彼此之间的互信度不高、沟通不良,在这种类型的运作关系下,基层的政策执行人员习惯阳奉阴违,时常会暗中操作。

4. 逃避式各自为政型

由于地方政府享有相当大的独立性和自由裁量权,联邦政府与地方政府维持一种行礼如仪的表面关系,两者之间欠缺实质上的政策连带关系。此时必须借助于基层官员和民众的全力支持,促成有效的政策执行。

总之,在高津之后的学者看来,政策执行通过府际或组织间网络来实现政策目标,政策执行过程充满高度的动态性与复杂性。

四、政策执行的沟通模型内容

公共政策执行的沟通过程主要涉及中央政府和地方政府两个主体:一方面,中央政府引导和约束地方政府的政策执行;另一方面,地方政府在政策执行过程中,把遇到的实际情况反馈给中央政府,中央政府通过与地方政府的沟通,对政策进行适当的调整,从而使政策有效地落实和执行。如图 15-1 所示,中央政府的诱导和约束以及地方政府的诱导和约束,最终都会反馈到地方政府的政策执行之中。

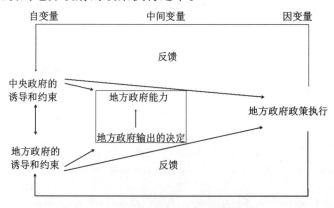

图 15-1 政策执行的沟通模型

第二节 实验设计

一、实验目的

通过对政策执行的沟通模型的实验分析,了解并掌握在政策执行过程中的公共政策沟通过程,为今后在社会实践或学习中能够做出正确的决策提供有效的思路。

二、实验步骤

1. 根据所给材料清楚分析案例中的政策沟通过程。
2. 分析材料中政策沟通过程中的影响因素。

三、实验要求

1. 选择真实的案例进行分析。
2. 案例分析要按照实验步骤展开。
3. 理清相应的逻辑思路。

四、实验成绩

序号	实验要求	分值
1	分析案例中的政策沟通过程	30
2	案例分析按照实验步骤展开	30
3	根据所给案例,分析公共政策沟通过程中的相关媒介机制	30
4	条理清晰,符合逻辑要求	10

五、思考题

1. 政策执行的沟通模型在整个公共政策执行过程中发挥什么样的功能?
2. 实现政策执行沟通的有效途径有哪些?

第三节
实 验 材 料

广州市医疗保险政策的演进

截至 2016 年,广州市出台了数十个有关医疗保险的文件,相关政策经历了多次变化。2014 年实施的《广州市社会医疗保险条例》,将各项规定整合为一个完整的政策体系。有学者研究发现,广州市医疗保险的政策体系发展时间尚短,内容不够完善,因此政策内容不断调整和改变。民生政策的每一次调整,都影响着成千上万人的生活,社会公众必须重新了解并适应政策。以医疗保险政策为例,政策的变化意味着参保人员参保手续、缴费标准和享受待遇的变化,一旦沟通工作没做好,就可能导致参保人员不能正确理解或运用政策,生活也可能受到负面影响,甚至还可能引起社会公众和政府之间的矛盾,因此针对公共政策的政府沟通工作非常重要。

2008 年 6 月,《广州市城镇职工居民基本医疗保险试行办法》出台,广州市居民医疗保险诞生;2014 年,《广州市城乡居民社会医疗保险试行办法(草案)》公布,并公开征求社会意见,同年 8 月正式出台,并确定 2015 年 1 月 1 日起实施,对之前的办法进行了较大幅度的修改。在广州,不能参加职工医疗保险的居民,基本上都可以选择参加居民医疗保险。在参保人群方面,居民医疗保险与职工医疗保险互为补充。而居民医疗保险在缴费标准方面比职工医疗保险要低,待遇也相应较低,参加门槛低,适合收入较低的参保人。此次政策变化内容多,影响广泛,受影响参保居民超过 400 万人。由于政策变化大、内容多、影响广泛,政府要保证政策的顺利实施,就必须做好社会公众的沟通工作,让社会公众充分了解政策,保证新旧政策过渡期间参保人员正常使用居民医疗保险。因此,广州市政府在这方面做了一系列工作。

本实验材料结合广州市医疗保险政策执行沟通的实践,对政策沟通过程的主体进行分析,总结公共政策沟通模型中的经验。

(改编自钟少文.广州城乡居民医疗保险新政执行中政府与公众沟通研究[D].广州:华南理工大学,2016.)

第四节 实验报告

院系		专业			
班级		姓名		学号	
实验教师		成绩		日期	
实验名称					

一、实验目的

二、实验原理

三、实验步骤

四、实验数据（如有，请简要列出）

五、实验结果

六、讨论分析（完成指定的思考题和作业题）

七、实验总结及改进实验的建议（如有，请简要列出）

备注：

第五节
实验答案

广州城乡居民医疗保险新政执行中政府与公众沟通

一、新政策正式发布前的沟通

2014年7月8日,广州市人力资源和社会保障局就《广州市城乡居民社会医疗保险试行办法(征求意见稿)》《广州市城乡居民大病医疗保险试行办法(征求意见稿)》和《关于明确2014年城镇居民基本医疗保险过渡期有关问题的通知(征求意见稿)》向社会公众公开征求意见,社会公众可以通过信函、电子邮件及网络互动平台等渠道发表意见,7月22日结束。①

上述文件在征求社会公众意见后进行了修改完善,然后按法定程序上报政府部门审批发布。同年8月5日,《关于明确2014年城镇居民基本医疗保险过渡期有关问题的通知》

正式发布,②居民医保缴费标准即按照过渡期政策执行。从草案发布到公开征求意见结束,历时仅13天,新旧政策变化大、受影响人群广泛,给予社会公众了解政策并提出意见的时间并不够。公开征求意见时间结束后,在广州市人民政府门户网站与广州市人力资源和社会保障局网站,都未能找到政府公布社会公开征求意见的具体资料和相关意见的反馈情况,也未能在报纸等传统媒体上找到相关资料。因此,我们可以认为政府在新政策制定过程中的公众参与工作不够充分,至少没有提供便利的方式让社会公众查阅相关资料。

二、新政策正式发布后的政府沟通

1. 在传统媒体上的沟通工作

政府相关部门在《广州日报》《新快报》《南方都市报》《南方日报》等多个广州本土主流

---

① 广州市公开征求《广州市城乡居民社会医疗保险试行办法》等3份文件意见的通告[EB/OL].[2014-07-11]. http://www.gdgwy.org/2014/0711/15290.html.

② 关于明确2014年城镇居民基本医疗保险过渡期有关问题的通知[EB/OL].[2014-08-06]. http://www.gz.gov.cn/gfxwj/sbmgfxwj/gzsylbzj/content/post_5488556.html.

报纸上投放新政策内容的宣传或政策解释文章超过20次,平均每月超过3次投放。同时期,相关部门在南方卫视、广州电视台、广东卫视等广州主流新闻节目上进行政策沟通,内容包括政策解释、政策释疑等,主要沟通重点为个人缴费水平、过渡衔接、大病医疗保险、待遇水平等方面。

2. 在新媒体上的沟通工作

政府对新政策的宣传工作,同步在地铁传媒、微博平台、微信平台等新型网络媒体上展开。2014年11月至12月,政府相关部门在广州客流较大的公园前以及杨箕、体育西等11个主要地铁站投放新政策广告,为期两个月,同时在广州市人力资源和社会保障局网站等官方网站上进行新政策沟通。值得注意的是,新政策出台近半年后,医疗保险微信公众号才建立起来,虽然微信平台推送的政策信息数量多且内容较为全面,但距离政策出台时间间隔太长,对新旧政策平稳过渡的意义不大。由于参保人享受医疗保险是一个长期的过程,长期的宣传沟通工作对于政策的顺利实施和社会公众的政策适用具有必要性。

三、新政策执行中的意见反馈

政府相关部门明确表示,社会公众在政策施行期间有任何建议,可通过各区人力资源和社会保障局信访中心、政府信箱、政府政务热线12345、人力资源和社会保障局服务热线12333等途径提出。社会公众通过各区人力资源和社会保障局信访中心提出意见时,需亲自到信访中心前台窗口递交纸质信访材料,相关部门受理信访材料后,将在规定时限内给予答复,该途径由于申请材料要求复杂,公众一般在个人利益受到较严重损害时才会选择使用。政府信箱包括广州市市长信箱及各区的区长信箱,可投递纸质信函或通过各级政府政务信息网站进行电子投递,政府信箱收到相关申请后,会把申请分派到各级责任部门进行处理。目前,在各类反馈途径中,最受公众欢迎的是政府政务热线12345,社会公众可以直接拨打12345进行意见反馈,也可以通过政府政务微信平台进行反馈,反馈信息即时进入12345管理平台,再根据业务归属分派到各单位处理。政府政务热线12345接收的所有工单,要求限时办结、百分之百回复,12345客服会在工单办结后回访公众办结情况,是目前最为规范、便捷,应用最为广泛的公众意见反馈渠道。

四、社会政策的供给主体:政策前台

社会政策的供给过程也是政策合法化并全面执行、推行的过程,其供给主体是政策提出、酝酿、构思和决策的政策前台(即官僚体系)。在传统决策场域中,这一体系的运转主要依赖理性化与制度化的过程,同时也蕴含一定程度的非理性化与非制度化因素。从理性化与制度化的层面看,政府内部智囊、知识和功能互补的政策研究群体(民间智库)、社科院,以及下属的政策研究机构、各级党校和行政学院等机构中的知识精英,能将自身利益诉求直接输送到政策制定环节。从非理性与非制度化的层面看,机构或官员的历史渊源、人际关系等社会因素构成了政策过程的动力学;此外,参与、影响政策过程的机构、团体或个人所组成的非正式关系网络,包括非正式的研讨会、论坛、私人接触等,都会影响政策前台决策的微观走向。

广州市出台了《广州市重大民生决策公众意见征询委员会制度(试行)》等公众咨询相关文件,要求政府在公共政策制定过程严格按照文件的要求,发起成立公众意见征询委员会,在本地电视、平面媒体和政府部门官方网站发布公告,同时公布收集公众意见、反馈和公布征询意见结果的渠道,包括但不限于官方网站网址、办公地址和办公电话等,充分征求社会公众对新政策的意见,如果法律有要求,还必须依法举行听证会,对新政策进行听证,达到与社会公众充分沟通的目的,使公共政策能够有效反映社会公众利益。在以网络为载体的政策制定过程中,政策前台的功能转变为既是公众直接利益诉求的回应方,又是政策线上讨论的发起方:一方面,政策前台实时监测网络媒体活动及舆论动向,从网络舆论中解析出社会成员利益诉求,并通过官方媒体渠道进行回应;另一方面,政策前台可通过官方媒体发布政策信息,发起对目标政策的线上讨论,或是通过政府网站、微博等官方媒体搭建网络沟通平台、征集公众意见,以达到优化和调整政策的目的。

五、社会政策的需求者:社会成员

制定社会政策的本质目的在于满足广大民众的福利需求,这就意味着政策中所含利益与民众利益诉求的错配,不仅会浪费公共资源、增加政策成本,还可能引起福利在不同群体间的不均衡分配,带来新的社会问题。政府需要积极引导社会成员参与到政策的制定中来,并进行充分的讨论沟通。

政府应引导社会公众培养社会责任感和法治意识。让社会公众认识到参与政府工作是法律赋予的权力和义务,使其增强主体意识。一些公共政策与社会公众切身利益密切相关,政策的制定和执行对社会公众有着深远的影响,社会公众积极与政府沟通,有利于政府准确地掌握社会动态和公众需求,从而制定出符合公共利益需求的政策。社会公众是政策规范的主体,是受益者,也是被约束者。发源于社会公众,并解决社会存在问题的政策一般情况下能获得社会公众的高度认同。社会公众主动参与政策的宣传、落实及执行,能提高社会公众对政府的满意度。构建完善的双向沟通模式,能有效地提升沟通过程中信息传递的效率,充分调动社会公众的力量,减少政府沟通的成本,降低公共政策制定与贯彻落实的难度。

六、沟通的媒介

实现政策执行沟通的重要前提是政策前台对社会成员的及时回应。具体来看,网络舆论传播面广、影响力大的特点,使得它能够有效地吸引政策前台主动回应民众诉求,并对政策前台不断施压。在此背景下,政策前台会主动解析网络舆论背后蕴藏的民意诉求,通过网络媒体及时答疑或调整政策。

以居民医疗保险新政策为例,医疗保险政策由政府制定发布,由相关部门执行。然而对社会公众而言,使用医疗保险的地方是各级定点医疗机构。就医时,正是社会公众对医疗保险政策需求最大的时候,他们希望有相关的指引来引导他们合理使用医疗保险,对他们能享受的待遇进行解释。调查数据也显示,大部分社会公众在医疗机构等基层单位接触到新的政策内容。

我们可以发挥定点医疗机构密切联系参保人的优势,把定点医疗机构作为政府与社会公众进行政策沟通的终端之一,广州市数百家定点医疗机构则可以组成一个沟通网络。可以在医院设置相关沟通宣传栏、派发沟通资料、培训医护人员、利用医院的网络平台推送政策信息,使社会公众在日常就医的过程中接触政策。同时,可在医疗机构中设置反馈平台,让社会公众把日常使用医疗保险时遇到的问题和提出的意见表达出来,相关管理部门定时收集、整理并做出解释。为推进这一项工作建议,政府部门应主动作为,不能做甩手掌柜,不能将沟通任务完全交给医疗机构。其一,可在医疗机构开展培训,深化相关工作人员对医疗保险政策的理解,这有利于他们在日常工作中向患者提供相关帮助;其二,政府可在定点医疗机构派驻专业经办人员,建立医疗保险专门窗口,让专业经办人员在就医现场即时解决公众遇到的疑难问题。

(改编自钟少文.广州城乡居民医疗保险新政执行中政府与公众沟通研究[D].广州:华南理工大学,2016.)

拓展材料

第十六模块 政策执行循环模型实验实训

第一节 实验技术

一、政策执行循环模型的概念

政策执行循环模型是由美国政策学家马丁·雷恩(M. Rein)提出的。[①] 他认为政策执行是介于政策意向与行动之间的动态过程,这一过程由三个阶段组成(见图16-1)。

如图16-1所示,在第一个阶段,相关部门拟定纲领,将立法机关的意图转化为行政机关执行决策的规范和纲领。在第二个阶段,相关部门分配资源,将政策执行所需要的资源尽可能平均地分配给执行者。在第三个阶段,相关部门进行监督,对政策执行过程与成果进行评估,确认执行者应承担的行政责任,这里的监督包括监督、审计与评估三种方式。

在政策执行循环模型中,雷恩把政策执行分解为拟定纲领、分配资源和监督过程。他认为,这三个阶段不是单向流动的,而是相互作用的双向循环的复杂动态过程。这种循环是周期性的,政策执行的这种循环过程必然会受到环境条件的影响和冲击。在他看来,这些环境条件包括三类因素:目标显著性、程序复杂性、可利用资源的性质与层次。

---

① Rein M. From Policy to Practice[M]. New York: Routledge, 2018.

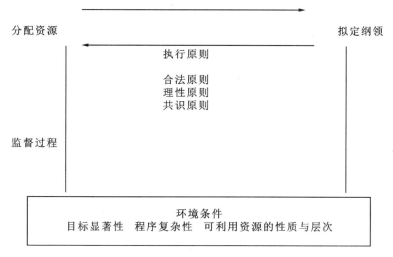

图 16-1 政策执行循环模型

二、政策执行循环模型遵循的基本原则

在政策执行循环模型中,雷恩还强调在政策执行的每一个阶段必须遵循以下三个基本原则。

一是合法原则。政策执行的合法原则受四个因素的影响:议员权力与地位的高低、技术可行程度、立法辩论的争议范围和理清程度、立法者与执行者支持法律的程度。[①]

二是理性原则。执行的理性原则包括一致性原则、可行性原则两个方面。

三是共识原则。它是指有影响力的政策执行者只有在具有争议性的问题上达成共识,政策执行才可能顺利进行。

三、政策执行循环模型的意义

首先,政策执行循环模型能够分析执行要素所产生的影响力,并且非常强调环境因素在政策执行过程中的重复性,这对于政策执行过程的研究具有意义:一方面,"上令下行"是政策执行的方式之一,另一方面,"下情上达"也是不容忽视的政策执行方式。

其次,政策执行循环模型对于政策执行的内在关系进行了比较深刻的剖析和说明。政策执行的主要功能是资源分配,为了保证公正和公平,不仅政策制定者要拟定明确的纲领目标,而且监督者也应遵守合法、合理、公示的原则。

最后,政策执行循环模型说明了政策环境对政策执行所产生的重要的基础性影响。

当然,政策执行循环模型也有缺陷,它强调了政策执行过程重复循环的价值,但抹杀了目标群体的存在意义。

---

① 张金马.公共政策分析——概念·过程·方法[M].北京:人民出版社,2004:392-393.

第二节 实验设计

一、实验目的

通过对政策执行循环模型的学习,让学生了解并且掌握政策执行循环模型的相关因素,理清其中的关系,并为以后的理论和实践打好基础。

二、实验步骤

1. 找出一个有关政策执行循环模型的典型案例。
2. 分析案例中所体现的政策执行循环模型理论。
3. 分析案例中所反映的问题,并找出解决办法。

三、实验要求

1. 利用知网找出参考文献和有关案例。
2. 所选案例是真实案例。
3. 结合政策执行循环模型相关理论,解释案例中的问题。

四、实验成绩

序号	实验要求	分值
1	结合政策执行循环模型,对政策执行情况进行分析	50
2	结合政策执行循环模型,提出改进的措施	50

五、思考题

1. 简述政策执行循环模型的三个阶段。
2. 试分析政策执行循环模型的原则。
3. 简述政策执行循环模型的环境条件。

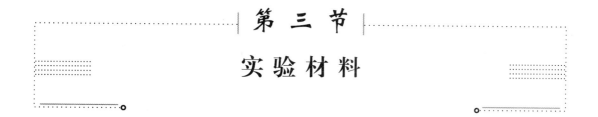

四川省 X 县现代农业政策介绍

农业是我国国民经济的基础,处于经济链条的前端。重视和加强农业的基础地位是加快我国经济发展、保持社会稳定的必然要求。我国农业部发展计划司原司长钱克明说过,我国"四化同步"的短板在于农业现代化,要实现农业现代化,就必须尽快建立具有中国特色的现代农业政策支持体系。近年来,我国农业政策开始向现代农业倾斜,大量的现代农业政策相继出台。这些政策的执行为加速我国农业现代化进程做出了巨大的贡献。但这些现代农业政策在具体执行过程中,仍存在许多需要研究和改进的问题。

2012 年是四川省 X 县现代农业发展的关键年。农业部在该年度共发布了 11 份与现代农业直接相关的政策文件,其中发展计划司发布的《农业部关于认定第二批国家现代农业示范区的通知》,将 X 县所属市级行政区认定为第二批国家现代农业示范区,X 县正是该市现代农业示范区三个联合区域中的一个。发展计划司之后发布《农业部办公厅关于申报 2012 年国家现代农业示范区旱涝保收标准农田示范项目的通知》,X 县成为该市现代农业示范区旱涝保收标准农田示范项目基地。显而易见,X 县走在我国现代农业发展的前列,在区域性农业发展中处于重要地位。

在 X 县被评为国家级现代农业示范区后,X 县根据农业部和上级政府部门要求,迅速制定了相关发展规划,并根据规划推进相关政策落地。然而,在 X 县政策具体执行过程中,存在着例如象征性执行、变通性执行、选择性执行等现象,增加了基层执行机构有效执行相关政策的难度。并且,还存在同一文件同时抄送多个分管部门的现象,这造成了 X 县难以评估政策执行效果的尴尬局面。

(改编自李莉.西南地区现代农业政策执行研究[D].成都:西南交通大学,2015.)

第四节 实验报告

院系			专业		
班级		姓名		学号	
实验教师		成绩		日期	
实验名称					

一、实验目的

二、实验原理

三、实验步骤

四、实验数据(如有,请简要列出)

五、实验结果

六、讨论分析(完成指定的思考题和作业题)

七、实验总结及改进实验的建议(如有,请简要列出)

备注:

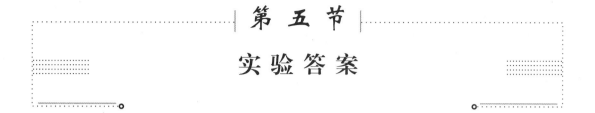

第五节 实验答案

依据政策执行循环模型分析四川省 X 县的农业政策执行情况

一、四川省 X 县农业政策执行的具体情况

从政策执行循环模型的基本原则来看，X 县在现代农业政策执行过程中未能很好地遵守理性原则。X 县在政策执行过程中出现了诸多问题。一方面，这些问题的出现意味着政策宣传意识不到位、政策执行者对政策解读不够，致使部门之间横向和纵向沟通不够顺畅，政策目标出现偏差，影响政策执行的一致性；另一方面，政策具体执行的不到位会扭曲政策目标，对政策执行的效能造成显著的负面影响，降低政策执行的可行性。

关于共识原则，我国现有政策执行体制有较为清晰的上下层级划分，因此共识原则在纵向上能依靠资源和政治权利得以实现。而在横向上，同级执行机构间处于资源竞争状态，在政策文件制定和下发过程中，若没有指明具体的负责机构，就容易因权责划分不明产生混乱。只有在没有处于资源竞争状态的情况下，这一原则在同级机构间才能得到较好的贯彻。

从政策执行循环模型的三个政策执行阶段看，X 县现代农业政策执行具体情况如下。

在拟定纲领阶段，对上级政府发布的政策文件，X 县政府有相应的程序执行政策，可分为以下五个步骤。

第一，把政策文件下发给分管部门。这一步骤的执行主要根据政策文件的具体等级、性质来进行选择性分类执行。X 县常见的执行方式是直接将政策文件下发给分管机构或部门。而当政策发文机构较为关键或其内容是 X 县政府较为重视的事项时，县政府则通过召集相关部门开会，共同商讨政策执行相关事项，并制定相关政策。

第二，分管部门处理政策文件，并下达执行指示。分管部门领导在浏览政策文件、领会政策精神后，在文件处理单上写下指示，然后让下级执行机构或相关人员根据政策文件的要求和具体步骤执行。

第三，具体执行机构或相关人员根据指示执行政策要求。下级执行机构或执行人员根据文件处理指示，制定地方性政策文件。这一环节中，X 县执行机构的做法多为机械式执行和选择性执行。机械式执行是指 X 县政策执行者在没有详细领会政策精神，也没有对政策内容进行一定程度思考的情况下，根据上级部门或领导在政策文件处理单上批复的指示或领导的口头指示，依葫芦画瓢地执行政策。这样的执行方式主要源于基层执行者普遍存在的"应付、不出岔子"的保守思想。选择性执行则指X县一些政策执行者忽略政策精神，根据上级的喜好或权衡政策对其利益的影响程度，来判断政策内容的重要性，并据其判断来选择性地执行政策。

第四，下级执行机构在政策执行过程中遇到困难时向上反馈。当下级执行机构在政策执行过程发现政策中有难以实现的目标时，通常会及时向上级领导反映，上级领导再逐级往上反映。当政策执行遇到瓶颈时，上级部门往往需要根据具体情况对政策内容进行修改，使其更符合实际情况，以保证政策实施的效果。但在此期间，容易因上下级部门利益冲突而产生政策执行扭曲的现象。一方面，为争取地方财政利益，地方政府可能会在一定程度上夸大政策问题的难度，争取更多的财政支持；另一方面，地方政府可能无法得到上级政府的认同，只能变相执行政策，以向上级"交差"。

第五，地方政策文件发布，并进入实施状态。在资源分配阶段，X县现代农业发展的资源分配主要表现在财政支持的分配上，一般在做年度财政预算时已经基本定案。县政府决策层的主要任务是确保公共财政拨付的实现，以发展地方产业。调研发现，X县在财政决算和财政预算期间，相关部门所提交的财政支持申请或项目发展情况汇报等材料规范化程度较低，在内容上一般着重描述项目的目标性，而其执行过程往往只有理论性的概括，没有体现具体的操作程序。而财政部门在审核这些材料时不够谨慎，以至于忽略材料中反映的项目的发展情况，容易造成财政资源分配不合理的现象。

监督执行阶段是对政策执行过程与成果加以评估，确认执行者所应承担的行政责任，监督过程包括监督、审计与评估三种形式。这一阶段在X县政府政策执行过程中鲜有体现，基本处于缺失状态。

从政策执行循环模型的视角进行分析，X县在现代农业政策执行过程中出现偏差的原因有以下几个方面：一是县政府的自利性使其更倾向于实现地方政府利益而非贯彻政策精神；二是政策执行者缺乏执行主体意识，机械式执行政策；三是X县现代农业政策执行体系的构建不够科学，相关部门职责划分不明确；四是X县现代农业政策执行过程中缺失监督职能，这也是X县现代农业政策执行良性循环过程难以得到实现的关键所在。

二、改进建议

（一）提高人们对现代农业政策执行重要性的认识

从我国目前的具体情况看，一些部门和领导对于政策执行重要性的认识严重不足。这无疑是现代农业政策执行出现问题的首要原因。因此，有必要有针对性地对政府决策层提出意见，要求其加强对于现代农业政策执行问题的重视，也让具体落实现代农业政策执行的地方政府充分意识到现代农业政策执行的重要性。

1. 重塑地方政府对政策执行重要性的认识

地方政府可以通过组织部门领导干部进行专门的学习、教育，使他们对政策执行的重要性有新的认识。执行机构的领导干部对政策执行不力的结果负最大责任。地方上的政策执行有效性如何，主要取决于相关上级领导的重视程度。因此，处于决策层的领导干部首先要有政策执行重要性的概念和意识，进而才能影响下级执行机构或相关人员的意识和行为。

2. 提高农民对自己在现代农业政策执行中的角色重要性的认识

可通过下列两个主要途径来提高农民对自己在现代农业政策执行中的角色重要性的认识。

(1)加强农民对政策执行的参与和反馈意识，鼓励农民群众大声表达自己的意见。依据多元治理理论分析，我们可知基层群众表达意见具有非常重要的作用。基层群众表达意见，不仅有利于更好地实现群众利益，还可以有效促进地方政府的执行能力建设。农民群众若有不明白之处，应及时要求政策执行机构或相关人员解释清楚，同时督促地方政府政策执行机构及时公布政策相关信息，例如农机补贴政策具体内容、项目进展情况以及未来规划方向，地方农业经济发展细分情况(如农作物销售情况、种植情况、技术利用情况)，等等。

(2)地方政府无效的政策执行的关键原因是缺乏有效的监督。这表现为两点：一是监督机制缺失，二是监督机构执行不力。

在缺乏有效监督的情况下，可以发动农民监督地方政府现代农业政策执行的过程，一旦发现政策执行中有不规范和不正规，或者敷衍了事的行为，即可揭发检举。这种监督在保证广大农民行使权利的同时，能帮助地方政府提高其政策执行的合法性、规范性以及有效性。这需要地方政府为农民群众提供有效的检举途径，设置保护检举人的措施等。同时，农民要有自主意识，这样才能在政策执行过程中发挥应有的作用，在保障自身权利的同时，进一步为发展地方农业经济出谋划策。

(二)大幅提高地方政府有效执行政策的能力

1. 完善地方政府政策执行的监管机制建设

地方政府政策执行的监管机制建设是政策执行有效性的制度保障核心。事实证明，现代农业政策执行的监督机制的缺失，无疑是现代农业政策在地方执行过程中出现走样，使执行结果与预定目标不符的主要原因。因此，对应的监督部门要加强自身的责任意识和服务意识，加大对现代农业政策执行情况的监督力度。地方政府要重视完善政策执行监督机制的建设工作，以确保现代农业政策顺利有效地执行。

完善地方政府政策执行的监管机制建设可通过以下途径展开。

(1)通过立法保障政策执行的合法性。建设并完善我国地方政府政策执行监督法律和相应法规体系是基础性、必要性前提。

(2)针对政策执行，建设完善的监管体系。要进一步完善我国以党内监督为主导的监督网络，加强对权力运行的制约和监督，必须坚持以权力制约权力。

（3）拓宽监管途径，提倡社会监管。鼓励社会参与监管，例如鼓励农民参与政策执行的监管工作。因为政策涉及自身利益，在监管环节，政策目标团体往往能够实现更为细致的监管。

2. 提高地方政府政策执行者的整体素质

提升政策执行者的整体素质有以下两个途径。

（1）从制度上约束现代农业政策执行者追求利益的动机和行为。第一，保障政策执行者所需经费到位，以必要的财政支持杜绝由客观原因引起的寻租行为。第二，采用法律手段进行规范与震慑。以法律手段限制政策执行者的寻租行为往往是最为有效的，法律是构建监督机制的有力保障。第三，明确界定政策执行的范围。在政策文件中，要明确政策执行的责任机构和责任人。在政策执行体系中，要明确职能与责任的直接相关性，但凡超出职能的政策执行，都有发生违法行为的可能性，因此明确界定政策执行的范围十分重要。

（2）培养现代农业政策执行者的正确价值取向。是否拥有正确的价值取向是个人素质高低的首要评判因素。价值取向能从根本上影响个人的行为模式，进而直接影响个人的工作态度和工作结果。现代农业政策执行者作为地方基层政策执行主体，他们的价值取向自然也将影响到该地区现代农业政策的执行效果。他们的个人心态、道德情操、世界观、价值观、执行能力等都将在很大程度上影响现代农业政策的执行。所以应从以下几个方面着手，培养政策执行人员的正确价值取向。

首先，要提升政策执行者的科学文化知识水平。通过学习获取知识无疑能提高一个人的知识水平和工作能力。欠发达地区的广大地方干部普遍文化水平较低，这种情况虽然近年来有所改善，但未在根本上得到彻底改变。因此，在西南地区发展现代农业，地方政府尤其是基层政策执行人员必须树立坚定的学习观念。在学习中谋发展、谋进步，才能将现代农业政策更好地落实到位。其次，政策执行者要具备执行领域内的知识结构，提升政策执行能力。现代农业政策由于涉及面广，执行过程复杂多变，自然对于政策执行者的执行能力要求更高，政策执行者必须熟悉自己执行的政策内容，具备该方面的知识结构。

3. 构建地方政府和地方村社之间的沟通途径

构建地方政府和地方村社之间的沟通途径，可以从以下几个方面着手。

（1）提高现代农业政策执行的透明度。政府与公民间的信息不对等是普遍现象。要消除这种现象，就必须提高政府政策执行透明度，提高政务信息公开程度。政策执行机构要提高认识，不能因为不愿意接受监督就抵制信息公开，要从公共服务的理念层面理解信息公开的必要性。立法部门应尽快出台相关法律条文，为信息公开提供法律保障。

（2）积极引导农民参与现代农业地方政策制定及政策执行过程。对于上级下发的现代农业政策，地方政府要及时把政策精神传达给农民，尤其是涉及政策变迁、发展规划、重点项目申请等与农民利益紧密关联的政策时，信息发布必须及时。精神传达完毕后，就地方政策执行方案的制定，执行机构可以根据需要组织农民参与，多听农民的意见，然后仔细研究哪种政策执行方式更有利于政策精神的实现。若农民因对农业技术推广应用存疑而止步不前,或对政策有所抵制,地方政府要耐心劝导,要用农民听得懂的语言解释政策涉及的农业技术,尽可能获得农民对政策的支持。

(三)提高地方政府政策执行的科学性

1. 鼓励农民积极参与现代农业技术知识培训

发展本身离不开教育,只有提高欠发达地区居民的整体素质,尤其是地方农民的素质,加强对农民的教育培训,才是解决现代农业问题,促进地方现代农业经济发展的长远之计。可以从以下几个方面加强对农民的教育培训。

(1)加大经费支持,形成农民培训的长效机制。农民处在现代农业发展的第一线,从这个层面分析,现代农业发展的最终获益者是农民,现代农业政策执行的最终实施者也是农民。这对农民的知识和技术水平提出了一定的要求。我国欠发达地区的农民受教育程度普遍较低,因此有必要对现代农业政策执行地的农民进行必要的教育和培训,同时积极向农民宣传教育和培训的重要性。此外,现代农业发展是一个长期过程,现代农业技术也日益更新,因此有必要形成农民培训长效机制。农民培训长效机制的建立需要公共财政的支持,有了充分的财政资源,才能有效开展培训。

(2)科学制定培训内容。应该从两个方面开展针对农民的教育和培训,首先是基础知识补充教育,主要针对中壮年农民。中壮年农民是现代农业发展的主力,他们有一定水平的接受能力和理解能力,但大部分受教育程度不高。为中壮年农民提供基础知识补充教育,有三个益处:其一,可以增加他们自身的知识储备,提高他们的知识水平;其二,可以让他们明白科技也是生产力,为现代农业科学技术的应用推广和政策的执行畅通道路;其三,可以使他们了解教育的重要性,形成良好的教育观,进而影响自己的下一代,加强对下一代的培养,充分发挥教育的辐射力量。

(3)丰富教育培训形式。对地方农民进行教育培训要努力调动他们的积极性。一些农民缺乏教育观,尤其是对自身建设的教育观,且地方农民的休闲娱乐方式并不多,可以创新教育培训形式,引起农民的兴趣,如此才能使农民得到更好的教育,使培训起到更好的效果。

2. 提高政策制定的科学性

现代农业发展方向在国家颁布的战略性政策上得以体现。国家的战略性政策往往都是制定发展方向,政策逐级向下级传递,也逐级形成各级政府政策文件,越往下级,政策的制定就越具体。到了县级执行机构,则必须要求政策内容具体且有可操作性,否则政策执行工作就无法开展。具体可以从以下几个方面提高政策制定的科学性。

(1)上级政府出台政策文件时要注意把握科学性。上级政府对应机关部门在政策执行前,必须深入了解地方政策执行的各方面情况。

(2)借助科研机构的力量,制定科学的地方政策。西南地区的欠发达状态使当地人才储备较少,但现代农业发展对科技和知识的要求很高,因此,当地方政府现代农业政策执行部门难以根据自身水平制定科学的政策时,可以和地方高等教育科研机构交流合作,依托这些机构的科研力量,提高政策的科学性和可操作性。

(3)杜绝地方政府在政策制定中的敷衍现象。在制定地方现代农业发展相关政策时,不应该只对政策内容进行原则性的罗列,应该多拟定具有可操作性的政策方案。政策原则再完善、愿景再美好,如果没有可操作性,政策也形同虚设。地方政府也不应该照抄照搬上级政府发布的政策文件,应该以地方政策执行为中心,政策制定和评估等一切过程都应围绕政策最终能否得到有效执行来进行。

(改编自李莉.西南地区现代农业政策执行研究——以四川省X县为例[D].成都:西南交通大学,2015.)

拓展材料

第十七模块 政策执行系统模型实验实训

第一节 实验技术

一、政策执行系统模型的概念

米德(D. S. Van Meter)和霍恩(C. E. Van Horn)在构建政策执行系统模型的过程中,提出影响政策产出的几个相关因素:政策标准与目标;政策资源;组织间的沟通与强化行动;执行机构的特性;经济与政治环境;执行人员意愿。他们把影响政策执行的因素看作一个系统,其系统模型如图17-1所示。

二、公共政策执行的影响因素

对公共政策执行中存在的影响因素,不同的学者从不同角度进行了研究。

林水波和张进贤在其合著的《公共政策》中提出了影响政策执行的三个要素:一是政策问题本身的特质,例如政策是否具备有效可行的技术理论和技术水平,所涉及目标的团体人数及其行为惯例;二是政策本身所能够规划和安排的能力,包括合理的政策方案设计,政策制定符合法定程序,政策具备健全的理论基础,具有清晰而具体的政策目标及丰

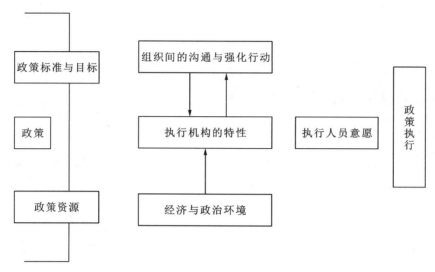

图 17-1　政策执行系统模型

富的政策执行资源等;三是政策本身以外的条件,例如政策、社会经济技术等环境的影响。[1] 保罗·A·萨巴蒂尔(Paul A. Sabatier)和丹尼尔·A·马兹曼尼安(Daniel A. Mazmanian)在《政策执行》中提出了公共政策执行的影响因素:初始政策的制定者(中心);执行层官员(外围);计划指向的私人行动者(目标团体)。[2] 上述两种分析框架虽然角度不同,但它们具备一个共同的特征,即都注重政策执行的环境分析,其中的重要变量是与政策利益相关的公众。

我国有学者对政策执行过程的影响因素加以系统分析,将政策执行中起作用的因素分为四类:一是政策问题的结构与特性,主要包括政策问题的性质、政策问题的结构;二是政策目标团体需要调适的程度、目标团体的服从程度;三是政策本身的因素,主要包括政策的正确性、政策的具体明确和可操作性、政策资源的充足性;四是政策以外的因素,主要包括政策执行机关的特性、公共机构间的沟通与协调、执行人员的素质与工作态度、政策环境、政策执行的控制与监督。政策的执行其实就是这四个方面变量间的相互作用。[3]

三、政策执行系统模型的内容

政策标准与目标变量是为了解决公共政策问题而采取的行动及所要达到的目的、指标和效果。政策具有层级性,同时关联本级政策的设计问题和上一级政策的执行问题。政策资源变量是为了保证政策得到有效贯彻执行所需的各种各样的资源的总和,是政策顺利执行的基础保障,包括但不限于金钱资源、人力资源等,这些资源的提供者不是单一的,而是包括政府、社会在内的多元主体。组织间的沟通与强化行动变量重点

---

[1] 林水波,张世贤.公共政策[M].台北:五南图书出版公司,2006.
[2] 转引自斯图亚特·S.那格尔.政策研究百科全书[M].北京:科学技术文献出版社,1990:113.
[3] 宋锦洲.公共政策:概念、模型与应用[M].上海:东华大学出版社,2005:124-115.

关注政策执行人员之间就政策执行所进行的沟通和对话,他们通过信息沟通来消除政策执行中的误解,通过诸如奖惩晋升机制等类似的强制活动来保证政策的顺利执行。执行机构的特性变量用来描述政策执行机构的属性,如组织机构内部分权程度、创新程度、执行力高低等。经济与政治环境变量强调政策执行过程中外部一切环境的总和对政策的影响,包括有利与不利的环境,比如国家总体安全形势和发展态势、经济发展水平、重大战略机遇、社会大众需求等,都会影响政策的执行过程。执行人员意愿变量包含三个要素:执行人员对政策的理解认同程度;执行者对政策所做的回应;回应的强度。任何一项政策的实施和执行都离不开这六大政策执行变量的影响。该模型还提出了因素变量之间的关系。

总之,公共政策的执行过程客观上必然伴随对政策效果的评估。避免政策执行过程中的各种随意性,正确地对执行效果进行评估,就显得很重要。

第二节 实验设计

一、实验目的

通过对政策执行系统模型的设计,使学生了解并掌握公共政策执行中所涉及的因素,理清其中的关系,为今后的理论与实践学习打下基础。

二、实验步骤

1. 归纳整理以上有关公共政策执行过程的所有学者的观点。
2. 熟练掌握米德和霍恩的系统模型,寻找一个典型的案例作为材料。
3. 通过分析案例的方式,找出案例与学者观点之间的契合点。
4. 将问题与学者理论中的知识点一一对应。

三、实验要求

1. 利用知网找出参考文献以及有关案例。
2. 理清其中的关系,并通过构建框架图表的方式表现出来。
3. 综合学者观点以及现实案例,将图表信息表达清楚。

四、实验成绩

序号	实验要求	分值
1	选用真实的案例	20
2	所选用的案例与模型紧密结合	40
3	按照实验方法中所给步骤的展开分析,准确描述影响因素	40

五、思考题

1. 我国学者将在政策执行中起作用的因素分为哪几类?
2. 政策执行系统模型的内容有哪些?

第三节 实验材料

G省农村危房改造政策变迁

与城市相比较,我国农村的住房救助体系还处于起步阶段,救助机制尚不够健全。"农村危房改造"正是为了弥补目前农村住房救助制度缺失而出台的一项民生政策。G省自2003年起就将农村危房改造纳入政府"十件民生实事"的范围,省财政2011—2015年共安排54.15亿元专项资金,用于全省低收入住房困难户的住房改造。然而,G省人大2015年委托第三方机构对农村危房改造专项资金进行绩效评估的结果显示:整体绩效为77.8分,绩效等级仅为中等。一方面,改造补助资金存在"瞄不准"的问题,真正最困难、最急需住房改造的群体无法及时享受补助;另一方面,部分改造后的房子抗灾能力较弱,存在安全隐患,与省政府提出的"安全、经济、适用、卫生的安居房"的政策目标有所差距。此外,在一些地方,部分房屋只是完成了主体框架建设,之后就处于停工状态,或者建设完成后一直空置。

按照G省政府部署,2011年至2014年6月,此项工作由省扶贫办负责实施,规范名称为"农村低收入住房困难户住房改造建设";自2014年7月起,G省政府将农村低收入住房困难户住房改造纳入全省泥砖房(危房)改造任务范围,剩余2014年至2015年(原计划10.15万户)改造任务转由省住建厅负责实施。为了表述方便,统称为"农村危房改造"。

(改编自颜海娜.农村危房改造政策执行的影响因素分析——基于米特尔—霍恩模型的一个解释[J].学术研究,2017(6):56-62.)

第四节 实验报告

院系			专业		
班级		姓名		学号	
实验教师		成绩		日期	
实验名称					

一、实验目的

二、实验原理

三、实验步骤

四、实验数据(如有,请简要列出)

五、实验结果

六、讨论分析(完成指定的思考题和作业题)

七、实验总结及改进实验的建议(如有,请简要列出)

备注:

第五节 实验答案

G省农村危房改造政策执行系统模型分析

一、政策标准与目标

政策标准与目标,即对决策总目标的具体化,它为政策绩效评估提供更加具体和明确的标准。按照层级分工,省级主管部门制定全省农村危房改造的总体规划,对改造的目标任务、实施对象、补助标准、资金筹集、项目管理等进行明确,负责对农村危房改造的实施情况进行监督检查;市县主管部门则根据省级主管部门下达的指标和任务,制定本地的农村危房改造计划,同时制定符合当地实情的实施方案或细则。

但从实际情况来看,地方制定的实施细则、改造计划等并没有很好地结合地方实际,基本照搬省级的实施细则,导致在实际操作中,真正起决定性作用的还是省级的实施细则,而省级的部分实施细则偏离地方实际情况,这使得基层工作人员在开展工作的时候左右为难。

农村危房改造工作由扶贫系统主管时,按照《G省农村低收入住房困难户住房改造建设实施细则》(以下简称《实施细则》),各级扶贫部门会同住建部门编制安全、经济、适用的农房设计图集和施工方案,免费发放给农户参考,并组织技术力量对住房改造施工现场开展质量安全巡查与指导监督,在验收方面,由县镇级有关部门人员现场勘验后签署通过意见即可。2014年,农村危房改造工作被移交给住建部门主管后,住建部门对改造的工作流程和标准等进行了规范。根据《G省农村危房改造工作指引(试行)》(以下简称《工作指引》)的规定,改造资金的补助对象必须是按《农村危险房屋鉴定技术导则(试行)》被认定为C级或D级的危房。在规划设计上,《工作指引》要求农户选用县级以上住建部门推荐的通用图或由有资格的个人或有资质的单位制定设计方案,农户要与设计、施工责任方签订有关合同或协议;在竣工验收上,《工作指引》不仅对建筑面积提出了要求(如人均不小于20平方米,总控在60平方米内等),还对房屋的功能分区、地基采光等设定了标准。

这些新的规范部分脱离了农村工作实际,有些内容甚至与农户改建住房习惯相左,难以操作。首先,危房鉴定和规划设计成本较高,农户建房资金有限,主管部门亦无充分的经费来保障,且农户一般通过聘请包工头进行结构仿造,无法达到科学论证、合同协议等程序或手续要求。其次,在经济落后地区,对原住房维修加固(而非新建)者占多数(对于很多经济特别困难的农户来说,省级财政补助的1.5万元仅能供其勉强完成修缮工作),

按新的验收标准(功能分区、地基采光等),修缮完成后的房屋几乎无一达标。最后,大部分农村的宅基地面积都在 80 平方米甚至 140 平方米左右,但《工作指引》规定建设面积必须在 60 平方米以内。

在 2014 年以前,农户只要完成第一层主体建筑,经验收合格,就能领取补助,但上述一系列问题都给验收带来了困扰。此外,上级下达危房改造任务的时间也存在较大问题,导致基层经常感到措手不及。实践中,省级主管部门下达的危房改造计划(任务)比较晚,基层主管部门获知任务数的时间往往在每年度的下半年,但农村危房改造是年度考核,即从前期准备、监督、验收、资金拨付到上级考核,时间只有短短的几个月,给各地按时完成任务带来了较大压力。除 2014 年外,几乎各年度省级资金都在下半年完成拨付,各地公布改造任务书也是在下半年,加上地市和县级财政等中间环节,资金实际到达基层的时间势必更晚。而考虑农村风俗习惯,农民建房一般需要慎重"择日"。基层主管部门提前获知当年确定的任务数、提前规划并做好前期准备工作,就变得十分重要,否则基层主管部门面对以年度为单位的责任考核,将陷入被动局面。

二、政策资源

政策资源,即执行主体在执行政策的过程中所需要的各种资源,包括经费资源、物质资源、信息资源、人力资源和权威资源等。为了落实农村危房改造政策,除安排专项资金外,G 省还专门建立了"农村低收入住房困难户住房改造建设基本信息管理系统",开展了多个批次的基层干部专门培训课程,并层层签订"农村危房改造工作目标责任书",分解改造指标。但从目前政策的经费支持和政策执行的激励机制来看,仍然存在一些问题。

1. 配套资金不到位

按照《实施细则》的规定,农村危房改造的补助主要依靠中央、省政府支持,市县给予配套补充。其中,省级补助资金(10000 元/户)必须落实到户,市县两级补助(合计不少于 5000 元/户)。在确保完成改造任务的前提下,可由县级统筹用于村庄公共设施和村容村貌整治建设的资金,有关市县财政须按要求拨付本级应负担资金。然而在调查中不难发现,17 个地级市中,仅 8 个地级市有市县配套资金。核查组现场调查所到的和平、兴宁、海丰、陆丰、惠来、廉江、雷州、信宜等县,均以地方财政困难为由不落实使用或根本未安排市县配套资金。个别市县声明已将配套资金统筹用于配套性基础设施建设,但未能提供这方面的完整支出凭证,并且对有关镇村基础设施的投入远低于按户数和标准计算的应投入额。市县级财政未按要求严格落实配套资金,导致经济和住房困难农户在建房成本高企的情况下自筹资金压力更大,政策执行更可能走样。

2. 工作经费及人力不足

农村危房改造任务实施整体工作量大,基本以县级以下有关部门作为承担主体。在缺乏稳定工作经费来源以及人力不足的情况下,一些镇村把这项工作视为额外的负担,对改造的指导与监管采取简单应付或敷衍了事的态度。比如镇村干部只在签订合同与改造前后进行房屋拍照对比,在房屋改造过程中并无跟踪、协助和指导。而农户改建房普遍为节约成本而力求简易,所聘请施工方对地质地基、规划设计等考虑不足,甚至放弃框架结构,以致改造或新建的住房质量标准并不高(或出现安全隐患)。有调查发现:在 H 县 D 镇某村,有农户新建不到 3 年的住房(砖混结构)出现了墙体裂缝、渗水和下沉等情况;在 L 市 N 镇某村,有农户新建住房在一层封顶(已验收并领取补贴)后因家庭变故而无法筹到后续资金,只得暂时停工搁置。诸如此类情况,相关部门虽已按计划完成补助,却显然未达成政策的最终目的。

三、组织间的沟通与执行

组织间的沟通与执行活动,不仅包括纵向的上下级间关系,还包括横向的部门间关系。各地为确保农村危房改造任务的按时完成,建立了跨部门与跨行政层级的联动机制。一是在补助对象与年度计划的确认上,经过多方核查(村委审查与讨论、镇街复核、县级抽查)、逐级报批、反复公示的程序;二是在补助资金的筹措上,实现了不同地区、不同层次、不同单位、不同身份者的协调合作,共同帮扶;三是在完成改造户的验收上,一般要求镇村初验和县级(有关部门会同)复核,同时由财政部门审核付款。

虽然联动机制在一定程度上确保了工作的顺利开展,但是政策执行过程是各个利益主体为实现自身利益进行各种策略博弈的过程,各个部门都在争取各自的利益,缺乏共享政府信息资源的动力,这在一定程度上阻碍了农村危房改造政策的有效执行。比较突出的问题是主管部门间业务对接与信息沟通的不畅,带来资源分割协同不足甚至重复劳动的问题。例如,农村危房改造的工作自扶贫部门主管时(2010 年)即建立了相应的电子数据库(管理信息系统),完成了当时确定的全省 54.15 万户扶持对象基本信息的录入工作;但 2014 年住建部门接手这项工作后,需要将重新确定的 32.8671 万户对象的信息录入新的(省住建厅所用)系统,被列为国家补助任务对象的信息要录入国家(住建部所用)系统,三者并不兼容,因此基层人员需反复操作,他们花费了大量的时间和精力,亦不利于工作效率的提高。后来扶贫部门与住建部门间仍有某些业务交接,农村危房改造户的数据移交、导入及核对等问题仍困扰着基层政策执行者。此外,针对农村低收入困难户,民政、残联等其他部门都有不少扶助性投入,但实际结果却是资金用途不能互通,以致在最终受益者身上造成资源分割。

四、执行机构的特征

执行机构的特征包括执行机构的规模与能力,所获取的政治资源支持等。农村危房改造政策的主管部门 2014 年之前是扶贫部门,之后是住建部门。省扶贫办的主要职能是执行扶贫开发的相关政策,指导贫困地区的扶贫开发工作。农村危房改造政策是扶贫"双到"工作的重要内容,扶贫办在资源筹措与整合方面拥有更便利的条件。例如,在 2011—2013 年,全省 34 万户改造任务累计投入资金达 202.3 亿元,其中来自政府之外的高达 150 亿资金是扶贫办通过广泛发动社会捐助、对口帮扶和亲友扶助等方式筹集的。

对于住建部门而言,其主要职责是保障城镇低收入家庭住房,规范房地产市场等,指导农村住房建设只是其一个相对边缘的职能。农村危房改造不是住建部门的核心职能,其注意力自然就不会集中在上面,加上缺乏整合扶贫资源的经验和优势,因此在改造资金的筹措上相对被动,过于依赖财政资金,导致部分自筹能力困难户只能无限期延后接受补助,为了完成改造任务,政策目标的偏离也在所难免。此外,住建部门长期指导城市的廉租房建设等,对农村的建房习惯、宅基地情况等掌握的数据不全面,出台的实施细则与农村的实际情况不吻合,导致在政策实施过程中难以执行。

五、经济、社会与政治环境

政策执行所处的外部环境,比如国家发展战略、经济社会发展水平、社会需求等,都会影响政策的执行过程。2015年以来,国家提出美丽乡村、幸福家园、乡村振兴等战略,旨在改变农村的村容村貌、设施设备,让农村成为宜居的新家园。在这些战略的引导下,各地把住房改造与农村"脏、乱、差"治理和改水、改厕、改路、改灶(沼气)等工作结合起来,与灾后家园重建、村容村貌整理、新农村建设以及幸福安居示范村建设结合起来,有力地助推了社会主义新农村与美丽乡村、幸福家园等工程的进展。

同时,在个人的需求方面,改善农村居民居住条件,保障其住房安全,这对农村贫困户而言更是莫大的期待,特别是在自然灾害频发的山区和贫困地区,很多农民迫切期盼能住进安全宜居的新家。但是,政府的宏观战略与农民的微观需求之间有时可能会出现冲突。具体表现在以下几点。第一,出于统一规划、规范管理以及节约土地资源的考虑,政府的政策规定各地必须严格执行"一户一宅基地"政策,改造建设住房时或先拆旧屋后建新房,或建新房后必须拆旧屋。但"能建不能拆,建了新房难见新村"是农村危房改造中常见的情况。一些农民在异地建房之后仍然不肯拆掉老宅,有的是因为在老宅居住多年,感情深厚,舍不得拆掉;有的是因为考虑家族传统,认为老宅是家里祖辈留下来的,不能乱动乱拆;也有部分农民宁愿花十多万元翻新老宅,也不愿意拆老宅建新房,由此付出了巨大的改造成本,改造后的房子也未必能够达到政府的验收标准。第二,政府希望通过补助资金来加快危房改造的进程,而农民认为动土建房是人生中的一件大事,一般需要挑个好日子再开工,危房改造进度较缓慢,也给基层按时完成任务带来压力。产权分割难问题也困扰着危房改造政策的执行。在很多农村地区,老式泥砖房分为六面墙、八面墙,每面墙后面对应数个房间,一栋大的泥砖房里有数户人家居住。泥砖房是一个整体,如果要拆一个房间,就得同时拆除全部房间;只要有一户不答应,整栋泥砖房就没法拆。这些危房的改造相对于单一产权的危房要难得多,需要政府做大量的协调工作。第三,尽管补助标准从最初的5000元提高到后来的15000元,但随着物价上涨,各地农村住房改造成本普遍较高,即便按每户获得20000元补助计算(实际上部分市县级配套资金并未落实到户),离改造所需资金总额仍缺口较大。在财政资源有限、户均补助标准偏低的情况,一些贫困户即使被纳入了补助名单,也因为自筹能力有限,而不得不退出受补助的行列。

六、执行者的处置与回应

执行者的处置与回应包含三个要素:执行者对政策的认知(理解或认同)、执行者对政策的回应(接受、中立或反对),以及回应的强度。由于 G 省的社会经济发展不均衡,不同地区的地理位置、自然环境、风俗习惯以及建筑风格等存在较大差异,基层改造工作要按照省里的统一标准,如建设面积控制在 60 平方米以内几乎不大可能实现。这使得执行者在开展工作时常常处于矛盾状态:一方面,他们不敢降低发放补助资金及验收的门槛;另一方面,他们又要及时完成上级下达的改造指标,不能耽误改造的时间。各地对于住建部门的新要求,要么置之不理(为完成任务而通过其验收),要么只能暂时搁置(耽误验收和付款进度)。正如汕尾市海丰县某扶贫办工作人员所说的,"2014 年住建(部门)接手工作以后,发布的新规定跟实际情况根本不吻合,基层的干部真的很为难。验收吧,要是上级来抽查怎么办?不验收吧,他们已经建好了房子,按照程序必须将补助发给他们,很多补助对象也来催问什么时候发钱,而且每年都有新指标,补助没发下去,部门领导也要被约谈。我们也很头疼。2014 年,很多改造的房子都没有完成验收,我们到现在都不敢发放补助。"

在目标责任制的考核压力下,一些基层执行者完成任务心切,如为了确保任务完成,在一些村庄,只要是当年农户建房子,就把其列入补助名单,不管其是否符合补助资格要求。改造政策在一些地方的实施中变成了"普惠制",并没有真正发挥其"救急救险"的作用。从改造后的住房面积来看,调查者参与了 176 户补助对象的入户调查工作,其改造后住房面积在 120 平方米以上,或改造总投入在 12 万元以上的有 41 户,约占 23.3%。这说明基层执行者并没有通过控制建筑面积等手段来筛选真正的困难危房户。有时村干部为了应付验收检查,实在没办法,也会采用"移花接木"的手段。例如,在 S 市 L 县某村,村干部拿出改造对象的花名册,对核查组工作人员说这是他们村 2013 年改造的对象。但当核查组入户调查的时候,发现该农户只是"扶贫双到"帮扶对象,由对口帮扶单位给予了资助,并没有拿到其他农村危房改造的专项资助。再如,在 J 市 H 县某村,村干部提供的改造后的房屋照片与调查者实际看到的房屋在外观、地理位置等方面存在很大差异。这些都是在考核压力下,基层工作者出于自身利益的考虑采取的策略性行为。在访谈中,也有部门反映,为了争取更多的改造资金,基层在上报指标时都尽可能地多报,而到了要求配套资金以及考核改造绩效的时候,又想方设法地减少改造指标,这种心态及做法在各地具有一定的普遍性。

(改编自颜海娜.农村危房改造政策执行的影响因素分析——基于米特尔—霍恩模型的一个解释[J].学术研究,2017(6):56-62.)

拓展材料

第十八模块 政策执行综合模型实验实训

第一节 实验技术

一、政策执行综合模型的提出及含义

政策执行综合模型,也叫政策执行的变数模型。该模型是美国政策学家萨巴蒂尔(P. Sabatier)和马兹曼尼安(D. Mazmanian)于1979年在论文《公共政策的执行:一个分析框架》中提出来的,他们是较早对政策执行过程的变量进行研究的学者。他们认为,在政策执行过程中,起较大作用的主要变量包括三类:政策问题的可处理性;政策本身的规制能力;政策本身以外的变数。政策问题的可处理性包括:现存的能对政策问题加以处理的有效理论和技术及运用时的困难程度;标的集团行为的多样性;标的集团所占人口的比重;标的集团行为需要改变和调适的幅度等。政策本身的规制能力包括:明确和一致的政策目标;政策本身存在的合理的因果关系;充足的财政资源;执行机关内部的层次性整合;执行单位的决定规则;执行机构的人员征募;机构外人士的正式参与等。政策本身以外的变数包括:社会经济条件和技术水平;大众支持;传媒的持续注意程度与态度;支持集团的态度与资源;权威当局的支持;执行人员的工作热情和领导水平等。①

---

① Sabatier P, Mazmanian D. The condition of effective implementation: a guide to accomplishing policy objectives: A guide to accomplishing policy objectives[J]. Policy Analysis, 1979, 5(4):481-504.

二、政策执行综合模型的特点

萨巴蒂尔和马兹曼尼安的政策执行综合模型的一个特点是联系政策执行的不同阶段来考察变量对政策执行的影响。政策执行综合模型如图 18-1 所示。他们把政策执行的阶段划分为执行机关的政策输出、目标群体对政策产出的顺服、政策产出的实际影响、对政策产出所知觉到的影响、政策的主要修正五个阶段。

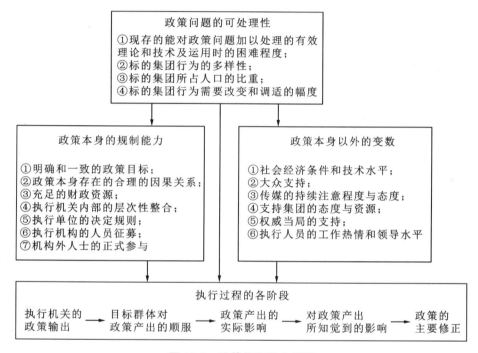

图 18-1 政策执行综合模型

三、"自上而下"模式与政策执行综合模型

20 世纪 70 年代中期以前,对公共政策执行的研究主要表现为若干分散的、独立的个案分析,其研究结论在于说明政府执行某项政策方案时的能力和效率。之后,学者对政策执行的研究在方法和成果上均具有更明显的综合性、分析性和比较性的特征。学者们都是"自上而下"地分析公共政策的执行问题。

"自上而下"分析路径的基本特征是,从政府的政策决定出发,考察政策目标是否能实现、何时实现以及怎样实现,即以政府决策者的政策决定为出发点或中心,重点考察以下问题:① 政策执行者和目标群体的行动在多大程度上与政策决定的要求相一致? ② 政策实施之后,政策目标在多大程度上得到了实现? ③ 影响政策产出及效果的主要因素是什么? ④ 政策是如何在实际经验的基础上被修正和调整的?

萨巴蒂尔和马兹曼尼安被认为是"自上而下"模式的主要代表人物。他们最早定义了影响政策执行过程的三大变量,即法律变量、政治变量以及"顺服性"变量的框架,以详细说明政策执行各个环节的各种影响因素及相互关系。他们认为,以下六个方面的因素构成了有效政策执行的充分必要条件:① 清晰而一贯的政策目标;② 充分的因果关系理论;③ 有助于执行者和目标群体的依法建立的执行程序;④ 敬业并具备工作技巧的执行人员;⑤ 利益集团与高级领导机关的支持;⑥ 社会经济条件的变化不危及政治支持和因果关系得以建立的基础。①

中国政策执行的现实路径就是以"中央制定政策,地方分解并执行政策"这样一种"层级加压""上令下行"和"高位推动"等为特点的"自上而下"模式。② 公共政策"自上而下"的研究途径建立在这样的假设之上:政策由上层制定和规划,再被分解和具体化为各种指示,以便于下层的工作人员执行。③ 这恰好符合中国政策执行的实际模式,因此,我们选取政策执行"自上而下"研究途径中最具代表性也符合本文研究实际的理论模型,即萨巴蒂尔和马兹曼尼安的政策执行综合模型。

四、政策执行的控制过程

政策控制通常分为反馈控制与前馈控制两种。反馈控制是政策的调控机构和人员通过掌握政策实施后产生的实际绩效的信息,发现偏差,分析产生偏差的原因,并实施纠正偏差活动的过程。前馈控制则是运用不断获得的最新的有关政策实施的可靠信息,对政策执行结果加以预测,将期望的政策执行结果同预测的结果加以对照,提前发现问题,制定纠偏措施,确保政策执行的实际绩效。政策控制的一般程序是由确立标准、衡量绩效和纠正偏差三个主要环节构成的。

1. 确立标准

只有确立一定的标准,才能衡量政策实施的绩效,并找出实际绩效和预期绩效之间的偏差。政策控制的目的是在政策实施后达到预定的目标,因此,政策控制的标准必须与政策目标相一致。但是,政策目标往往是一般的、原则性的。要将政策目标转化为政策控制标准,就必须将政策目标具体化,即把政策目标变成一系列可以计算的带有指标和数字的标准。对目标的标准化处理应做到以下两点:一是将政策目标按其时间和空间细化为阶段性的标准;二是将政策目标细化为可以衡量的标准,如成本标准、效率标准、收益标准等。

2. 衡量绩效

衡量绩效的目的是获取政策实施一定阶段后的实际效果。衡量绩效要坚持全面性和准确性原则。所谓全面性,是指政策调整者掌握的政策实施的结果信息是全面的,而不是

---

① 宋锦洲.公共政策:概念、模型与应用[M].上海:东华大学出版社,2005:122-123.
② 定明捷.中国政策执行研究的回顾与反思(1987—2013)[J].甘肃行政学院学报,2014(1):17-28.
③ 刘伟忠.现代西方政策执行研究的路径与意义[J].江海学刊,2006(4):211-216.

片面的。在政策绩效中,不仅要包括正面的、积极的效果,而且要包括负面的、消极的效果;不仅要有显露出来的效果,而且要有未完全暴露的效果。所谓准确性,是指政策控制者掌握的政策实施的效果必须是真实、可靠的。

政策实施的绩效会作为反馈信息传递到政策制定、执行的监控主体那里。这类信息主要包括三种:一是政策执行机构调查收集的政策绩效信息,这类信息容易受到重视,但准确性、全面性不够;二是公众尤其是政策目标群体反馈过来的政策绩效诉求信息,这类信息较为真实,但不易受到重视;三是政策监控主体提供的政策绩效信息,这类信息具有较大的权威性。

3. 纠正偏差

政策控制的目的是消除政策实施中的偏差,使政策顺畅运行。当有关政策实施的阶段性绩效的信息汇总到政策控制中心时,政策控制主体先要依据标准找出预期绩效即预期的某个阶段的政策效果、效率和效益,并将它们与政策在同一阶段上实施所取得的实际绩效即实际的效果、效率和效益加以对比,从中发现客观存在的偏差。

在寻找偏差时,必须确定偏差的类型。有些偏差是合理的偏差,有些是不合理的偏差,有些则是不能允许的偏差;有些是客观条件造成的偏差,有些则是主观因素造成的偏差。

发现并确认偏差之后,就需要寻找产生偏差的原因。这时可以进行政策的回溯分析,即回溯分析政策的目标、内容、作用范围、发生效力的时间、实施的方法等。确定调整的形式,确定是进行政策撤换、政策更新,还是进行政策增删、政策修正。如果采用后两种调整形式,还要确定调整的内容。

然后,就是制定调整方案,主要是确定调整的时机、调整的力度和调整的周期。政策调整必须选择适当的时机,一般选在政策执行的前一阶段结束而后一个阶段还未开始时,这样避免引起执行中的混乱。选择调整的力度也很重要:调整力度过大,会引发相关工作人员的思想混乱,使他们在心理上难以承受;调整力度过小,又会导致调整不到位。政策调整还必须控制在一定的周期内:时间太短,调整工作粗糙;时间过长,又会影响政策运行的时效。[①]

---

① 宋锦洲.公共政策:概念、模型与应用[M].上海:东华大学出版社,2005:126-127.

第二节 实验设计

一、实验目的

通过对政策执行综合模型的设计,使学生了解并且掌握公共政策执行过程中的主要变量,了解三类变量对政策执行带来的影响,为今后的理论与实践学习打下基础。

二、实验步骤

1. 归纳整理以上有关公共政策执行模型的学者的观点。
2. 熟练掌握萨巴蒂尔和马兹曼尼安的政策执行综合模型,寻找一个典型的案例作为材料。
3. 通过分析案例的方式,找出案例与学者观点之间的契合点。
4. 将问题与学者理论中的知识点一一对应。

三、实验要求

1. 利用中国知网找出参考文献以及有关案例。
2. 理清其中的关系,并通过构建框架图表的方式表现出来。
3. 综合学者观点以及现实案例,将图表信息表达清楚。

四、实验成绩

序号	实验要求	分值
1	选用真实的案例	20
2	将选取的案例与模型紧密结合起来	40
3	按照实验方法中所给的步骤展开分析过程,准确描述影响因素	40

五、思考题

1. 你认为政策执行综合模型最关键的环节是什么?
2. 政策执行综合模型最主要的特点是什么?

第三节 实验材料

排污费征收政策执行力不足

中国改革开放以来,曾经存在着"经济增长与环境污染同步"以及"出台污染治理举措数量与污染程度同步"的怪象。2014年4月24日,第十二届全国人民代表大会常务委员会第八次会议修订通过《环境保护法》,修订后的《环境保护法》自2015年1月1日起施行。它首次将生态保护红线写入法律,这表明本届政府决心花大力气来治理环境污染。在这之前的历届政府其实都高度重视环境保护,投入了大量资金,出台了许多严厉的政策来解决污染问题。其中,排污费征收政策就是一项欲将企业排污的"负外部成本内部化"的重要经济性措施,这对中国的污染减排和防治起了关键作用。从1979年开始征收排污费到2003年7月1日《排污费征收使用管理条例》实施前,全国共征收排污费671.75亿元,其中用于污染治理的资金约为392.5亿元;该条例实施后,到2009年6月底,全国征收排污费807.75亿元,30年累计征收排污费1479.5亿元。但地方政府的经济发展地方保护主义观念、排污费征收政策执行监管的缺失,以及环保部门"条块分割"矛盾等原因,导致排污费申报数据不真实、地方政府"宽松执法"(类似于协议收费和违规减免等政策执行不到位)等情况出现,这些都使排污费征收政策在实际实施过程中,并没有实现将排污企业"负外部成本内部化"的政策目的。从2007年到2011年底,全国各地区(西藏除外)排污费开单总额约为927.28亿元,而入库总额约为882.18亿元,其中还存在45.1亿元的差额;[①]2010年至2013年底,全国各地区(西藏除外)国家重点监控企业排污费征收开单金额与入库金额差额总额约为79.38亿元。[②] 排污费征收存在如此大的差额,就可能存在排污费征收政策现实与政策目标的偏离,排污费征收政策的执行力也就大打折扣。

---

① 数据来源于2007年至2011年《中国环境年鉴》以及国家环保部(2008年3月组建,2018年3月撤销)、生态环境部网站相应年份有关排污费征收数据的统计结果,数据保留了小数点后两位,与实际数据略有出入。
② 数据来源于国家环保部、生态环境部网站2010年至2013年国家重点监控企业排污费征收公告数据统计结果。

第四节 实验报告

院系			专业		
班级		姓名		学号	
实验教师		成绩		日期	
实验名称					

一、实验目的

二、实验原理

三、实验步骤

四、实验数据（如有，请简要列出）

五、实验结果

六、讨论分析（完成指定的思考题和作业题）

七、实验总结及改进实验的建议（如有，请简要列出）

备注：

第五节 实验答案

排污费征收政策执行综合模型分析

作为一项经济激励型环境政策，排污收费制度于20世纪60年代末到70年代初在经济合作与发展组织（OECD）国家中产生，中国也在1979年的《环境保护法》中首次提出排污收费制度，所以，国内外学者都对排污费征收政策进行了相关的研究。关于排污费征收政策执行和执行力影响因素以及问题和对策的研究，国内外学者存在相似的研究视角、理论和方法。

萨巴蒂尔和马兹曼尼安将影响政策有效执行的因素概括为三个方面，如表18-1所示。

表18-1 影响政策有效执行的因素

因素	具体解释
问题解决难易程度	① 技术难度 ② 目标群体行为的差异性 ③ 目标群体占总人口的比例 ④ 要求改变行为的程度
法令控制力	① 目标的精确性和重要性 ② 因果理论的符合逻辑性 ③ 财政资源的最初分配 ④ 执行机构内部或执行机构之间的融合程度 ⑤ 执行机构的决策规则 ⑥ 政策执行人员对法令的认同程度 ⑦ 外部人员的正式接触渠道
非法令因素	① 社会经济状况和技术水平 ② 公众的支持 ③ 追随者的态度和资源 ④ 统治者的支持 ⑤ 执行官员的奉献精神和领导技能

借鉴萨巴蒂尔和马兹曼尼安提出的政策执行综合模型,以及他们对影响政策有效执行因素的分析,我们可以构建排污费征收政策执行影响因素的理论框架,如表 18-2 所示。

表 18-2 排污费征收政策执行影响因素的框架

因素	具体解释
政策问题的可处理性	企业治污成本
	工业能耗水平
	环境污染指数
政策法规和制度因素	中央环境政策
	地方环境政策
	地方经济自主能力
非法规和制度因素	政府政策执行机构的数量
	政策宣教次数
	公众参与水平

一、政策问题的可处理性

首先,从排污费征收政策本身的视角来看,现行的政策存在因上门收费而产生的大量经济成本、排污费征收人为因素导致的执法不严以及排污费征收政策执行"目标置换"等问题,所以可以通过建立窗口式收费服务来降低政策执行成本,并减少人为因素的干扰。甚至有学者认为排污费征收政策对于污染的治理是无效的,最大的挑战来自其执行不力。

若企业治污成本大于排污费征收政策带来的收益,那么企业将不会配合排污费的缴纳,反之,则企业会配合排污费的缴纳。而在目前看来,排污费的缴纳更多的是给企业带来经济负担,环境效益对企业并没有带来直接经济利益。所以,在限定总成本的情况下,企业为了尽可能控制成本,其治污成本与排污费的成本总是一种此消彼长的关系。

其次,对于地方政府来说,中央政府对"十一五"和"十二五"节能减排计划、"两型社会"(资源节约型和环境友好型社会)建设、加快淘汰落后产能和积极推进产业转型升级,以及对环境绩效的不断重视,都对地方政府造成了相当大的压力。

二、政策法规和制度因素

较弱的政策规制能力会造成执法不严,中央政府推动地方政府的发展主要遵循两条逻辑:财政激励与政治激励。中央政府根据自身政策意图来调控地方政府行为,地方政府对财政和政治因素进行权衡,以回应中央政策。在目前"自上而下"的环保政策执行模式下,地方政府迫于上级压力不得不加强排污费征收政策的执行力度;随着中央政府政策目标由 GDP 增长向环境、民生等方向转移,地方政府为响应中央政策目标,出台相应环境政策,这也是一种增强政策执行力的表现。其次,自20世纪90年代推行财政分权以来,地方政府基于"逐利经济人"的一面,会对某些归入本级财政的税费政策表现出较强的积极性,比如"土地出纳金"和"排污费"等。

三、非法规和制度因素

仔细观察发展中国家环境保护的历程,我们可以发现问题的关键在于政策。首先,在政府政策执行机构数量方面,有研究认为,由于某些地方环保机构资源投入较少,例如人力、物力和财力等资源欠缺,政策到达地方后难以执行,从而影响排污费的征收。其次,政策宣教次数也是重要的影响因素。政策宣教属于政策执行阶段的准备环节,政策目标群体对政策的理解和接受程度直接影响政策的执行力。环境宣传教育作为改变个体态度和行为最有效的方式之一,有利于培养公众及企业主的环保意识,实现可持续发展。最后,公众参与水平也是环境保护政策得以落实的重要因素。公众环境信访投诉等环保诉求对环境污染治理和环保政策执行有显著影响,不少研究认为应将公众的环境诉求纳入环保执法,因为这样会给执法部门造成一种民意压力,从而促使执法部门加大政策的执行力度。

(改编自郑石明,雷翔,易洪涛.排污费征收政策执行力影响因素的实证分析——基于政策执行综合模型视角[J].公共行政评论,2015,8(1):29-52+198-199.)

拓展材料

第十九模块 政策执行中政治势能模型实验实训

第一节 实验技术

一、政治势能的概念

政治势能是指公共政策发文的不同位阶所展示出的不同强弱程度的政治信号,它是中国共产党的核心理念的政治表达,政策文件出台时的位阶是政治势能强弱的重要标志之一。政治势能有三层含义。一是"党的领导在场"。中国共产党是中国的最高政治领导力量,是对国家和社会发展方向全面领导的核心,因此,需要通过"党的领导在场"来产生凝聚力,整合跨部门利益,解决政策执行的碎片化问题,并营造一种有利于政策执行预期的事态演变的趋势。二是"构建权势"。利用党政联合发文,将公共政策上升为党的议题,提高了公共政策的政治位阶,政策主管部门赋予公共政策更高的政治意义。为执行政策而成立的工作领导小组,其功能在于统一思想、释放信号并且由平台进行以任务为导向的分工和整合。三是"借势成事"。当特定的政治位阶、政治信号或政治表征进入公共政策时,能够很快为其中的地方官员所察觉和识别,进而诱发或催化他们的政策变现过程,触发他们的政治意识,调动他们的积极性。各级地方政府可以施以各种造势,让下级感受到一种动而不可止的势能,对在场的或即将入场的地方官员产生影响力,对"逆势而行者"产生阻遏、阻止或改变行进方向的作用,对"顺势而行者"则起到推动作用,改变政策执行或政策变现的进程速率。

二、政治势能与政治信号的差异

首先,政治信号只是指政治信息的一种呈现形式,它不能把影响公共政策执行的理性行动、情势和政治—行政互嵌三种因素都涵盖进来,而这些因素都会影响公共政策执行,进而体现公共政策执行的不同特征。而政治势能能够将这三种因素都涵盖进来,进而反映公共政策执行的不同理路特征及集合。其次,政治势能可体现公共政策执行的历时性特征,而政治信号只能反映公共政策执行的共时性特征。最后,政治势能背后的位阶反映了中国政治制度下的政党部门的权力地位,而政治信号不能完全反映某种特定的政治制度安排,它只能传递某种强弱不同的信息。在中国政治制度的演进过程中,政治势能是中国共产党建党立国的重要基础,它帮助党在险恶的政治环境下凝聚思想和战斗力,以强大的意识形态、有效的组织动员取得政权,并在革命、建设和改革的历史进程中统一意志、推进决策执行,以促进经济社会的全面发展。因此,政治势能具备很强的政治功能,也是政治控制和政策执行的重要特征,它常见于每届党的领导集体对各级官员在各种场合的教育训导,它是对中国各级官员的根本要求,它是衡量一个地方官员在政治上是否成熟的根本标准,它有着丰富的内涵,包括政治方向、政治立场、政治观点、政治纪律、政治鉴别力和政治敏锐性等方面。在此制度下的组织一旦遇到政治势能强大的公共政策,各级执行主体可以克服惰性和部门割裂,具有很强的效能和执行力。换言之,假定其他影响因素不变,政治势能越强,则政策变现越快。

三、政治因素对政策执行的影响

有学者提出,影响公共政策有效执行的政治因素主要包括三个方面:一是公共政策本身与执行主体的合法性,基于这种合法性的权威—服从关系,政策能够得到比较容易和有效的实施,而且实施政策所需的人力和物力耗费也会较少;二是权威性和权力性,公共政策有效执行需要权威,也需要权力,离开权威和权力,公共政策的执行就会成为一句空话;三是有效的监控,加强对公共政策执行者的监督和控制十分重要。[①]

上述因素能够在一定程度上解释如何有效执行公共政策。不过,如果用政治权威对此进行概括的话,就有点循环论证的味道,不能充分揭示公共政策有效执行的权威机制。政治权威强调的是自上而下、较长时段的政治影响力,也就是说权威是稳定的,而由于公共政策往往是在短时段内被执行的,政治权威很难快速对具体情势做出策略性调整。

现有的各类研究从理性行动理论、情势理论、政治—行政互嵌理论三种视角出发,对影响公共政策执行的因素进行了细致的挖掘与归纳(见图19-1)。

从理性行动理论视角展开的研究主要聚焦于地方政府及其官员的行为。国内外学者均认为,地方政府,包括企业型政府、掠夺型政府以及发展型政府,在履行经济发展职能

---

① 高建华,崔运武.公共政策有效执行的政治学分析[J].中国行政管理,2006(2):41-43.

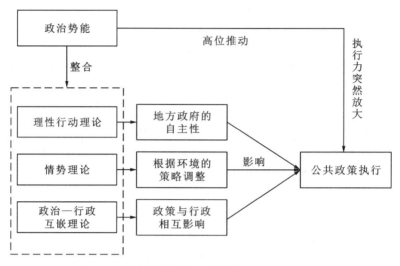

图 19-1　政治势能推动公共政策执行的理论框架

时,往往忽视承担公共服务职能,这凸显出地方官员在政策执行的委托—代理结构中的自利性。竺乾威认为,地方政府官员某种程度的自利考虑是执行行为背后的动力。[①]

欧博文与李连江等学者提出了"选择性执行"理论[②],该理论认为由于体制内存在分权式的干部责任制和考核体系,地方官员有动力去完成目标明确、可以量化、带有"一票否决"性质的"硬指标",却容易忽视目标模糊、难以量化和约束力不强的"软指标"。此外,部分地方政府还有各种"变通执行"策略,包括钻政策空子、打政策"擦边球"、补充文件、"改头换面"等,这些都被视为"上有政策,下有对策"的执行偏差。由于政府内部决策导致利益相关者难以真正介入政策制定环节,他们只能在执行过程中通过寻租或组建利益同盟来趋利避害,造成"执行软约束"。周雪光和练宏认为,政府内部的行动者上下级之间形成了不完全契约,存在着"讨价还价"和"共谋"的现象,它以非正式制度化的方式存在于体制内。[③]

情势理论着重从中央政府、地方政府和政策所处的环境(社会、经济、文化、政治环境)之间的相互作用来研究公共政策执行。该理论认为,构成执行情势的基本要素包括政策本身的特征、政策执行者拥有的资源与所处的社会政治结构网络。通过对这些情势要素的剖析,可以发现制度结构对执行者认知与行为的影响。他们认为,公共政策执行是一个动态变化的过程,中央政府、地方政府、政治制度、组织结构、激励机制等因素均会影响公共政策的有效执行,因而不存在一种固定不变的政策执行模式。有效的政策执行模式应该随着各类权变因素的变化而改变。中央和地方政府会根据情势变化而做出相应的战略或策略调整,从而使得政策执行呈现出复杂性和动态性的特征。在马特兰德(Matland)构

---

① 竺乾威.地方政府的政策执行行为分析:以"拉闸限电"为例[J].西安交通大学学报(社会科学版),2012,32(2):40-46.

② O'Brien K J, Li L J. Selective Policy Implementation in Rural China[J]. Comparative Politics, 1999, 31(2): 167-186.

③ 周雪光,练宏.中国政府的治理模式:一个"控制权"理论[J].社会学研究,2012,27(5):69-93+243.

建的政策执行"模糊—冲突模型"中,执行情势是影响政策执行的重要因素,政策的执行者会在一定的情况下转变执行方式。①

政治—行政互嵌理论认为,在公共政策研究中,威尔逊、古德诺等所依据的政治与行政二分的原则是与现实不相符的,事实上,行政官员在执行公共政策方面有着很大的主动性,在政策制定过程中也常常需要咨询政治家,听取他们的建议。因此,政治家是政策形成的主要来源。政治最重要的活动就是公共政策的产出,政治过程也是公共政策的制定与评估过程。行政本身就是构成政治的一个重要组成部分,地方官员在执行政治任务的过程中,会不断地做出因地制宜的政治性决策,这些决策同样也是国家意志的体现。特别是在中国的行政体制下的公共政策执行,有时候需要借助政治性力量来解决问题,如成立政策执行的领导小组。

---

① Matland R. Synthesizing the Implementation Literature: The Ambiguity-conflict Model of Policy Implementation[J]. Journal of Public Administration Research and Theory, 1995, 5(2): 145-174.

第二节 实验设计

一、实验目的

通过政治势能实验和案例分析的设计，使学生清楚地认识公共政策执行的影响因素，便于推动公共政策的有效实施。

二、实验步骤

1. 根据所给材料分析政策的制定者、执行者、参与者分别指的是什么。
2. 分析材料中政策执行的影响因素。
3. 总结材料中政治势能在政策执行中发挥的作用。

三、实验要求

1. 选用真实的案例。
2. 案例要与模型紧密结合。
3. 准确描述政治势能对政策执行过程的影响。

四、实验成绩

序号	实验要求	分值
1	选用真实的案例	20
2	要求与模型紧密结合	30
3	准确描述政治势能对政策执行过程的影响	50

五、思考题

1. 政治势能对公共政策执行可能产生哪些影响？
2. 政治势能与其他方法相比，对推动政策执行是否更具优势？

第三节 实验材料

中国林业改革政策的发展历程

中国近 20 年的林业改革(简称林改)政策可以分为四个阶段,每个阶段有不同的特征(见图 19-2)。第一阶段,政治势能弱,激励机制弱,政策变现力低且阻碍重重,呈现中央不够重视、地方难突破的局面。第二阶段,政治势能强,激励机制弱。随着政治势能的加强,政策变现力也明显增强,但未及预期,呈现中央重视、地方执行但配套激励不足的局面。第三阶段,政治势能强,激励机制强,特别是 2012 年党的十八大后,中央将生态文明建设放在突出的位置,并将其融入经济建设、政治建设、文化建设、社会建设各方面和全过程,呈现出中央全面重视、地方积极执行的局面,政策变现力强且达到了预期。第四阶段,政治势能弱,激励机制强。随着政策重要性退潮,政治势能随之降级,政策变现回归常态,但业已形成惯性和制度化,可以继续维持在高位盘整。需要说明的是,2016—2018 年为政策变现的时间,因此本实验材料中的数据统计截至 2018 年。

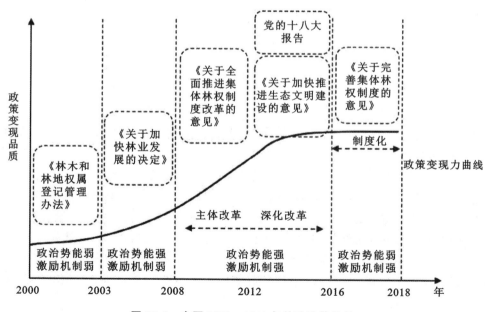

图 19-2 中国 2000—2018 年林改政策趋势

20世纪80年代，我国农村耕地已经实现"分田到户"，但是农村大部分集体林地却一直没有实施"分山到户"的承包责任制，农村集体林地的经营效率低下，农村集体林业发展面临着体制机制的问题。作为当时主管部门的国家林业部一直试图推动农村集体林地改革，2000年12月，已更名为国家林业局的林业主管部门选择福建省进行林改试点。福建省谨慎地选择了武平县作为实施"集体林地林木产权改革"的试点县，之后要求各县（市）跟进参与。此次改革以"林业三定"①时农户承包经营的山林为基础，确权颁证，并发证到户，整个改革于2003年基本结束。

2003年后，党中央提出了树立和落实全面发展、协调发展和可持续发展的科学发展观。党中央明确了科学发展观指导下的重要目标之一是建立资源可持续和环境友好型国家。在这一背景下，中国林业的改革与发展开始进入党中央的视野。2003年，中共中央、国务院发布了《关于加快林业发展的决定》。该决定第五条提出"深化林业体制改革，增强林业发展活力"，该决定中的其他内容主要关于加强林业产业发展，该决定的发布使得林改的政策政治势能陡然增强。根据该决定，确定福建、江西两省为林改主要试点省份，并分别于2003年、2004年实施农村集体林改。该决定从宏观角度对两省实行林改的基本格调和路径进行了清晰的说明，两省基本上按照该决定的精神来设计彼此的林改路线、方针和政策。两省的省委都分别成立林改工作领导小组，以协调一定的财政资源、人力资源和行政权力，推动地方政府执行政策。

2008年，在两省林改试点的基础上，党中央决定将改革政策在全国范围内全面推广实施。2008年上半年，中共中央政治局常务委员会和中央政治局会议先后研究部署推进集体林权制度改革等工作。2008年6月8日，中共中央、国务院《关于全面推进集体林权制度改革的意见》正式颁布，该意见具有强大的政治势能。2009年6月，首次中央林业工作会议召开，会议强调集体林权制度改革是农村经营制度的又一重大变革，这迅速调动了各省市的执行力度。在"高位推动"下，各省均在一年内召开了林业工作会议。其中，占全国70%的集体林业资源的南方17个省份，全部都是省委书记或省长出席各省的林业工作会议，北方集体林区各省也大都由省委副书记或主管副省长出席工作会议。地方党委政府迅速调动各种资源，采取"五级书记抓林业、五大班子搞林改"的组织形式，全面建立省、市、县、乡、村五级工作领导小组。

在需要深化改革的关键时间点——2012年11月，党的十八大提出"建设生态文明，是关系人民福祉、关乎民族未来的长远大计"。此次会议通过了《中国共产党章程（修正案）》，将"生态文明建设"写进党章，提出中国共产党领导人民建设社会主义生态文明，树立尊重自然、顺应自然、保护自然的生态文明理念；强调必须按照中国特色社会主义事业总体布局，全面推进经济建设、政治建设、文化建设、社会建设、生态文明建设。在"势之使然"下，2013年中央一号文件明确提出，要深化集体林权制度改革，提高林权证发证率和到户率。这对地方执行深化改革政策起到了至关重要的作用，很多地方领导都表示要身体力行，践行生态文明理念，进一步深化集体林权制度改革。各地各部门相继出台深化林

---

① "林业三定"，是指中共中央、国务院在1981年3月8日发布的《关于保护森林发展林业若干问题的决定》中确定的稳定山权林权、划定自留山、确定林业生产责任制的林业发展方针。

改的政策,快速形成了政策群。

2016年11月,国务院办公厅印发了《关于完善集体林权制度的意见》。就激励机制层面来说,国务院办公厅出台的这份意见涵盖提供资金、项目、人员、技术等方面的支持。同时,这份政策文件也批准了国家林业局提出的"集体林业综合改革试验示范区"的方案,按规定,入选为试验区的县市可得到优惠政策,如林业补贴政策、政策性贷款、信贷融资、林权抵押贷款。[①] 总的来说,这份由国务院办公厅为发文单位的政策文件虽然政治势能不是最高的,但因带有"政策特区"的激励机制,也取得了一定的成效。[②]

(改编自贺东航,孔繁斌.中国公共政策执行中的政治势能——基于近20年农村林改政策的分析[J].中国社会科学,2019(4):4-25+204.)

[①] 国务院办公厅关于完善集体林权制度的意见[EB/OL]. [2016-11-25]. http://www.gov.cn/zhengce/content/2016-11/25/content_5137532.htm.
[②] 詹学齐,潘子凡,黄尚才.坚持实践探索 推进集体林业综合改革试验示范区建设[J].林业经济,2016,38(1):33-37.

第四节 实验报告

院系			专业	
班级		姓名		学号	
实验教师		成绩		日期	
实验名称				

一、实验目的

二、实验原理

三、实验步骤

四、实验数据（如有，请简要列出）

五、实验结果

六、讨论分析（完成指定的思考题和作业题）

七、实验总结及改进实验的建议（如有，请简要列出）

备注：

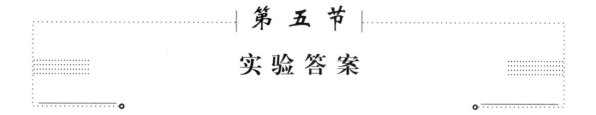

第 五 节
实 验 答 案

我国农村林改政策的政治势能模型分析

在上述中国近 20 年的农村林改政策案例中,我们发现相关重要政策文件,如《林木和林地权属登记管理办法》(2000 年 12 月)、《关于加快林业发展的决定》(2003 年 6 月)、《关于全面推进集体林权制度改革的意见》(2008 年 6 月)、《坚定不移沿着中国特色社会主义道路前进 为全面建成小康社会而奋斗》(2012 年 11 月)和《关于完善集体林权制度的意见》(2016 年 11 月),发文单位涉及国务院、国家林业局等。发文主体的不同位阶对应了不同的政治势能,是促使农村林改政策执行力发生变化的主要动因,进一步印证了中国公共政策变现中存在的政治势能因素及其所蕴含的能量的强弱。在政策发布、实施过程中,国家部委会以政治势能推动政策执行,而地方政府会根据政治势能强弱做出策略性调整。

一、政治势能是中国特色社会主义制度赋予政策执行的内在特征

中西方政府在解决政策执行的"跨部门利益"和"层级性问题"的碎片化问题过程中,都会采用不同的政策工具,这受到政府所处的政治制度、自身的政府组织结构、权力格局、政治和行政文化、绩效评估、问责制度、官员个人特质和地方政治环境等因素的影响。西方国家一般采用部际委员会、局际合作机构、府际委员会、特别工作小组、高层网络组或项目、政府理事会等政策工具。但在西方国家能发挥作用的政策工具,在我国不一定行得通。对于我国来说,有时需要运用政治势能这一政策工具来走出跨层级(中央—地方)、跨领域、跨部门合作的困境,达成政策执行各主体的整合和协调。学界一般用理性选择理论来解释跨部门机关和层级性地方政府的政策执行行为,但这种解释套用了利益主导模式,因而过于表面化。我们要结合我国的政治文化背景去分析政治势能的发生机制。

大体来看,政治势能从出场到产生作用,一般要经过六个层次。

第一层为"趋势",即实施某一项公共政策的政治势能氛围有不断增强的趋势。就生态与资源类型公共政策领域来说,进入 21 世纪后,从"科学发展观"到"生态文明建设",再到"五大发展理念"等宏大目标氛围不断累积,成为该类公共政策文件出台的背景或依据。以近 20 年林改政策出台为例,近些年之所以林改取得卓越成效,不容忽视的是国际国内

已经形成了关于林改的形势,如全球气候变化、生态文明建设和绿色发展的需要、农村土地改革势在必行和耕地改革延伸到林地改革的时机已到等。在政策文件中的第一部分一般会有内容对此进行说明,并将党的最高领导人的讲话原文吸纳到政策文本里,作为政策实施的根本指引。

第二层为"权势",指权力的影响力或者实施公共政策的领导权,根据宪法序言确立的"坚持中国共产党的领导"原则,中国共产党在整个国家政治生活中居于领导地位。它包含两个方面的内容,一是政策发文单位的不同位阶可展示出不同的政策势能。例如由中共中央、国务院名义发文,或中共中央办公厅、国务院办公厅名义发文,或与相应中央部委联合发文,抑或部门自行发文,都蕴藏着不同的"权势"。如果国家部委能争取到和党中央的部委联合发文,就具备了较高的"权势"位价。

第三层是成立工作领导小组。以林改政策为例,实施林改政策需要成立林改专门领导机构,坚持党的"一把手"负责制。这个时候,中共中央办公厅、国务院办公厅可能会联合发出关于成立××工作领导小组的通知。各权力层级会依次相继成立,如在省级,成立省委书记任第一组长,省长任组长,省委副书记、省委常委、副省长任副组长,林业、公安、司法、财政等有关厅局长任组员的集体林权制度改革工作领导小组,并设立省林权制度改革办公室,抽调若干有工作经验的同志组成工作专班。各市、县、乡(镇)、村也相应成立以书记、支书为组长的林改领导小组,形成"一把手"亲自抓、分管领导具体抓、相关部门合力抓的权力机制,呈现出明显的权威性和强制性。

第四层是声势、造势,这是一种情境动员。当林改执行的具体政策下达后,中央媒体会密集地展开宣传攻势,相关中央国家各部委领导人会有重要讲话,形成"影响深远、意义重要"的阵势,这就是中国公共政策执行的"宣传发动阶段"。这是政策执行的中国特色之一,即充分利用宣传工具,制造舆论优势。在中国,实行的是"党管宣传"这一宣传体制,党的各级宣传机构会配合林改政策的执行机构(主要是林业部门),通过宣传、座谈和听证等方式,促使干群从思想上接受新政策。

第五层为"概化信念"[①],这是指公共政策传播后形成的观念共识。以林改政策为例,在政策颁布初期,不少地方的基层干部怕毁林、怕惹麻烦、怕断了集体财路,林业部门职工顾虑"两金"减免后工资没有来源、经费没有保障,部分林农担心改革会出现"推倒重来",剥夺他们的现存利益。但广大干部职工在学习领悟相关文件的精神后,统一了思想,形成了共识,如林改是为了建设生态文明和绿化国土,需要用新一轮林权制度改革来适应社会主义市场经济发展浪潮。同时,政策激励机制触发了他们的利益选择,调动了基层干部的积极性,这种"势态"必然调动各级干部参与的热情,并因责任感而强化改革的信念和决心。

第六层为"借势做事"。经过上述五个层次"势能"的累积后,全社会上下已形成强大的氛围,从而快速地开启政策执行的窗口。第六层次能对逆势而行者产生阻遏作用,对顺

---

① Smelser N J. Theory of Collective Behavior[M]. New York: Free Press, 1962.

势而行者产生加速作用,改变政策执行过程的速率,触发和增强跨部门合作机构及地方政府的政策执行力。

二、政治势能行为的制度化与中国公共政策的良性落地

首先,从政策制定的科学性来看,附有政治势能的政策追求内容宏观,但对政策执行的技术性和专业性细节描述较少,政策行文中较多使用"鼓励""支持"这类词语,对于如何具体操作,政策文件并没有详细展开。按照政策起草的特点,大部分政策文件由职能部门的中层领导起草制定,他们往往用较长篇幅强调政策的政治势能,而对于需要具备哪些条件、是否具有稳定的预期、执行过程是否科学合理、是否遵循市场规律、是否符合法治原则等,则较少做出考量和阐释。

其次,频繁采用高压的政治势能,会在一定程度上导致忽视或替代体制常规化、制度化建设,这只能治标不能治本,很难实现长效的治理绩效。一旦高政治势能的公共政策出现极化现象,在面临重要决策时,信息传递被阻滞,从而导致出现"坐等上令"的情况。例如,如果明知有事关重大的政策应执行,但相关地方政府依然无动于衷,要坐等上级或同级领导亲自批示后,才会重视执行,并把这变成标榜政绩的一个途径,这样肯定就会与原来的政策目标相脱离。

最后,高政治势能的公共政策往往被理解成为"上级制定、下级执行",造成上下级政策交流不足,缺乏实践性。例如,一些地方不敢对政策做因地制宜的改变,并且逐级效仿,最后演变成谁也不敢对上级政府制定的政策提出建设性意见。

上述因素有可能导致高政治势能的政策变现优势发挥不出来。为避免出现以上情况,政治势能行为可通过以下三个途径来实现制度化。

一是推进"党的领导"的具体化和制度化。作为基本原则的党的领导需要具体化,重大领导行为需要制度化。制度化包括对部分重要执政行为的法制化。全面依法治国理念的提出,客观上要求将"党的领导"具体化和制度化。在制度建设中,需要将理念上的"党的领导"转化为更为具体的"依法执政"。在颁布"意见""通知""条例"等附有高政治势能的公共政策时,也要对党规与国法的制定原则、权限、程序做出明确的规定。正如有学者所言:"创设一套制度化规范化的领导体系,是改革开放40年后提出的又一个重大课题。"[1]

二是尊重地方的自主性。控制与治理悖论是中央集权体制常遇到的困境,可以通过尊重地方自主性来突破这一困境。这就要求地方政府在地方治理时,结合当地的现实情况,在处理与中央、市场、社会的关系时,能独立、能动地处理问题。概括地说,基层官员并不是中央政策职能的"复印机",他们应该有能力对政策在地方的实施做出控制和选择。例如,近年来林改政策变现的成功关键是遵循"统一指导、具体实施、各显其能"的运行逻

---

[1] 桑玉成.着力推进党领导一切原则下的党政领导制度化规范化建设[J].探索与争鸣,2019(2):80-85+143.

辑，而非机械式的执行。地方政府、部门的主观能动性在其中发挥着积极作用，它们会根据自身情况去整合、协调各种关系，最终实现目标。

三是将高势能公共政策嵌入科层的常规政策执行体系之中，使其构建新的常规化运作（执行主体、执行机制、执行模式、分工与专业化），并与"制度化"的公共管理体制进行整合，使之融入现代国家政权建设的结构化过程。

（改编自贺东航，孔繁斌.中国公共政策执行中的政治势能——基于近20年农村林改政策的分析[J].中国社会科学,2019(4):4-25+204.）

拓展材料

第二十模块 政策工具选择实验实训

第一节 实验技术

一、政策工具概述

政策工具是政府治理的手段和途径,是政策目标与结果之间的桥梁。在执行公共政策时,选用何种政策工具以及用哪一种标准来评价该政策工具的效果,对政府能否达成既定政策目标具有决定性影响。[①]

1. 政策工具研究兴起的背景

第一,它是理论与实践相结合的产物。学术与实践的密切结合刺激了更多的学者投身于解决实际社会问题,也推动了对政策工具的研究。

第二,这是政策执行的现实需要。政策工具研究致力于解决看起来简单却难以回答的社会问题,它根据目标和途径来对政策进行思考,这就使政策工具研究为公共管理做出了实际贡献。

第三,解决政策失败问题的关键在于建立和发展一门政策工具理论并将它付诸实践,因此工具研究领域的倡导者长期以来都得到了人们政治和意识形态方面的支持。

---

① 陈振明.公共政策分析导论[M].北京,中国人民大学出版社,2015.

2. 政策工具的内涵与分类

(1)政策工具的内涵。

政策工具是指人们为解决某一社会问题或达成一定的政策目标而采用的具体手段和方式。

(2)政策工具的分类。

我们将政策工具分为三大类,即市场化工具、工商管理技术和社会化手段。

市场化工具指的是政府利用市场这一资源有效配置的机制,来达到提供公共物品和服务的目的的具体方式,民营化、用者付费、管制与放松管制、合同外包、分权与权力下放、内部市场、产权交易等都可以用来帮助政府达成政策目标。

工商管理技术是将企业的管理理念和方式运用于公共部门,以此吸取有效经验,达成政府的政策目标,它包括战略管理技术、绩效管理技术、顾客导向技术、目标管理技术、全面质量管理技术、标杆管理技术和企业流程再造技术等。

社会化手段是指政府更多地利用社会资源,在一种互动的基础上实现政策目标,如社区治理、个人与家庭、志愿者服务、公私伙伴关系等。

3. 政策工具的四种研究途径

政策工具的四种研究途径包括工具主义、过程主义、权变主义和构建主义。

4. 政策工具研究的主题与走向

政策工具研究的几个重要主题如下:① 政策工具的应用;② "新工具";③ 偶发性事件;④ 政策网络;⑤ 工具的动态性;⑥ 工具的优化组合。

随着政策工具研究的发展,在这个领域也逐渐出现了一些新的变化,这些新变化反映了政策工具研究范围的转变和扩展。这里的转变是指工具适用的环境及其背景受到了更多的关注。政策工具研究从古典途径向建构主义途径的转变,使得这种研究从微观层面上升到中观层面,并且研究重点也发生了转移。扩展是指这个领域内出现了许多新的理论,如网络理论、执行理论和学习理论等。同时,通过介绍新工具和工具应用新策略,整个政策工具研究变得更丰富,这为其理论发展与实际应用做出了极大贡献。这两种变化从某种程度上扩大了政策工具研究的范围,但同时也削弱了工具本身的重要性,因为政策工具逐渐被看作影响政策产出的变量之一。政策工具研究从最初的强调工具本身到注重环境的影响,再到认为工具只是影响政策的因素之一,这个过程显示出对政策工具本身的威胁。

政策工具存在着理论上的片面性:第一,研究片面地集中于环境和经济政策领域;第二,研究片面地关注工具的运用,而实际上,工具选择的过程及历史同样有助于解释其功能;第三,目前的理论对工具应用的环境的复杂性重视不够。

二、基本的政策工具

1. 市场化工具

(1)民营化。民营化的实质就是通过市场机制合理配置资源,使资源能够流向使用效率更高的部门。民营化并非为了弥补政府的预算缺口,而是要实现对公共部门资源的再分配。

(2)用者付费。用者付费是指政府对某种物品、服务或行为确定"价格",由使用者或行为者支付这种费用,其主要目的是通过付费把价格机制引入到公共服务中。用者付费经常被用于控制负的外部性,特别是控制污染的领域,它也被用于城市交通控制。

(3)管制与放松管制。管制是由政府做出的,目标团体及个人必须遵守、服从,如果不遵守或不服从,则会受到惩罚。政府管制遍及社会生活的许多领域,尤其是制定物品和服务的价格和标准等方面。

放松管制就是在市场机制可以发挥作用的行业,完全或部分取消对价格和市场进入的管制,使企业在制定价格和选择产品上有更多的自主权。

(4)合同外包。合同外包指的是政府确定某种公共服务项目的数量和质量标准,对外承包给私营企业或非营利机构,中标的承包商按照与政府签订的合同提供公共服务,政府用财政拨款购买承包商的公共产品和劳务,双方的关系是平等的。

(5)分权与权力下放。实行分权与权力下放的主要目的是通过公共组织决策和执行的分离来赋予执行者更大的自主权,使被授予权力的下级组织成为独立的单位,能够控制自己的预算,自由地与其他组织进行竞争。而公共组织决策者只是确立目标并对绩效进行有效控制。

(6)内部市场。它的最大特点是将提供公共物品和服务的政府部门人为地划分为生产者和购买者两方,这样在政府组织内部就产生了生产者和消费者两种角色。一个政府可以雇佣或付费给其他政府以要求提供公共服务。例如,内部市场在英国行政改革中得到广泛应用,并成为英国行政改革的一大特点。

(7)产权交易。产权交易基于这样的假定:市场通常是最有效的配置工具,政府通过产权拍卖,在没有市场的公共物品和服务领域建立起市场。政府通过一定数量的为消费者指定的资源和可转移的产权而建立起市场,这可以创造人为的稀缺,并让价格机制起作用。

产权交易的最大优点是创造了市场,将竞争机制引入公共物品和服务的提供中,并且,产权交易是一种具有灵活性的工具。其最大的缺点是鼓励投机行为甚至产生欺诈行为,同时,它也是一种不公平的工具。

2. 工商管理技术

(1)战略管理技术。战略管理的核心是广泛的参与。战略分析、战略选择和战略执行三部分构成战略管理的核心框架。公共部门的战略管理是一个使组织者和领导者能够通过资源分配和工作分工来达到组织目标的过程。

作为一种政策工具,战略管理提供了一种全面、综合的组织观念,可以实现重心从即时的工作任务向组织整体目标、产出和影响的转变,更好地实现对组织资源和目标的控制。但是,它需要花费大量的管理性时间和分析性资源,同时,战略管理不仅要说明组织要做什么,还要说明组织不做什么,对于公共部门来说,这可能产生政治上的困境,因为它可能激起反对派和利益团体的反对。

(2)绩效管理技术。绩效管理是指为了达成组织的目标,通过持续开放的沟通过程,实现组织目标所预期的利益和产出,并推动团队和个人做出有利于目标达成的行为。绩效管理过程通常包含以下四个步骤:绩效计划、绩效实施与管理、绩效评估、绩效反馈面谈。

绩效管理的优点:与每个人的切身利益密切相关,可以充分激发个人的积极性和主动性;绩效管理过程中,地方政府管理的事务多是比较具体、可量化的工作,故而绩效管理的成效更是立竿见影。

绩效管理的不足之处:绩效指标的量化比较难,其可行性也有待检验,绩效的基本资料来源是否可靠也会在很大程度影响管理的成效。

(3)顾客导向技术。公共部门管理以顾客满意为导向,这一点最初是从企业管理中借鉴过来的,其基本取向是:以顾客为中心,即从顾客的角度出发开展活动和提供服务;以追求顾客满意为基本精神;以社会和顾客的期待为理想目标。

(4)目标管理技术。政府的目标管理就是通过预先设计的政府工作目标,激励和引导政府部门和公务人员的管理行为,并对这种行为实施控制,最终实现政府工作目标的管理方式。政治决策者通过目标管理,把发展和改革的总体目标转化为政府工作目标,协调发展,突出政府工作重点。

目标管理的优点:可以调动每一个工作人员的积极性,提高公共部门的工作效率;把总目标分解下达到各部门,可以增强部门间的沟通协调,保证政令畅通,从而强化行政权威。

目标管理的不足之处:目标体系的构建、公共管理目标的量化和可行性存在技术难题;目标管理的双向沟通等均与员工素质有极大关联,尤其是在公共组织中,要想营造一种上下级共同议事、平等相待的氛围,无疑对上级和下级的素质都有特殊要求。

(5)全面质量管理技术。作为一种政策工具,全面质量管理技术就是将产品生产的全面质量管理的基本观念、工作原则、运作模式应用于政府机构之中,使政府机构提供的公共物品和服务全面、优质、高效。

全面质量管理的优点:能促使政府学会利用现有的资源配置取得更多的成果,改进政府所提供的服务的质量;激发员工的积极性,赋予他们一些权利,激励他们取得更大的成就。

全面质量管理的不足之处:它是一种新的思维方法,人们无法在短时间内改变原有的工作方式;只有机构人员强烈普遍地有这种意愿,全面质量管理才能起作用,但人们接受新知识、变革工作方式的能力各不相同,且这种能力是有限的,所以机构人员需要有足够的勇气和决心。

(6)标杆管理技术。标杆管理是一个甄别和引进最佳实践,以提高绩效的过程,它包括那些使标杆管理具有独特性和有别于程序改进活动的主要理念。

标杆管理的优点:可以激励公共部门组织进行改变,积极采纳私营部门优秀的工作和管理程序;可以促成合作,使职能各不相同的部门聚合在一起,一旦一个机构与外部合作伙伴就标杆管理开展合作,那么各类公共部门、私营机构和其他参与此项目的组织就形成了合作关系。

标杆管理的不足之处:实施标杆管理的组织与其合作伙伴之间的相似度不易达成;一个组织的行政主管和标杆管理小组为了引入最佳实践所做出的努力和对革新的态度,很大程度上影响着标杆管理的成功;尚有大量的准备工作未做,如文化方面、运作方面、技术方面等的准备。

(7)企业流程再造技术。企业流程再造是指对公司的流程、组织结构和文化等进行彻底的、急剧的重塑,以实现绩效的飞跃。

作为一种政策工具,企业流程再造技术可以提高公共组织提供公共物品和服务的效率和质量,帮助组织应对风险和变化,是一种鼓励个人创造性的新途径,使组织能够在国际竞争和日新月异的变革中生存。但是,企业流程再造需要组织付出一定的代价:公共部门的成本难以量化,所以组织难以评估提高服务和降低成本的比例关系;相对于企业而言,在政府机构中打破部门界限和壁垒的难度更大。

3. 社会化手段

社会化手段主要包括:社区治理;个人与家庭;志愿者服务;公私伙伴关系;公众参与及听证会。

三、政策工具的选择

1. 政策工具选择的重要性

政策工具选择在政策执行中拥有重要地位,这主要表现在以下三个方面:政策工具是实现政策目标的基本途径;政策执行本身就是政策工具选择的过程;工具选择是政策成功与否的关键。

2. 影响政策工具选择的因素

(1)政策目标。

政策目标是政策制定者希望通过实施政策所达到的效果。在进行政策工具选择时,关于政策目标,要考虑以下几点:首先,如果目标是单一的,就要明确目标是什么;其次,如果目标是多重的,就要明确目标构成;最后,政策工具在执行一段时间后,要考虑政策目标是否已发生转变。

(2)工具的特性。

不同工具有不同的适用范围,被用于解决不同的问题,运用于不同的组织环境。

(3)工具应用的背景。

工具应用的背景因素包括执行组织、目标团体、其他工具及政策领域的其他因素。

(4)先前工具选择。

政策工具的选择受到先前工具选择的限制。

(5)组织的意识形态。

拥有不同意识形态的组织倾向于使用不同的政策工具。

第二节 实验设计

一、实验目的

通过对政策工具选择实验进行分析,使学生了解并掌握公共政策执行的工具,今后能够在公共政策执行的过程中做出正确的政策工具选择。

二、实验步骤

1. 根据所给材料分析案例中政策工具的选择。
2. 分析材料中影响公共政策执行工具选择的因素。
3. 结合实验,分析公共政策执行工具选择的启示。

三、实验要求

1. 所选案例是真实案例。
2. 案例分析要结合实验方法中所列的内容展开。
3. 实验分析应严格按照所给步骤进行,条理清晰明了。

四、实验成绩

序号	实验要求	分值
1	政策工具选择的分析	30
2	政策工具的影响因素分析	40
3	从案例中得到的启示	30

五、思考题

1. 简述政策工具选择研究兴起的背景。

2. 政策工具研究有哪些基本途径?
3. 简述主要的市场化工具、工商管理技术和社会化手段的内容、特点和优缺点。
4. 根据我国转轨时期的政策实践,论述政策工具选择的重大现实意义。
5. 结合案例,说明在政策执行实践中如何进行政策工具的选择。

第三节 实 验 材 料

D县农村发展项目的调适性整改

D县地处娄山与武陵山山系的交汇处,县城距G省省会约334千米,离著名的梵净山风景区约130千米。全县总人口54万,面积2072平方千米,是一个以土家族、苗族为主的少数民族聚居地区,拥有良好的产业基础。2014年在上级政府的要求下,D县外资中心针对原有合作组织难以带动农民增收、实现产业扶贫等问题,引进了以世界银行贷款农村发展项目(以下简称农发项目)为首的产业扶贫项目。但是,该县申报的产业项目形式不具规范性,因此在省扶贫办、外资中心领导的"安排"下,被要求做出调整。在此项目调整之后,D县于2014年11月获得农发项目总投资6646.66万元,其中包括国家配套资金1850.27万元,D县政府承诺配套农发项目资金500万元。

第四节

实 验 报 告

院系		专业	
班级		姓名		学号	
实验教师		成绩		日期	
实验名称			

一、实验目的

二、实验原理

三、实验步骤

四、实验数据（如有，请简要列出）

五、实验结果

六、讨论分析（完成指定的思考题和作业题）

七、实验总结及改进实验的建议（如有，请简要列出）

备注：

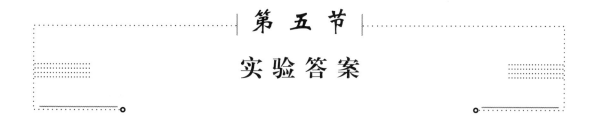

第五节
实验答案

调适性联结：基层政府政策执行力演变的一个解释

一、调适性联结的初始阶段：动机诱导与话语构建

2015年年初，D县为尽快开展农发项目，将该项目与县级扶贫任务目标结合，对农发项目进行动员部署：首先，单独成立世界银行外资中心，由世界银行外资中心主任牵头，按照县级—乡镇—村委的动员思路，组织各合作社申报并撰写项目计划书；其次，按照世界银行要求，对项目设计内容、地点以及申请人资格逐一核查，交由省扶贫办评估和监测；最后，由第三方组织（省级科研专家）对项目计划书进行审查，省扶贫办签批，翻译修改后报备世界银行。在这一操作路径下，D县最终将项目确定为基础条件较好的天麻、核桃与马铃薯产业，共计21个子项目，覆盖农户人口64345人。有研究者追问这一项目动员思路是如何得来的，世界银行外资中心主任回忆道："我们县第一次接触世界银行农发项目，这个项目比以往的财政项目更难操作。当时，世界银行考察团来考察，领导比较重视，所以我们县针对我们的天麻产业和扶贫大目标做出了思路整合。而且，2016年年初，我们给予了项目所在村的驻村书记待遇补偿，很多问题，如贫困户占比大、项目覆盖区域面积不足等，都得以解决。乡镇还可以利用财政扶贫资金完善产业道路、灌溉设施建设，这些都和农发项目密切相关，如果财政扶贫资金不够，我们还会考虑给予农发项目资金支持。"县扶贫办主任做出补充："因为世界银行项目资金可以与扶贫资金结合起来，用于修建基础设施和完成脱贫攻坚指标任务，所以我们可以利用该笔资金发展贫困农户加入合作社，解决农民就业问题。我们一般会请市场经验丰富、在当地有声望的人担任合作社理事长，这样可以避免一些项目动员问题和市场问题。比如，在天麻、马铃薯项目中，很多农户实际上都愿意加入合作社，但他们不相信'合作社＋公司'的方式，在乡政府和村支书的协助下，合作社承诺至少给予他们保底分红以后，他们就积极加入了。这样一来，我们的项目在一年之内就建设完成。农民自身素质不高，现代化农业技术能力不够，这些一直都是我们推行合作社项目所面临的重大难题。"

通过上述材料，我们可以看到，不同身份的政策执行者、合作社以及农民参与项目的动机有所不同，但是，这些动机在政策执行者的诱导下大多是积极的，且具有可协调性，对政策动员效果具有正向刺激作用。例如，通过明确对乡镇、村支两委资金补偿的预期，在社员数量、就业与分红方面表现出政策受众的价值偏好，能为项目的迅速动员奠定基础。

除此之外,在上述材料中,我们还可以看到,基层政府更愿意与基础条件较好的地区构建地方社会联结网络。这种倾向在政策执行者对项目资金、项目区域进行"自主"划分的方式中得到了佐证。

二、调适性联结的二次补充过程:政策工具应用性与规范性调整

2017年,G省外资中心要求各项目县据《世界银行农发项目中期评估和调整的通知》做出相关整改:根据要求,项目单位要重新申报产业,按照"实施—验收—资金补助"的方式使用国内配套资金,争取获得省级项目奖励;利用已有的产业销路带动合作社发展,降低普通种植业的投资风险;村支两委应调整合作社贫困户覆盖比例,剔除不符合识别标准的农户;合作社理事长应及时上报与财政资金矛盾的世界银行资金,根据世界银行要求调整资金用途,像马铃薯、核桃项目可用作市场开发和产业运行风险防范。

D县扶贫办主任为解决上述问题,采取了以强制性政策工具为主、混合性政策工具为辅的政策执行手段。在强制性政策工具方面,D县将项目执行情况纳入晋升考核范围,对该项目中的人员进行中期、年度评比表彰;依靠驻村干部和3名项目临时辅导员,对所有合作社项目开展全面摸底工作,其中包括对合作社整合组建、项目实施区域调整、产业品牌打造、贫困户识别以及数据信息录入汇总等;与县农业局、县人事部门和各项目乡镇开展合作,对项目管理人员实施4期年度培训、6期农民技术能力培训,并给予相应补贴。在混合性政策工具方面,D县扶贫办主任一方面要求合作社辅导员、理事长和村支书熟知项目工作程序,定时开展合作社成员大会;另一方面也明确强调世界银行项目规则中妇女、少数民族代表在合作社中应享受的话语权和分红比例。

对此,负责核桃项目的理事长表达了看法:"我很理解上面的做法,我们村外出人员太多了,所以我们村被纳入其他项目村。这种合作社联社的做法对我们整合资源、打造产业品牌优势是有利的。而且,当初这个机会也是领导给的,我们合作社的人无论如何都会支持领导的安排,毕竟我们离调整后的项目点很近,我们几个负责人可以一起做大项目,将附近农民的土地、资金和技术以标准形式纳入合作社,他们获得分红和工作的机会都多了。"

马铃薯合作社理事长对这一看法也表示赞同与支持,并认为扶贫办主任的安排是对本县马铃薯产业、农民未来发展的合理考虑。随后,D县扶贫办领导班子在召开项目座谈会之后,拟定了一份农发项目规范性调整报告,上交到省扶贫办。在项目调整之后,2018年,D县农发项目便以考评82分的成绩(第一名)获得了省扶贫项目资金300万元的奖励。与此同时,农发项目中的三个天麻合作社成为G省产业扶贫项目中的"典型",其他项目也获得了相应的支持,这些支持包括省科技厅、农科院组织技术专家给予的人力支持,天麻协会的市场带动,更多财政涉农资金以及产业扶贫基金。

三、基层政府政策工具的应用

在农发项目案例中,可以看到基层政府围绕项目规范调整这一目标,应用了多样化的政策执行工具。

1. 强制性政策执行工具

基层政府通过强制性的政策执行工具,明确为每一项目提供人员指导、公共培训以及技术治理手段,强调乡镇和其他社会力量需要服从组织安排,落实项目规范性调整的任务。

2. 混合性政策执行工具

基层政府运用混合性政策执行工具,将项目的具体实施和执行权留给相应的责任人,但又保留随时检查验收的权力,以辅助完成项目涉及的调整工作。这一次调适性联结的执行,得到了政策目标群体的认可,农发项目也因此获得了一系列表彰和奖励。

(改编自郭劲光,王杰."调适性联结":基层政府政策执行力演变的一个解释[J].公共管理学报,2021,18(2):140-152+175.)

拓展材料

第二十一模块 公共政策评估实验实训

第一节 实验技术

一、公共政策评估的概念

公共政策评估被认为是政策分析的一个重要环节。一般而言,公共政策评估针对的是公共政策的结果,通过公共政策评估,人们得以判断政策目标的实现程度及政策措施的直接结果、政策的成本与收益、政策真正的受益者、政策执行的实际障碍、政策过程中的阻碍因素,以及政策过程的经验教训等。因此,公共政策评估能够决定政策后期的基本走向。一项政策应该继续执行,还是需要进行修订;应该大修大改,还是进行局部微调;应该废止,还是需要部分代替……这些问题都需要通过政策评估加以解决。

所谓的公共政策评估,就是依据一定的价值标准和事实标准,通过一定的程序和步骤,对公共政策实施中的价值因素和事实因素进行分析。其目的在于利用这些政策的相关信息,对政策结果和政策未来走向做出基本的判断。公共政策评估是决定公共政策变化、公共政策终结的基础依据。再具体一些,公共政策评估就是把公共政策视为自变量,而公共政策对于社会产生的政治、经济、文化影响就变成了因变量。

公共政策评估的内容包括评估主体、评估客体、评估目标、评估标准(政策效益、政策效率、充分性、公平性)等。

二、公共政策评估的方法

公共政策评估是公共政策活动中非常重要的环节。从公共政策评估的研究设计角度来看，目前主流的方法是社会实验法。它的基本思想就是将政策客体以完全随机的原则分配到试验组和对照组，然后对试验组施加政策干预，在设定的时间段后观察两组的效应（这是试验设计的基本思路，但是在实践中，由于多方面的限制，很多时候无法使用对照组）。

如果两组同时发生同向的变化，无论强度是否相同，都可以严重质疑政策干预是否产生实际效果；如果试验组发生变化，而对照组接近于静止，那么两者的差异便是成功分离出的政策干预效应。

如果试验组和对照组发生异向变化且强度显著，则需要进行进一步的分析。虽然很多学者对实证主义研究提出批判，但不可否认的是，实证主义的政策评估方法仍旧是目前的主流。

公共政策评估无疑需要进行比较，比较的目的是评估公共政策带来了怎样的社会变化，并设法排除非政策的影响因素所导致的一些变化。实际上，这种比较意味着把"实际上发生了什么"与"如果没有实行该政策会发生什么"进行比较。要衡量已经发生的事情并不困难，实际生活中，许多评估就到此为止了。真正的难题在于，如何评估如果没有实施方案会发生什么情况，以及将这两种情况进行比较，而且要确保这两者之间的差别一定是由政策方案本身造成的，而不是由社会同期内发生的其他变化导致的。具体的比较方法有如下几种。

1. 前后对比分析

这种评估方法是指政策实施前后的对比，即比较两个时间点上同一情况的不同结果：一种结果是实施方案前的，另一种结果是实施方案后的。通常只是对目标群体进行检验。

这种评估方法的优点是简单、方便、明了。其缺点是不够精确和全面，无法将公共政策执行所产生的效果和其他因素（如公共政策对象自身的因素、外在因素、偶发事件、社会变动）所造成的效果加以明确区分。

2. "投射—实施"对比分析

这种评估方法指将政策执行前的趋势线投射到政策执行后的某一点，这代表若无该政策的实施，此点会发生的情况，然后将此与政策执行后的实际情况进行对比，以确定政策的实际效果。这种评估方式的难点在于详尽地收集政策执行前的相关资料和数据，以准确预测如果没有实施政策会发生的情况，并建立起政策执行前的趋势发展线。

3. 有无对比分析

这种评估方法指对参与方案的客体和没有参与方案的客体进行比较，比如将实施方案的城市或乡村与没有实施方案的城市或乡村进行比较。

4. 试验性对比分析

试验性对比分析是一种评估政策或计划的传统方式。从目标人群中随机抽取两个可比较的群体——试验群体和控制群体。对试验群体,通过政策或计划进行一定的处理,而对控制群体则不然。通过对两个群体预先与后置的测评确定两个群体是否发生变化。

美国康涅狄格州速度控制法案的出台就采用了这种分析方法。依据高速公路交通事故数据,州政府开始对速度进行限制。初始数据表明,该计划的执行明显降低了事故的发生率。但是这一结果也可能由其他原因造成,比如不同的天气情况。为了控制这些可能性,就要将康涅狄格州高速公路每10万人的事故发生率与那些未执行该计划的邻州相比较。比较结果表明,康涅狄格州的交通事故发生率远低于其他州,这证明了该项政策的有效性。

5. 成本—收益分析

这是一种量化的评估方式,要求确定某一政策的成本与收益,并将其转化为货币形式,以便进行比较。

这种评估方式的步骤如下:第一,确定某一政策的影响或结果,并针对不同群体,将这些影响或结果分为成本和收益;第二,赋予不同成本与收益以货币上的价值;第三,某些政策结果的影响是当前的或短期的,而有些政策的影响是长远的,因此需要应用折现率,以衡量政策效益的现值,进而评估政策未来将产生的影响和价值。

三、公共政策评估目标

公共政策评估目标是公共政策评估工作的出发点。

在政治方面,公共政策评估目标涉及政策的执行是否会影响现有的分配状态,是否有利于社会的团结与稳定,是否会破坏原有政治格局,等等。

在行政方面,公共政策评估目标涉及评估某些行政机构能否在政策执行中发挥作用。

在法律方面,公共政策评估目标涉及政策的合法性。

在方案方面,公共政策评估目标涉及政策执行的结果是否达到了预期。

四、公共政策评估标准

公共政策评估标准主要有以下四个。一是政策效益,一般来说政策效益针对的是政策目标和结果,主要指政策能否实现预期目标。二是政策效率,指用尽可能少的投入获得尽可能多的产出。三是充分性,指特定效益水平满足政策目标的程度。四是公平性,涉及收入分配、教育机会和公共服务等方面。

五、公共政策评估步骤

公共政策评估包括三个步骤。第一个步骤是准备,包括确定评估对象、制定评估方案、挑选和培训评估人员。第二个步骤是实施:首先全面收集政策制定、执行、影响的信息,其次综合分析政策信息,最后对政策进行评估,得出评估结果。第三个步骤是结束,涉及处理评估结果、撰写评估报告。

第二节 实验设计

一、实验目的

通过公共政策评估模拟实验的设计,使学生了解并掌握公共政策评估模拟实验的设计方法,为今后学习公共政策评估打下基础。

二、实验步骤

1. 根据所给材料,分析公共政策评估模拟实验中所包含的各评估主体的名称和类别,评估客体的名称与类别,评估目标的效率,评估标准(政策效益、政策效率、充分性、公平性)之间的关系。
2. 设计公共政策评估模拟实验结构图。
3. 将与公共政策评估相关的内容填入实验结构图中。
4. 检查结构图中的公共政策评估各项内容的关系是否清楚。

三、实验要求

1. 利用 PPT 绘制实验结构图。
2. 结构图大小适中。
3. 各项公共政策评估内容之间的关系清晰。
4. 内容名称填写准确。
5. 时长:1.5 小时左右。

四、实验成绩

序号	实验要求	分值
1	利用 PPT 绘制实验结构图	10
2	结构图大小适中	30

续表

序号	实验要求	分值
3	各项公共政策评估内容之间的关系清晰	30
4	内容名称填写准确	30

五、思考题

1. 公共政策评估模拟实验结构在公共部门公共政策评估中有什么作用？
2. 政府的公共政策评估模拟结构图与企业的政策评估模拟结构图有什么区别与联系？

第三节 实 验 材 料

中共中央 国务院关于实施全面两孩政策改革完善计划生育服务管理的决定（节选）

一、充分认识实施全面两孩政策、改革完善计划生育服务管理的重大意义

（一）计划生育工作取得了举世瞩目的伟大成就。20世纪五六十年代，随着经济恢复、社会安定、人民生活改善和医疗卫生保障水平的提高，我国总人口从新中国成立初期的5.4亿人迅速增加到1970年的8.3亿人，给经济社会发展带来了巨大压力。为控制人口过快增长，国家从七十年代开始在城乡推行计划生育。1980年，党中央发表《关于控制我国人口增长问题致全体共产党员、共青团员的公开信》，提倡一对夫妇生育一个孩子。1982年，计划生育被确定为基本国策。40多年来，我国实施人口与发展综合决策，不断完善计划生育政策，走出了一条中国特色统筹解决人口问题的道路。人口过快增长的势头得到有效控制，资源、环境压力有效缓解，妇女儿童发展状况极大改善，人口素质明显提高，促进了经济快速发展和社会进步，有力支撑了改革开放和社会主义现代化事业，为全面建成小康社会奠定了坚实基础。我国实行计划生育也为世界人口发展和减贫作出了重大贡献，树立了负责任大国的良好形象。在此过程中，亿万人民群众积极响应党和国家号召，自觉实行计划生育，作出了巨大贡献；广大人口和计划生育工作者付出了心血和汗水。实践证明，实行计划生育符合我国国情，是正确的，得到了广大人民群众的理解和支持，是强国富民安天下的伟大事业。

（二）我国人口发展呈现出重大转折性变化。人口问题始终是人类社会共同面对的基础性、全局性和战略性问题。人口的趋势性变化，将对经济社会发展产生全面、深刻、长远的影响。进入21世纪特别是"十二五"时期以来，我国人口发展的内在动力和外部条件发生了显著变化。人口总量增长势头明显减弱，劳动年龄人口和育龄妇女开始减少，老龄化程度不断加深；群众生育观念发生重大转变，少生优生已成为社会生育观念的主流；家庭规模趋向小型化，养老抚幼功能弱化；人口红利减弱，以人力资本为核心的国际竞争优势有待进一步加强。这些变化对人口安全和经济社会发展带来新的挑战。同时还应清醒地看到，到本世纪中叶，我国人口总量仍将保持在13亿以上，人口众多的基本国情不会根本改变，人口对经济社会发展的压力不会根本改变，人口与资源环境的紧张关系不会根本改变。当前，我国正处于人口大国向人力资本强国转变的关键时期。必须从全局和战略高度出发,充分认识坚持计划生育基本国策的重要性和长期性,立足国情,遵循规律,正确处理当前与长远、总量与结构、人口与资源环境的关系,逐步调整完善生育政策,促进人口长期均衡发展,最大限度发挥人口对经济社会发展的能动作用,牢牢把握战略主动权。

(三)实施全面两孩政策、改革完善计划生育服务管理是新形势下坚持计划生育基本国策的重大战略部署。党的十八届三中全会作出了坚持计划生育基本国策、启动实施单独两孩政策的重大决策。单独两孩政策稳妥扎实有序实施,为进一步调整完善生育政策积累了经验,当前启动实施全面两孩政策条件具备、时机成熟。实施全面两孩政策、改革完善计划生育服务管理,是促进人口长期均衡发展的重大举措,有利于优化人口结构,增加劳动力供给,减缓人口老龄化压力;有利于促进经济社会持续健康发展,实现全面建成小康社会的奋斗目标;有利于更好地落实计划生育基本国策,促进家庭幸福与社会和谐。各级党委和政府要充分认识实施全面两孩政策、改革完善计划生育服务管理的重要性,增强责任感和使命感,用法治的思维、创新的精神和务实的作风,不断探索新形势下落实计划生育基本国策的体制机制和方式方法,使计划生育成为惠及亿万家庭的甜蜜事业。

二、指导思想、基本原则和主要目标

(四)指导思想

高举中国特色社会主义伟大旗帜,全面贯彻党的十八大和十八届二中、三中、四中、五中全会精神,以邓小平理论、"三个代表"重要思想、科学发展观为指导,深入贯彻习近平总书记系列重要讲话精神,坚持"四个全面"战略布局,以增进家庭和谐幸福、促进人口长期均衡发展为主线,坚持计划生育基本国策,统筹推进生育政策、服务管理制度、家庭发展支持体系和治理机制综合改革,努力实现规模适度、素质较高、结构优化、分布合理的人口均衡发展,促进人口与经济社会、资源环境协调可持续发展,为实现中华民族伟大复兴的中国梦提供坚实基础和持久动力。

(五)基本原则

——以人为本。尊重家庭在计划生育中的主体地位,坚持权利与义务对等,寓管理于服务之中,引导群众负责任、有计划地生育。

——创新发展。推动人口和计划生育工作由控制人口数量为主向调控总量、提升素质和优化结构并举转变,由管理为主向更加注重服务家庭转变,由主要依靠政府力量向政府、社会和公民多元共治转变。

——法治引领。充分发挥立法对完善生育政策和服务管理改革的引领、规范、保障作用,坚持严格、规范、公正、文明执法,不断提高计划生育法治水平。

——统筹推进。注重改革措施的系统性、整体性、协同性,做到调整完善生育政策与服务管理改革同步推进、配套政策措施同步制定。

(六)主要目标

到 2020 年,计划生育服务管理制度和家庭发展支持体系较为完善,政府依法履行职责、社会广泛参与、群众诚信自律的多元共治格局基本形成,计划生育治理能力全面提高;覆盖城乡、布局合理、功能完备、便捷高效的妇幼保健计划生育服务体系更加完善,基本实

现人人享有计划生育优质服务,推动联合国2030年可持续发展议程的落实;保持适度生育水平,人口总量控制在规划目标之内。

三、稳妥扎实有序实施全面两孩政策

(七)依法组织实施全面两孩政策。贯彻落实新修改的《中华人民共和国人口与计划生育法》,完善相关行政法规以及地方性法规。从2016年开始实施全面两孩政策。各省(自治区、直辖市)政府综合评估本地人口发展形势、计划生育工作基础和政策实施风险,科学制定实施方案,报国务院主管部门备案,确保政策平稳落地,生育水平不出现大幅波动。

(八)改革生育服务管理制度。实行生育登记服务制度,对生育两个以内(含两个)孩子的,不实行审批,由家庭自主安排生育。改进再婚等情形再生育管理。优化办事流程,简化办理手续,全面推行网上办事,进一步简政便民。依法依规查处政策外多孩生育。

(九)加强出生人口监测预测。加强人口变动情况调查,科学预测出生人口变动趋势,建立出生人口监测和预警机制。加快推进国家人口基础信息库和人口健康信息化建设,实现国家与省级人口和计划生育信息互联互通,实现户籍管理、婚姻、人口健康、教育、社会保障等信息共享。

(十)合理配置公共服务资源。根据生育服务需求和人口变动情况,合理配置妇幼保健、儿童照料、学前和中小学教育、社会保障等资源,满足新增公共服务需求。引导和鼓励社会力量举办非营利性妇女儿童医院、普惠性托儿所和幼儿园等服务机构。

四、大力提升计划生育服务管理水平

(十一)加强妇幼健康计划生育服务。推进优生优育全程服务,落实孕前优生健康检查,加强孕产期保健服务和出生缺陷综合防治,提高出生人口素质。向不孕不育等生育困难人员提供必要的辅助生殖技术服务。推进妇幼保健计划生育服务机构标准化建设和规范化管理,加强孕产妇与新生儿危急重症救治能力建设。加快产科和儿科医师、助产士及护士人才培养,合理确定服务价格,在薪酬分配等方面加大政策倾斜力度。全面推进知情选择,向育龄人群提供安全、有效、适宜的避孕节育服务,提高服务的公平性和可及性。加强基础研究和科技创新,开发推广避孕节育、优生优育、生殖保健的新技术新产品。

(十二)推进流动人口基本公共卫生计生服务均等化。按照常住人口配置服务资源,将流动人口纳入城镇基本公共卫生和计划生育服务范围。巩固完善流动人口信息互通、服务互补、管理互动的全国"一盘棋"工作机制。推进网上信息核查和共享,做好流动人口在居住地的生育登记服务。广泛开展生殖健康科普宣传,增强流动人口等人群自我保健意识和防护能力。关怀关爱流动人口和留守人群,促进社会融合。

(十三)强化基层基础工作。完善宣传倡导、依法管理、优质服务、政策推动、综合治理的计划生育长效工作机制。深入开展计划生育优质服务先进单位创建活动。建立健

全卫生和计划生育综合监督行政执法体系,加强计划生育服务管理能力建设。稳定和加强县、乡级计划生育工作力量,妥善解决好村级计划生育专干的报酬待遇、养老保障等问题。

(改编自中共中央 国务院关于实施全面两孩政策 改革完善计划生育服务管理的决定[EB/OL].[2016-01-05]. http://www.gov.cn/xinwen/2016-01/05/content_5030806.htm.)

第四节 实验报告

院系			专业	
班级		姓名		学号	
实验教师		成绩		日期	
实验名称					

一、实验目的

二、实验原理

三、实验步骤

四、实验数据（如有，请简要列出）

五、实验结果

六、讨论分析（完成指定的思考题和作业题）

七、实验总结及改进实验的建议（如有，请简要列出）

备注：

第五节 实验答案

对生育政策调整效果的评估

一、基于出生人口数量指标的判定

出生人口数量指标主要以二孩出生人口数量和二孩出生比例为标准,判断生育政策是否"遇冷",就是将政策调整前后的二孩出生人口数量和二孩出生比例进行比较,观察其变化。该方法的基本假定是政策调整前后的二孩生育数量和二孩比例只受生育政策调整的影响,忽略其他影响因素的作用。

1. 二孩出生人口数量的变化

以 2013 年人口出生情况作为参照,观察生育政策调整之后(包括单独二孩政策实施和全面两孩政策实施)的全国出生人口数量变化情况,如图 21-1 所示,2013—2017 年,全国出生人口数量由 1640 万人增加到 1723 万人,增加了 83 万,增长率约为 5%。其中,2015 年和 2017 年甚至环比减少。但如果考察不同孩次的出生人口数量变化,可以发现,受政策调整直接影响的二孩出生数量在这一时间段内不断增加,由 2013 年的 511 万人增加到 2017 年的 883 万人,增长约 72.80%,增幅较大。同期,一孩出生人数从 1056 万人减

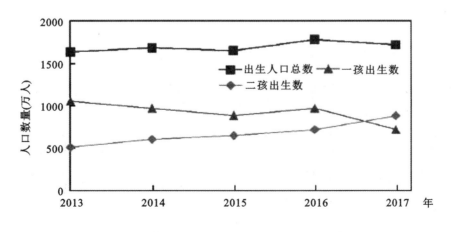

图 21-1　2013—2017 年全国出生人口数量

少到724万人,减幅约31.44%。考虑到多孩生育数量占的比例较小(5%左右),可以这样认为:在2013—2017年,正是二孩出生人口数量的大幅度增加,阻止了因一孩出生人口数量数减少带来的全国出生人口总数的迅速减少。

2. 二孩出生比例的变化

从出生人口的孩次结构变化看,2013—2017年全国出生人口一孩比重由64.39%下降到42.02%,下降了22.37个百分点。同期二孩比重由31.16%上升到51.25%,提高20.09个百分点。多孩比重有所上升,但总体上比重较小,多在5%—7%之间,如图21-2所示,2017年二孩比重超过了50%,明显高出一孩比重。对于同一生育主体而言,一孩生育是二孩生育的前提,但生育一孩的妇女不一定都生育二孩。因此,通常情况下,宏观上一孩比重会高于二孩。但2017年中国二孩比重甚至超过一孩比重,这种"非常态"现象只能用生育政策的调整来解释。值得注意的是,近年来中国妇女未婚比例不断提高,一孩生育水平不断走低。一孩生育水平走低自然也导致二孩出生人口占比相对提高。[①] 因此,生育政策调整初期二孩出生人口比重提高,是生育政策调整的效应与一孩生育水平下降共同作用的结果。

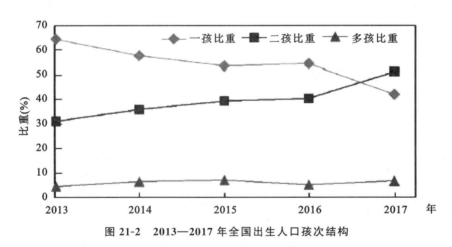

图21-2 2013—2017年全国出生人口孩次结构

二、基于生育水平指标的判定

出生人口数的变动受育龄妇女规模和年龄结构的影响,二孩出生人口数量和二孩出生比例也不例外。因此,据此判断生育政策调整的效果仍存在一定的局限性。更为科学的判断标准是妇女的二孩总和生育率,该标准的优点有二:一是关注政策调整的直接作用对象,排除了不受政策调整直接影响的其他孩次变化的影响(如总和生育率);其二,排除了育龄妇女规模和年龄结构的影响。受20世纪80年代至90年代中国出生人口规模变

---

① 郭志刚.中国低生育进程的主要特征——2015年1%人口抽样调查结果的启示[J].中国人口科学,2017(4):13.

化的影响,2013—2017年正是中国育龄妇女规模和生育旺盛年龄妇女规模变化较大的时期,这种变化不可避免地会影响出生人口数量(包括二孩出生人口数量)。二孩总和生育率很好地规避了这种影响,更能准确反映政策调整前后二孩生育水平的变化。但依据此标准进行的计算需要育龄妇女分孩次的年龄别生育率,而政策调整前后的全国相关数据难以获得,本实验拟通过对湖北和湖南两省相关数据的分析,管窥生育政策调整的效果。

2017年12月,我们对湖北和湖南两省卫生和计划生育委员会就2013—2017年生育情况进行了专题调查。2018年1月,又通过邮件和电话咨询方式对两省最新人口统计数据进行了收集,并比对之前的调查数据,对少数有变化的数据进行了微调。选择这两个省进行调查,主要基于以下两点考虑:一是这两个省是中国中部人口大省,出生人口形势与全国平均水平接近,2017年,全国人口出生率12.43‰,湖北和湖南两省分别为12.6‰和13.27‰;而是两省人口统计数据质量较高,在过去的几年中,湖北和湖南两省的人口信息化工作走在前列,出生人口信息准确率高,更新及时,多年来,两省人口信息在计划生育考核中都发挥了重要作用。

图21-3是湖北省2013—2017年妇女分孩次的总和生育率,从中不难看出以下特点:一是一孩总和生育率明显下降,由2013年的0.85降到2017年的0.70,降低了约17.65%;二是二孩总和生育率从0.43上升到0.70,升高了62.79%,尤其是2016—2017年,二孩总和生育率上升幅度较大;三是总体的总和生育率从1.31上升到1.46,提高了11.45%。

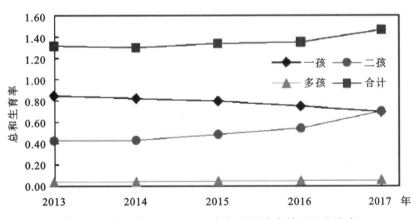

图21-3 湖北省2013—2017年妇女分孩次的总和生育率

由于多孩总和生育率水平较低,对总体的总和生育率贡献不大,因此,2013—2017年,在一孩总和生育率不断下降的情况下,总体的总和生育率仍略有上升,二孩总和生育率的逐年升高发挥了重要作用。2017年,二孩总和生育率已与一孩总和生育率持平。图21-4是湖南省2013—2017年妇女分孩次的总和生育率,将其与图21-3进行比较,可以发现,湖南省妇女各孩次总和生育率变动趋势与湖北省非常相似,所不同的有两点:一是湖南妇女总和生育率和各孩次的总和生育率均高于湖北,而且湖南妇女一孩总和生育率在2013—2017年下降幅度更大,超过20%;二是2013—2017年湖南妇女二孩总和生育率升高了35.5%，升高幅度虽然小于湖北，但二孩生育水平高于湖北。2016年，湖南二孩总和生育率已基本与一孩总和生育率持平，2017年二孩总和生育率甚至达到0.89，比一孩总和生育率高0.17。这显然也是一个"非常时期"的"非常态现象"，反映了生育政策调整对二孩时期生育水平的影响之大。

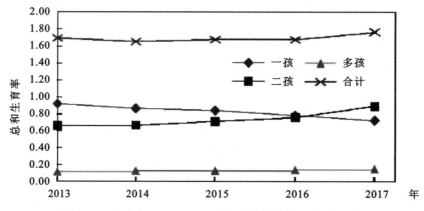

图 21-4　湖南省 2013—2017 年妇女分孩次的总和生育率

从2013—2017年两省妇女二孩生育模式的变化看（见图21-5、图21-6），总体上，与2013年相比，两省2017年二孩生育模式曲线均明显上移。从各年龄妇女二孩生育率变动看，25~29岁、30~34岁和35~39岁三个年龄组升高幅度较大。但两省的变化也有细微的差别：湖北的二孩生育模式图基本上是"不规则梯形"，只是2017年二孩峰值生育年龄由之前的25~29岁组变化到30~34岁组；湖南的二孩生育模式图基本上是"不规则三角形"，且二孩峰值生育年龄始终在25~29岁组，只是峰值水平及曲线的右侧部分上扬趋势明显。可见，2013—2017年，湖北和湖南两省妇女的二孩生育模式发生了较大变化。

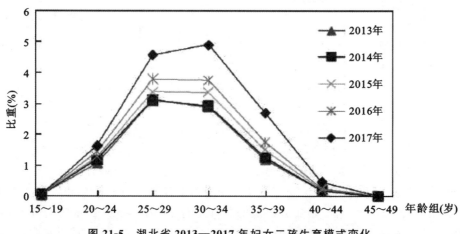

图 21-5　湖北省 2013—2017 年妇女二孩生育模式变化

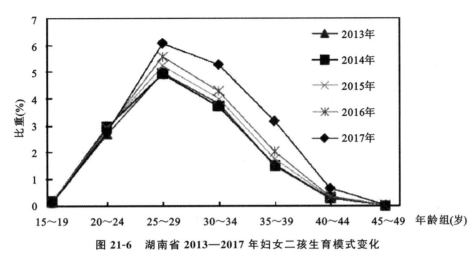

图 21-6　湖南省 2013—2017 年妇女二孩生育模式变化

（改编自石人炳，陈宁，郑淇予. 中国生育政策调整效果评估[J]. 中国人口科学，2018(6):114-125.）

拓展材料

第二十二模块 公共政策监控实验实训

第一节 实验技术

一、公共政策监控的概念

1. 公共政策监控的含义

公共政策监控是政策监督与政策控制的合称,是为了实现政策合法化与保证政策的贯彻实施而对政策的制定、执行、评估和终结等活动进行监督和控制的过程,其目的在于保证政策系统的顺利运行,提高政策制定与执行的质量,促进既定政策目标的实现和提高政策效率。

公共政策监控具有特定的主体和客体,这里的客体指的是公共政策系统及其运行。公共政策监控表现为一个活动过程,而不是一个孤立的活动环节。公共政策监控具有目标指向,即保证政策系统的顺利运行。

2. 公共政策监控的分类

根据公共政策监控的不同阶段,可将公共政策监控分为:① 公共政策制定监控;② 公共政策执行监控;③ 公共政策评估监控;④ 公共政策终结监控。

根据公共政策监控的不同时态,可将公共政策监控分为:① 事前监控;② 事中监控;③ 事后监控。

根据公共政策监控的不同层次,可将公共政策监控分为:① 自我监控;② 逐级监控;③ 越级监控。

根据公共政策监控的不同内容,可将公共政策监控分为:① 目标监控;② 关键点监控。

根据公共政策监控的不同主体,可将公共政策监控分为:① 立法机关的政策监控;② 行政机关的政策监控;③ 司法机关的政策监控;④ 政党系统的政策监控;⑤ 利益集团的政策监控;⑥ 公众和大众传媒的政策监控等。

3. 公共政策监控的作用

第一,保证政策的合法化,即通过对政策制定活动进行监控使政策的制定严格遵守法定的程序和原则,并且审查所制定的政策是否符合宪法和有关法规的规定。

第二,保证政策的贯彻实施。

第三,实现政策的调整和完善。

第四,推动政策终结。

二、公共政策监控的功能活动

1. 公共政策监督

(1)公共政策监督的含义。

公共政策监督是指公共政策监控的主体依据一定的制度、法规,对政策系统的运行,包括政策的制定、执行、评估及终结活动进行的监视和督促。

(2)公共政策监督的条件。

其一,建立必要的制度、法规,明确职责;其二,监督者与监督对象之间时常保持联系;其三,在机构设置上保持监督机构的独立性;其四,对监督对象有影响权。

(3)公共政策监督的内容。

公共政策监督的内容包括:对政策制定活动的监督;对政策执行活动的监督;对政策评估活动的监督。

(4)公共政策监督的必要性[①]。

其一,克服政策执行主体自身的缺陷。公共政策执行主体主要是指负责组织落实公共政策的组织或人员,是公共政策顺利达成目标、解决公共问题的重要推动者。然而,正如马克思所言,"人们奋斗所争取的一切,都同他们的利益相关。"政策执行者也会追求自身利益的最大化,进而影响政策的有效执行。当各主体出现利益冲突时,政策执行者就会通过各种手段来维护或扩大自身的利益,从而导致政策执行出现偏差。同时,由于政策执

---

① 尹晔华.公共政策执行监督的困境及对策思考[J].商,2016(26):82.

行者各方面的能力存在一定的局限性,而政策执行是一个极其复杂的过程,执行中不可能面面俱到,在政策执行过程中,有必要时刻对政策执行主体进行监督,保证其按正确的方向执行政策,以顺利地实现政策目标,实现公共利益的最大化。

其二,有利于促进公共政策的有效执行。公共政策执行是一项目标性很强的实施性活动,整个实施过程都是以目标为导向的。但是,在实践过程中,各方面因素的影响会导致本来良好的政策方案在执行过程中变形、走样,难以顺利地实现既定的政策目标。公共政策监督的主要任务就是帮助政策执行者在公共政策执行中克服自身的缺陷,及时应对政策环境的变化,协调政策制定者与执行者之间的利益冲突,发现政策执行中的漏洞和偏差,迅速采取各种措施进行补救,使公共政策执行按照既定的目标所确立的标准顺利实施,以顺利地解决政策问题、实现政策目标。

其三,保障社会稳定,促进社会民主。公共政策的本质是对社会资源的权威性分配,执行过程中出现走样、变形必然会导致社会资源分配的不公平,影响甚至损害某一部分政策对象的利益,从而可能导致社会动荡不安。随着我国社会经济的不断发展,公民文化素质不断提高,公民的民主权利意识不断增强,公民要求参与政治生活的呼声越来越强烈。因此,加强公共政策执行监督,一方面可以满足公民参与政治生活的需求,减少社会矛盾和冲突;另一方面,可以使政府和社会公众保持良好的合作与互动关系,督促政策执行机关及人员按照法律法规的规定正确地执行公共政策,同时也可督促他们奉公守法、勤政爱民,增强政府的公信力、树立良好的政府形象。

2. 公共政策控制

(1)公共政策控制的含义。

公共政策控制是指政策监控主体在政策过程尤其是政策执行中,为了保证政策的权威性、合法性和政策的有效执行,为达成特定的政策目标而对政策过程尤其是执行过程偏差的发现与纠正行为。

(2)公共政策控制的分类。

按照不同的性质,可将公共政策控制分为反馈控制和前馈控制。

按照控制人员与控制对象的关系,可将公共政策控制分为间接控制和直接控制。

按照政策控制的程序,可将公共政策控制分为确立标准、衡量绩效和纠正偏差。

按照政策控制的循环,可将公共政策控制分为制定规划、观察绩效、分析绩效和采取调整行动。

三、公共政策监控机制的构成

1. 立法机关对公共政策的监控

立法机关对公共政策的监控主要包括如下内容:依靠法律监控公共政策;听取和审议预算、决策、立项等,对公共政策的内容、规模、方向等加以监控;通过对政府的人事任免权、不信任投票来控制公共政策,以质询和诘问等方式对公共政策加以监控;通过视察、检查和组成针对特定问题的调查委员会,对政府各部门的政策及其执行情况进行监督。

2. 司法机关对公共政策的监控

司法机关对公共政策的监控主要包括如下内容:裁定公共政策的制定程序与原则是否合法;依法裁定公共政策的内容是否合法;依法监督政策的执行是否合法。

司法机关在这一领域的工作在于依照法律裁决政策执行的过程、方法、手段等是否违法,若有违法行为,则坚决督促其改进甚至停止执行,同时对违法行为进行裁决。

司法机关的权力具有被动性,即只有利害关系人请求后司法机关才行使权力,其主要体现的是"不告不理"的诉讼原则。

3. 行政机关对公共政策的监控

行政机关实施的政策监控是一种纵向的监控,主要是上级主管机关对下级执行机关工作的指示、检查、布置、督促等。

行政机关主要采取以下两种形式实施政策监控:一是行政管理机关的监控,或称一般行政监控;二是专门行政监督机关的监控,即行政监察。

4. 政党系统对公共政策的监控

执政党多采用以下几种方式进行公共政策监控:第一,将自己的成员选入立法机关,通过影响立法来影响并监控公共政策的制定;第二,通过将自己的成员列入各级政府机关及政府各部门中,以影响政策的实施;第三,以各种形式对政策的制定者和执行者进行检查、监督、奖惩、任免等;第四,执政党还常以其所影响的社会团体、社会组织以及它所掌握的大众传播媒介等制造各种舆论,从而对公共政策的各个环节进行有力的监督与控制。

5. 利益集团对公共政策的监控

利益集团是以特定的利益为背景而进行经常性活动的组织,其在政策过程中的主要作用有两点:一是以各种方式将社会的变化及该集团的要求表达出来,以期影响公共政策的制定、采纳与实施;二是将国家的意志和信息传达给社会并对其加以管理,构成一个中介体。

在西方,利益集团对政策的监控成为一种趋势。游说活动是各种有组织的利益集团影响公共政策的主要方式。利益集团通过种种活动,对公共政策产生了非常重要的影响:一方面,利益集团试图阻挠、反对、推迟不利于自己集团利益的法规、政策的通过与实施;另一方面,利益集团极力推动有利于自身利益的法规、政策的通过与实施。

6. 公众和大众传媒对公共政策的监控

公众对公共政策的监控主要通过社会舆论的形式来实现。社会舆论是公共意志的集中反映,它体现和表达了公众的利益、愿望与要求。

在民主化程度较高的国家,社会舆论的力量可能会大一些;反之,则会小一些。

大众传媒对公共政策的监控具有独特的意义。如果大众传媒缺乏进行监督的权利，就丧失了进行监督的主体意识，有可能沦为权力的附属品，成为执政党的喉舌，而非民意表达的阵地，公众的意志和利益就只能被扭曲地表达出来。

社会舆论真正对政策监控发挥监督作用需要两个前提，一是社会舆论具有相对独立性，二是其他监控主体如行政机关、司法机关等要密切配合社会舆论。

四、公共政策监控面临的现实困境

1. 相关法律法规缺位

健全和完善的法律法规是保证公共政策监控效能有效发挥的前提和基础。随着社会主义市场经济的发展、社会主义法治社会的推进以及依法治国目标的确立，我国已颁布了许多旨在保障公共政策监控的法律法规，例如《行政监察法》《行政诉讼法》等。这些法律法规在一定程度上为公共政策监控提供了一定的标准和程序，使我国公共政策监控有法可依。但是这些法律法规仅仅规定了公共政策监控的根本原则，缺乏具体的实施细则，同时对监督主体的权限范围、监督程序、方式及方法也没有做出明确的规定，这就导致了具体的政策执行监督活动无章可循，缺乏可操作性。

2. 监督主体缺乏相应的独立性和权威性

公共政策监控是监督权对执行权的制约，监督主体的地位和权能在很大程度上影响着监督的实际效果。我国实行的是双重领导体制，监察机关一方面受到上级业务部门的领导或指导，另一方面还受到同级党委、政府的领导。实际上，在双重领导体制下，上级业务部门没有人、财、物的实权，监察机关的人员编制、人事任免、财政资金等基本上受制于同级政府。这样，监督主体与监督客体不仅没有处于平等的地位，反而形成了监督主体受制于监督客体的附属关系，这就大幅削弱了监督主体的权威性，弱化了监督机构的职能。

3. 行政问责制度尚不健全

法国政治学家孟德斯鸠说过："一切有权力的人都容易滥用权力，这是一条万古不易的经验。有权力的人们使用权力一直遇有界限的地方才停止。"如果不对这种权力进行监督，不对失职人员进行责任追究，那么就不能真正起到制约权力的作用。我国现行的行政问责制在一定程度上对行政权力起到了制约作用，但也存在许多问题。首先是监督主体不明。对于应该向谁问责、谁应该承担责任、如何承担责任、是直接还是间接承担责任等问题都没有清晰的规定，因此也很难具体地界定责任。其次是制度不健全。从我国现行的关于行政问责制的相关制度来看，目前关于公共政策执行监督问责方面的规定明显不足。最后是责任追究不到位。在公共政策执行监督的问责中，一些执行机构出于对自身利益和形象的考虑，对应当负有责任的政策执行者进行包庇，只是形式上进行追责。这样的问责制度只会形成一种形式主义，起不到真正的威慑和惩治作用。

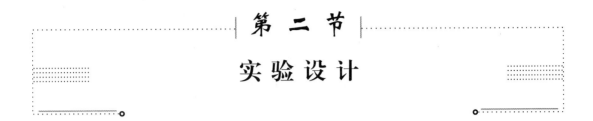

第 二 节　实 验 设 计

一、实验目的

通过对公共政策监控的学习,使学生了解并且掌握公共政策监控的相关知识,理清其中的关系,为以后的理论和实践工作打好基础。

二、实验步骤

1. 找出一个有关公共政策监控的典型案例。
2. 分析案例中所体现的有关公共政策监控的理论。
3. 分析案例中的问题,并找出解决方法。

三、实验要求

1. 利用中国知网找出参考文献以及有关案例。
2. 所选案例要真实。
3. 结合公共政策监控相关理论,解释案例中的问题。

四、实验成绩

序号	实验要求	分值
1	对于公共政策监控进行分析	30
2	结合理论,分析公共政策监控面临的困难	35
3	结合理论,提出相应的改进措施	35

五、思考题

1. 结合公共政策监控的相关影响因素,分析公共政策监控面临的困难。
2. 提出相关改进公共政策监控的建议。

第三节 实验材料

随迁子女教育政策的演进

就近年的中央一号文件来看,国家对随迁子女的教育问题给予了高度重视。2013 年中央一号文件明确提出加快改革户籍制度,落实放宽中小城市和小城镇落户条件的政策,推动农民工平等享有劳动报酬、子女教育、公共卫生等基本权益。2014 年中央一号文件提出全面实行流动人口居住证制度,逐步推进居住证持有人享有与居住地居民相同的基本公共服务。2015 年中央一号文件提出保障进城农民工及其随迁家属平等享受城镇基本公共服务,完善随迁子女在当地接受义务教育和参加中高考相关政策。2016 年中央一号文件提出全面实施居住证制度,建立健全与居住年限等条件相挂钩的基本公共服务提供机制,落实和完善农民工随迁子女在当地参加中考、高考政策。2020 年中央一号文件明确提出要增加学位供给,有效解决农民工随迁子女上学问题。

(改编自吴开俊,廖康礼.随迁子女义务教育政策监督体系研究:一个基于公共政策的分析框架[J].教育经济评论,2020,5(4):3-17.)

第四节 实验报告

院系		专业			
班级		姓名		学号	
实验教师		成绩		日期	
实验名称					

一、实验目的

二、实验原理

三、实验步骤

四、实验数据（如有，请简要列出）

五、实验结果

六、讨论分析（完成指定的思考题和作业题）

七、实验总结及改进实验的建议（如有，请简要列出）

备注：

第五节 实验答案

随迁子女义务教育政策监督体系研究

全面监督、科学评价和及时纠偏现行的随迁子女义务教育政策，对新时期推进国家治理体系和治理能力现代化、实现教育公平具有必要性和迫切性。基于公共政策视角，随迁子女义务教育政策监督是随迁子女义务教育政策体系中对政策执行发挥预防性、惩罚性和建设性作用的子系统。在执行层面，应从监督主体、监督对象和监督方法三个方面完善政策监督的实务体系。为使政策执行真正落实到位，应加强政策决策论证并完善自上而下的监控督导机制，重视审计监督，以进一步提升监督工作的独立性、全面性和专业性，注重监督结果的运用，以扎实推进问责落实，注重问题反馈和经验总结，不断推进政策优化。

一、监督的主体：谁来监督？

随迁子女义务教育政策的监督主体涵盖从事监督活动的行政机关、立法机关、司法机关、政党系统、利益集团、大众传媒以及公民等个人、团体和组织，包括内部监督主体和外部监督主体。在执行层面，内部监督主体本身与政策执行活动关联度高，其对政策执行情况掌握透彻，但存在独立性上的缺陷，难以保证监督活动的公正性和客观性；外部监督主体往往独立于政策执行主体，能够更加公正客观地行使监督职责，但存在对政策理解不透彻和对执行情况掌握不全面的局限。

二、监督的对象：监督什么？

界定公共政策的监督对象，即确定监督内容，是开展公共政策监督的起点，也是确定监督目标与选择监督方法的基本依据。在执行层面，理论上看，随迁子女义务教育的监督对象包含所有与该政策执行相关的活动，应当实现监督工作的全覆盖，包括对政策所涉及的所有事项的全面监督、对事项所涉及的所有执行流程的全程监督、对执行流程中所涉及的所有责任主体的全员监督，要求责任主体对政策相关事项全程负责，形成各司其职、各负其责、互相协调、共同推进的随迁子女义务教育政策执行体系。在实践中，随迁子女义务教育政策监督主要是对执行结果和执行过程中所涉及的事项、流程和责任主体的监督，因此监督对象可划分为两类，即与结果相关的监督和与过程相关的监督。

三、监督的标准与方法:如何监督?

公共政策监督的标准在很大程度上依赖于公共政策评估的标准,公共政策评估作为一种价值判断,其标准取决于特定公共政策的价值取向。虽然目前对教育政策评估尚未形成统一的标准,但教育公平作为教育政策的价值取向已成为共识,随迁子女平等接受义务教育是随迁子女义务教育政策的出发点和落脚点,也是随迁子女义务教育政策监督的基本标准。基于教育公平的价值取向,随迁子女义务教育政策监督既是一种事实判断过程,又是一种价值判断过程。

随迁子女义务教育政策的监督方法涉及如何以监督的标准为判断依据去发现、分析和解决政策执行中的问题,监督方法需要满足两个方面的基本要求:一是从发现问题到形成结论的过程必须具备科学性,即结论的形成必须来自监督主体的专业判断,专业判断的形成必须有科学的方法逻辑及相应的标准和证据支持;二是整个过程所依赖的监督证据必须满足充分性与适当性的双重要求。

(改编自吴开俊,廖康礼.随迁子女义务教育政策监督体系研究:一个基于公共政策的分析框架[J].教育经济评论,2020,5(4):3-17.)

拓展材料

第二十三模块 政策变迁与政策终结实验实训

第一节 实验技术

一、政策变迁概述

1. 什么是政策变迁

事物总是处于不断的发展变化之中,变化、变动或变迁是自然界与社会的普遍现象和永恒规律。作为政策科学的专业术语,政策变迁是用来描述政策过程的。任何政策都处于动态变化之中,政策变迁贯穿政策过程的始终。

安德森(James E. Anderson)在《公共决策》①一书中认为,政策变迁是指以一个或多个政策取代现有的政策,包括新政策的采用和现存政策的修正或废止。政策变迁有三种可能的形式,即现有政策的渐进改变、特定政策领域内新法规的制定、选民重组选举之后的重大政策转变。按照斯图尔特(Joseph Stewart Jr.)、赫奇(David M. Hdege)和莱斯特(James P. Lester)在《公共政策导论》②一书中的说法,政策变迁是一个或多个政策的替代

---

① 詹姆斯·E.安德森.公共决策[M].北京:华夏出版社,1990:217.
② 小约瑟夫·斯图尔特,戴维·M.赫奇,詹姆斯·P.莱斯特.公共政策导论[M].3版.北京:中国人民大学出版社,2011:126.

过程,包括出台新政策、修改或废除现有政策。根据豪格伍德(W. B. Hogwood)和彼得斯(B. G. Peters)在《政策动力学》一书中的说法,所有的政策都是变化着的,如同所有事物都是流动的,没有任何事物是静止的,所有事物都随时在发生改变。政策变迁是指政策因外部环境或自身构成要素的变化而发生改变的过程,包括政策创新、政策接续、政策维持和政策终结。在他们看来,不论是受外在条件还是内部要素的影响,很少有政策会一直维持当初被采纳时的形式,相反,政策总是处于持续不断的演化之中。[①] 林水波和张世贤根据政策行动者对政策变迁的主导程度,将政策变迁定义为:政策行动者通过对现行政策或项目进行慎重的评估后,采取必要的措施,以改变政策或项目的一种政策行为。[②] 王骚和靳晓熙在《动态均衡视角下的政策变迁规律研究》一文中认为,作为一种自然过程,政策变迁是指不同政策间的替代与转换过程,包含政策失衡、政策均衡、政策创新三个阶段。其中,政策失衡指的是愿意改变既定政策的政策参与者的集合力量超过愿意维持既定政策的政策参与者的集合力量时的一种状态;政策均衡则表示与政策失衡相反的一种状态;而政策创新是指由旧政策到新政策的实质性转换过程。[③]

我们认为,作为反映政策中长期变化的概念,政策变迁是指政策因外部环境或自身构成要素的变化而不断演化的过程,表现为政策学习、政策创新、政策扩散、政策移植、政策转移、政策维持等形式。而政策变化可以界定为:在一个短的周期中,决策者通过政策评估及监测,在获得政策执行及政策结果的信息之后,需要对政策去向做出维持、延续、调整或者终结的判断和选择过程。

我们可以从以下几个方面把握政策变迁的内涵。第一,政策变迁表现为政策的长期发展,贯穿于政策过程的始终,是由各种各样的变量组成的对政策产生影响的动态过程。第二,政策变迁并不具有特定的主体,既可以是政策制定者本身这个主体施加的影响而导致的变化,也可以是由政策相关的利益群体施加的影响而导致的变化,还可以是其他任何偶然因素对政策施加的影响,因而主体具有多样性。第三,政策变迁是政策内外部要素相互作用的产物,它离不开特定的环境尤其是政治环境、政治生态及政治文化的影响与制约。特定的政治环境、政治生态及政治文化对政策变迁模式的形成起着重要甚至决定性的作用。

在本书中,我们可以从两方面对政策变迁进行理解:一方面,政策变迁就是指一个或者多个现有政策被新的政策代替,或者现有政策某些方面被修改;另一方面,政策变迁是政策系统的一种常态表现,是政策系统对内部因素和外部环境的变化所做出的一种适应性变革。

2. 政策变迁的原因与类型

(1)政策变迁的原因。

政策总是基于特定的社会问题,并根据特定的时间和条件转移。任何政策都是针对

---

① Hogwood W B, Peters B G. Policy Dynamics[M]. New York: St. Martin's Press, 1983: 25.
② 林水波,张世贤. 公共政策[M]. 台北: 五南图书出版公司, 2006: 337.
③ 王骚,靳晓熙. 动态均衡视角下的政策变迁规律研究[J]. 公共管理学报, 2005, 2(4): 25-30.

一定时空条件下的特定问题而制定的。随着时空条件的变化,政策问题会发生变化,政策也会失去效力,成为过时的政策,因而新政策代替旧政策是不可避免的。

在多元利益格局下,任何政策都是在相互博弈、相互妥协的过程中产生的。在多元利益格局下,力量之间的对比发生变化,将对政策产生直接的影响,从而使原本代表旧利益格局的政策转变为代表新利益格局的政策,最终实现政策变迁。

任何政策都会经历一个不断完善的过程。在这一过程中,必须对政策进行局部的修正和补充。对于政策执行中遇到的新情况、新问题,需要执行者根据实际情况,灵活地对其进行补充修正,使其逐步完善。

(2)政策变迁的类型。

根据政策变迁的范围,可将政策变迁分为局部变迁和政策创新。局部变迁是指政策在一定范围内发生变化,并没有触动政策的根本,即政策的基本原则、基本目标并没有改变。政策创新是指政策并没有延续已有的风格,相对旧的政策,新的政策在目标、原则、方式、方法上都发生了根本性变化。

根据引起政策变迁的因素,可将政策变迁分为内生变迁和外生变迁。内生变迁是指政策内部相关因素的变化,也就是政策制定的方法、原则的变化,政策主体的变迁,以及政策相关利益的变更等引起的变化。外生变迁是指由政策外部因素所导致的变迁,也就是政策实施的环境变迁、政策所涉及的外部势力的力量对比的变化等引起的变迁。

根据政策变迁的主导力量,可将政策变迁分为强制性变迁和诱致性变迁。强制性变迁是指政策变迁的主导力量是自上而下的,是由政府行政命令或法律强制推行和实施而产生的。诱致性变迁政策变迁的主导力量是自下而上产生的,它是地方各个层级在平时的政策实践中所积累下来并通过实践证明为正确的,继而被中央采纳所产生的变迁。

二、政策终结概述

1. 什么是政策终结

顾名思义,终结有"终止、结束"之意。有学者认为政策终结是政策过程的最后一环,但也有学者认为其是承上启下的一环。狄龙(Peter De Leon)将政策终结定义为有意识地终止特定公共部门的功能、项目、政策及组织的活动。[①] 丹尼尔斯(Mark R. Daniels)认为政策终结是对政府项目、政策、组织的终结,也是组织为削减预算对自身的调适和政府服务民营化而产生的削减。[②] 布鲁尔(Garry D. Brewer)则指出,政策终结指的是对多余的、过时的,以及不必要的政策和项目进行的调整;终结常常是一整套期望、规则和实践取代另一套期望、规则和实践,从这个意义上说,终结意味着结束,也预示着开始。[③] 狄龙和布

---

① 吴锡泓,金荣枰.政策学的主要理论[M].上海:复旦大学出版社,:492.
② Daniels M R. Terminating Public Programs:An American Political Paradox[M]. New York:M. E. Sharp Inc. ,1997:5-6.
③ Brewer G D. Termination:Hard Choices—Harder Questions[J]. Public Administration Review,1978,38(4):338-344.

鲁尔后来将政策终结的定义更新为"公共部门对某一特定的功能、计划、政策或组织,加以审慎地结束或中止(中断或终止)"[①]。可见,上述定义各有侧重:狄龙强调政策终结本身是一种过程;丹尼尔斯主张政策终结是一种削减;布鲁尔认为政策终结是一种调适,后来他与狄龙又认为,政策终结的主体是公共部门。

在这里,我们将政策终结界定为:政策决策者通过对政策进行慎重的评估后,采取必要的措施,以终止那些过时的、多余的、不必要的或无效的政策的一种行为。政策终结发生在政策评估之后,是人们主动进行的、旨在提高政策绩效的一种政策行为。政策终结不仅代表旧政策的结束,而且象征着新政策的开始。以下三种情况都可以看作政策终结:一是政策使命的结束;二是失误政策的废止;三是稳定的长效政策转化为法律。

政策终结有三个特征。一是强制性。一项政策的终结总是会损害一些相关的人、团体或机构的利益,遇到强烈的反抗。因此,政策终结往往要靠强制力来进行。二是更替性。政策终结意味着新旧政策的更替,是政策连续性的特殊表现。三是灵活性。政策终结是一项复杂而又困难的工作,必须对其采取审慎、灵活的态度,处理好各种动因和关系。

2. 政策终结的意义

政策分析学者对政策过程的阶段、功能活动环节做了不同的划分。尽管他们所划分的阶段或环节不同,但多数学者都将政策终结放在政策过程的最末端,即最后一个环节或阶段,将其视为理性化的政策过程的最后结果,或政策(政治过程)的一个有机组成部分。然而,终结也往往被当作一个新过程的开端,即作为纠正一项错误的政策或项目,或修正项目的开始。因此,终结不仅是对一项政策的了结,而且意味着修正或调整。

政策终结的作用或意义在于以下四点。

(1)节省资源。政策终结意味着政策活动的结束,某种机构、规划、惯例的终止,以及有关人员的裁减,因此,政策终结可以减少人力、物力、财力的无效消耗,节省有限的政策资源。

(2)提高绩效。当一项政策在实施中失败,无法解决所面临的政策问题时,旧政策的终结就意味着新政策的启动、新规划的诞生以及相关机构和人员的更新与发展,这无疑有利于更好地解决问题,促进政策绩效的提高。

(3)避免僵化。所谓政策僵化,指的是一项已经过时的政策长期存在,没有及时终结。在发展变化了的环境下,继续执行该政策,不仅不能解决问题,反而成为解决问题的阻力与障碍,带来严重的不良后果。政策终结可以避免政策僵化。

(4)优化政策。政策终结有助于促进政策优化,表现在两个方面:一是政策人员的优化;二是政策组织的优化。其中,政策组织的优化是公共政策优化的核心内容,优化的政策人员只有在优化的组织机构中,才能制定和执行优化的政策。

在当前,推进政策终结的意义重大。我国正处于全面深化改革与大转型时期,许多不适宜新体制的旧政策应该及时予以终结。在政府简政放权和职能转变的过程中,一些与改革要求不适应的机构需要终结;在政府体制改革深化的过程中,在我国致力于塑造法治

[①] Brewer G D, DeLeon P. The Foundations of Policy Analysis[M]. Homewood:The Dorsey Press,1983:385.

型政府与服务型政府的过程中,政府的一些机构、功能、政策需要裁撤或者更新。终结过时的、失效的政策,可以节约我国有限的资源,使政策得以优化。

3. 政策终结的方式

狄龙和布鲁尔将政策终结的方式归纳为以下五种:一是代替型,指用能够满足同样要求的新内容来代替陈旧而长期存在的内容;二是合并型,指整合政策或项目,使它们部分地终结;三是分离型,指将原来的政策划分为几种,重新调整政策的受益者,以此来弱化其对政策终结的抵制;四是渐减型,指通过缩减预算或项目调整的方式,逐渐用新政策代替旧政策,在政策目标也发生变化的过程中,使政策终结;五是断绝型,用新的政策来代替旧的政策,在政策目标也发生变化的过程中,使政策终结。

我们认为,由于政策终结涉及面广、影响力大,而且直接关系到某些当事人的切身利益,在实施中,很少采用全面、彻底的结束方式,而多采用阻力较少的局部和逐渐终止的方式。具体来看,常用的政策终结的方式有如下几种。

(1)政策废止。政策废止是政策终结的一种最果断也最为迅速的方式。政策的废止就是宣告某项政策停止实施。

(2)政策替代。政策替代就是用新政策替代旧政策,但所面对的政策问题和政策目标基本没有改变。其目的是更好地解决旧的政策没有解决或根本解决不了的问题,以满足目标群体的政策需求,实现原定的政策目标。

(3)政策合并。政策合并指的是旧的政策虽被终止,但政策所要实现的功能并不取消,而是将其合并到其他的政策中。

(4)政策分解。政策分解是指将旧政策的内容按照一定的原则分解为几个部分,每个部分各自形成一项新政策。虽然原来的政策从形式上看不再存在,但政策的实际内容却通过各个新政策的实施而保留下来。

(5)政策缩减。政策缩减就是采用渐进的方式,一步步对政策进行终结,其目的是有效缓解政策终结带来的巨大冲击,逐步协调各方面的关系,比较稳妥地实现政策终结,减少不必要的损失。

(6)政策法律化。如果一项政策经过长期执行且证实有效,政府会为了提高该政策的权威性和强制力,经立法机关或授权立法的行政机关审议通过,将其上升为法律或行政法规。

4. 政策终结的原因

政策终结的原因有两个:一是经过评估,认为政策的目标已经实现,政策问题也已得到解决,政策没有继续存在的必要,应该予以终止;二是经过评估,发现政策存在的失误或局限使其无法解决当前面临的问题,如果继续执行,不仅浪费资源,而且会带来不良后果,因此必须予以终止。

5. 政策终结对政策的变迁和发展具有的重要意义

首先,政策终结有利于节省政策资源。政策终结对政策的变迁和发展具有重要作用。

政策的运行必须支付一定的成本,即必须耗费一定的政策资源。如果一项政策已经过时、失效,或一开始就无效,却仍然让它存在并处于运行状态,这时支付的资源非但不能取得效益,还会给社会带来危害,这实际上就造成了资源的浪费。及时地终止失效或无效的政策,就可以将人力、物力和财力组织配备到新的政策实施中去,让有限的政策资源发挥更大的作用。

其次,政策终结有利于促进政策优化。一个国家的公共管理部门,在一定时期内,必须选择和配置一系列最优化的政策,构成政策系统,来解决相互关联的社会公共问题。当一些无效的政策或过去曾经有效而现在其效用已经逐步丧失的政策,仍旧在政策系统中占据位置,整个政策系统就得不到更新,政策系统的结构与组合就不是最佳的。只有将无效的、过时的政策废止、合并、分解、缩短,才能使政策系统不断优化,才能让政策与环境更适应,更加符合社会发展需要。

最后,政策终结有利于提高政策绩效。公共管理部门要在社会公共领域实施最有效的管理,使公众的利益得到最公正的调节,这一目的不可能通过一两项政策的实施就实现。它必须运用政策运行的周期性特征,不断地将使绩效变得低下的旧政策适时地淘汰、更换、废止,让新的政策发挥效能。这种政策的周期性循环有助于政府保持较高的政策绩效。

第二节 实验设计

一、实验目的

通过对政策变迁、政策终结的学习,使学生了解并掌握政策变迁、政策终结的原因,理清其中的关系,为今后的理论与实践学习打下基础。

二、实验步骤

1. 归纳整理以上有关政策变迁、终结的学者的观点以及概念。
2. 根据所给材料,分析案例中的政策变动和终结。
3. 根据所给材料,对案例中的政策终结原因进行分析。
4. 通过分析案例的方式,找出案例与学者观点之间的契合点。

三、实验要求

1. 所选案例要真实。
2. 案例分析方法要紧密结合政策变迁、政策终结的内容。
3. 实验分析应条理清晰。

四、实验成绩

序号	实验要求	分值
1	运用本部分所学理论,分析所给材料	25
2	详细分析政策终结的具体原因	25
3	根据材料,分析一项新政策是如何形成的	20
4	通过分析案例的方式,找出案例与学者观点之间的契合点	30

五、思考题

1. 解释政策终结的概念。
2. 简述政策变迁的原因和类型。
3. 简述政策终结的原因和作用。

第三节 实验材料

农业税政策的终结

2005年12月29日,第十届全国人民代表大会常务委员会第十九次会议经表决决定,第一届全国人民代表大会常务委员会第九十六次会议于1958年6月3日通过的《中华人民共和国农业税条例》自2006年1月1日起废止。这标志着在中国大地上延续了2600多年的"皇粮国税"——农业税,自2006年1月1日起被完全废止。

第四节 实验报告

院系		专业			
班级		姓名		学号	
实验教师		成绩		日期	
实验名称					

一、实验目的

二、实验原理

三、实验步骤

四、实验数据（如有，请简要列出）

五、实验结果

六、讨论分析（完成指定的思考题和作业题）

七、实验总结及改进实验的建议（如有，请简要列出）

备注：

第五节 实验答案

中国农业税的演变与终结

一、古代社会的农业税

1. 夏商周的"贡""助""彻"

我国农业税的雏形是早期的贡赋制度,它产生于夏朝。四千多年前的夏朝已经形成完整意义上的国家政权,农耕经济逐渐走向繁荣,自然孕育出税收体制。夏朝的赋税采用"贡"法。《孟子·滕文公上》记载:"贡者,校数岁之中以为常",即不论丰年、歉年,一统纳贡。税额以若干年的平均数为标准,形式上是一种定额税。商朝的赋税采用"助"法,闻名于世的是井田制。《孟子·滕文公上》记载:"方里而井,井九百亩,其中为公田,八家皆私百亩,同养公田。公事毕,然后敢治私事,所以别野人也。"商朝将田地划为九块,中间一块为公田,其余八块分给八家,八家在干完公田的农活后,才能耕种自己的田地。公田所得上缴国家,私田所得归农户。周朝时期的社会生产力较商朝有了较大的提高,农户耕种的收益增加,逐渐出现私田收益多、公田收益少的现象,于是,周朝在赋税上将"助"法改为"彻"法。《孟子·滕文公上》中对周朝田赋缴纳方式的记载是"周人百亩而彻",即共同耕种一百亩田地,需要向国家缴纳十亩的收获物。这种征收方式是一种比例税,以亩为计征单位,十取其一。

2. 初税亩、田租和租调制

春秋时期是我国由奴隶社会转向封建社会的重要节点,牛和铁制生产工具的应用与普及极大地提高了农业生产力,土地耕种逐渐摆脱集体耕种模式,开始转向个人和家庭的耕种模式。春秋时期最有代表性的田赋制度应属鲁国的初税亩。在鲁国实行初税亩之前,沿用的仍是井田制,但随着生产力的提高,农户开垦出大量荒地,私田数量增加,而公田及上缴收获物不变,这使农户上缴的收获物占国家财政收入的比重下降。于是,鲁国开始实行改革,废除私田、公田制度,承认土地可以私人所有,然后对所有土地按亩征税,税率为产量的10%。初税亩奠定了君主专政制度的基础,标志着君主对国家赋税权力的集中控制,是我国历史上农业税税制的一次重要变革。

秦国在秦简公时期开始征收田租,按田亩征收,这将田与租联系在一起。秦朝统一六国后仍沿用田租制向土地所有者收取田租。秦朝的税赋种类较多,有口赋、田租、徭役、户赋等。在秦朝初期,统治者还本着轻徭薄赋的治国理念,减轻农民赋役,促进农耕发展;但后期,统治者的暴政致使农民徭赋越来越重,民不聊生。汉朝初期,为了国家稳定、百姓安定,统治者推行减轻田租的轻税政策,田租"十五税一",汉文帝时又减为"三十税一",文景之治期间甚至免征田租14年。汉代田赋制度的改革促进了整个社会生产力的大进步,百姓安居乐业,经济得以发展。东汉末期,社会动荡,田租与户调两者时分时并,租调制逐渐被采用。

曹魏时期实行田租户调制,田租和户调成为主税。田租户调制简化了赋税手续,适应了战乱的社会形势。西晋推行课田户调制,规定每个农户用于缴税的田地数量是固定的,若占田大于课田,超出部分免税,旨在鼓励农户开垦荒田。但西晋统治者按官员级别给予占田数量,故而激化了矛盾,使阶层冲突不断。北魏实行均田租调制,按照一夫一妇缴税,使大户地主及隐户显露出来,为统治者增加了大量的税收。隋朝仍沿用均田租调制,试图把农民与土地联系在一起,征收更多的税赋。

3. 租庸调制到两税法

隋炀帝的暴政使得百姓徭役赋税繁重。唐朝初期,李渊父子体恤百姓疾苦,减轻徭役和税赋,实行均田制和租庸调制。《资治通鉴》提到,"有田则有租,有家则有调,有户则有庸",即以纳税户中丁男为征税单位,有田就要缴纳田租,有家就要缴纳户调,也即绢税。而庸就是代替力役的赋税,其较之前的赋税制度有了很大的进步,特别体现在可以用实物代替力役。到了唐朝中期,国家动荡,土地大量兼并,均田制遭受破坏,租庸调制也无法顺利实施。唐德宗即位后,采纳杨炎的赋税建议,废除租庸调制,改用两税法,即将田税、户税、口税和杂税并为两税征收。不同于租庸调制的以户为征收对象、按丁征税,两税法是以地为征收对象、按财产(主要是土地)征税,不管是王公贵族,还是平民农户,均按其所拥有的财富征收,税赋公平,影响深远。

4. "一条鞭法"

明朝前期延续两税法,计亩征收。明朝中期,土地兼并严重,人口流亡及农业经济的萎缩迫使朝廷对田赋制度进行改革,于是开始推行"一条鞭法",即不再区分官田和民田,一律按每亩计征一定的田赋。为避免赋役不均,朝廷取消按丁征收劳役,将田赋和劳役合并在一起,多地者多征,少地者少征,且以银的形式征收,彻底将之前以货物缴税的形式转变成以货币缴税的形式。这是商品经济发展的需要,也是社会发展的必然趋势。然而,明朝末期各种田赋加派现象愈演愈烈,赋役不均和赋税繁重的现象严重,农民的税收负担再一次加重。

5. "摊丁入亩"

清朝初期沿袭了"一条鞭法",而后在此基础上推行"摊丁入亩",即将一个区域的丁银总额分别划入每亩田地中,然后对田地征收赋税,取消按人丁征收的赋税制度。这种田赋制度的初衷是减轻农民的税收负担,侧重公平赋税,将农民税收负担的一部分转嫁给地主户,从而刺激农业经济的发展。采用"摊丁入亩",可以简化缴税的程序,改善赋税制度混乱的局面,有利于加强国家的集中统治。清朝末期,内有腐败、外有外患的社会环境致使经济发展缓慢,此时,国家财政收入的需求重担又重新压到了农民身上。

二、近现代社会的农业税

鸦片战争标志着我国进入半殖民地半封建社会,社会性质发生了很大的变化。北洋政府成立后,基本沿用清朝的农业税制度,田赋仍是国家财政的重要收入来源,但北洋政府对农业税税目做了调整,以地丁、漕粮为主,对其征收10%的税收。袁世凯政权倒台后,军阀混战,社会动荡,中央的集权能力减弱,对地方财政监管不足,很多地方便开始截留税收,开始征收各种名目的田赋附加税,农民的赋税负担加重。1928年,南京国民政府宣布将田赋划为地方税,各省根据土地贫瘠程度进行差别征收。由于地方自治费用的增加,财政支出扩大,各地又把目光移到田赋附加税上,地方官员采取各种办法征收附加税,导致田赋的附加税比正税还要多得多,直接增加了农民的负担。南京国民政府本想通过下放田赋来争取地方政府支持,却反而使地方政府的权力扩大,土豪劣绅与官员勾结,富人偷税现象频发,阶级矛盾激化。与此同时,中国共产党领导了土地革命并取得胜利,确定了"耕者有其田"的土地政策。土地革命时期,根据地农业税采用累进、比例和复合等不同的征收方法,针对各根据地情况差别处理。抗日战争开始后,我国税收体系遭到破坏,全国经济发展迟缓,中国共产党将农业税税制调整为统一累进税制,而南京国民政府将田赋收归中央暂管。解放战争时期,共产党在解放区进一步推行土地改革,没收地主阶级的土地分配给人民,同时在农业税的征收上采用比例税方式。

三、中华人民共和国成立初期农业税的改革

中华人民共和国成立初期,百废待兴。要发展经济,必须有稳定的财政收入作为保障。农业税是财政收入的重要来源,因此做好其税款征收工作就显得尤为重要。经过解放战争时期的土地改革,党领导下的老解放区已经建立起农民土地所有制以及规范的农业税征收体系,因此,对老解放区的农业税仍实行比例税制。同时,因为新解放区尚未进行土地改革,且新解放区农村人口占比较大,所以,迫切需要对新解放区进行土地改革,以早日建立全国统一的农业税制度。1950年开始,党中央领导新解放区农民进行彻底的反封建土地改革,实行全额累进的农业税制度,以每户为计税单位,按人均农业收入累计计征,并采用差额较大的累进税率,最低一级税率为3%,最高一级税率是42%,从而使富农地主多缴税、贫农少缴税。1953年,新解放区土地改革基本完成。至此,全国范围内的土地性质得到统一,贫农获得更多的土地,农村生产关系也发生了根本转变。

中华人民共和国成立初期,新解放区与老解放区实行两种农业税税制,这是由当时的实际情况决定的。事实证明,这种农业税政策不仅促进了农业生产的发展,而且降低了农民的实际税收负担,为我国接下来的"三大改造"及农业税税制的统一奠定了基础。

全国土地改革完成后,农民对土地享有所有权,生产的积极性高涨。但这种分散的农业生产方式不能满足国民经济发展的需要,且易发生两极分化的现象。对此,党认识到要实行农业合作化,对农业进行改造以提高生产力。1956年,对农业的改造基本完成,将土地等生产资料变为集体所有,并成立农业生产合作社。基于此,农业生产关系发生转变,由原来的分散经营转为集体经营,故而农业税税收体系也要做相应调整。1958年颁布的《农业税条例》开启了我国农业税税制的新篇章,条例规定制定全国统一平均税率,并根据各地区的实际情况进行调整,实行分地区差别比例税率。从此,全国农业税趋于统一。

随后兴起的人民公社化运动片面追求高产量,挫伤了农民的生产积极性。党中央及时出台措施,减少农业税征收,增产不增税,保证农业的平稳发展。这一措施一直延续到1978年。在此期间,农业税征收总额基本稳定,农村经济也基本恢复。1958年到1978年,在计划经济体制下,工商业的发展逐渐在国民经济中占主流地位,相应税收在国家财政收入中的占比越来越高,而农业税收入占国家财政收入的比重呈下降趋势。

四、改革开放后农业税地位的下降与农业税政策的终结

1. 改革开放到20世纪末的农业税

1978年实行的家庭联产承包责任制取得很大的成功,农村经济得到快速发展,粮食和其他农作物的产量大幅度增加,为农业税税基的扩大提供了可能。1983年,我国扩大了农业税的征收范围。然而,虽然农业税的税收收入逐年上升,但其占税收总收入的比重却是逐年减少的,农业税的地位呈下降趋势。需要指出的是,在整个改革开放期间,农民税费负担都处在较高水平,农民负担过重。从1990年起,国家就对减轻农民税费负担问题十分重视,针对农村乱收费、乱摊派、乱集资等现象出台了相关政策进行治理,以确定农民合理的税费负担,但总的实施效果不是很理想。

2. 2000年农业税费改革到农业税政策终结

回顾中华人民共和国成立以来的历史,农业为我国的经济发展做出了巨大贡献,农业税为国家建设及经济运行提供了基本的保障。但由于农业是弱质产业,农民要生产粮食,维持国家所需,还要缴税,如果再加上各种摊派和收费,负担着实不轻。为此,以安徽省为试点进行的农村税费改革拉开序幕。此次改革的主要内容有:调整农业税政策,完善农业特产税的征管办法,规定农业附加税的征收比例最高不能超过正税的20%。因试点的税费改革效果很好,农民的税费负担下降,农业税费改革在全国范围内推广开来。随着农业税收入在我国财政收入中所占的比重越来越低,减少农业税收入对国家的财力影响有限,为了减轻农民的税收负担,2004年3月的《政府工作报告》提出要在五年内取消农业税。2005年,温家宝承诺次年全面取消农业税。2006年1月1日,我国正式废止《农业税条例》,至此,农业税在我国正式退出历史舞台。

五、启示

政策终结就是政策的决策者对政策进行审慎的评估后,采取必要的措施终止那些错误的、过时的、多余的或无效的政策、政策功能、政策计划或政策组织的行为。一般说来,政策终结的方式有五种:政策废止、政策替代、政策分解、政策合并,以及政策缩减。

通常情况下,政策终结的原因有两个:一是经过评估,认为政策的目标已经实现,政策问题已得到解决,政策没有继续存在的必要,应该予以终止;二是经过评估,发现政策存在的失误或局限使其无法解决当前面临的问题,如果继续执行,不仅浪费资源,而且会带来不良后果,因此必须予以终止。

上述案例中,我国农业税政策的终结属于第一种原因。

政策终结是政策运作过程中的最后一个环节,也是政策更新、政策发展的逻辑起点,及时地终止一项多余的、无效的或已经完成使命的政策,有助于提高政府的执政绩效。对于如何把握政策终结的有利时机,美国著名公共政策学者金登提出的多源流理论给出了解释。该理论认为一扇政策之窗的打开需要问题、政策与政治三股源流的汇合。问题、政策和政治这三个因素像三股流水,有时各自独立,有时又汇合在一起,促成一个完整的政策产出。多源流理论虽然是关于政策制定的,但对于我们把握政策终结的有利时机也具有深刻的启迪意义。历史时间是不可逆转的,如果我们未能及时把握时机、抓住机会进行改革,时过境迁,通过渐进的改革实现制度变迁的希望就有可能落空,社会就有可能遭受损失。在改革问题上,人们(特别是执政者)及时认清旧体制的弊病,采取果断的措施尽早对旧政策进行改革,有助于采取正确合理的制度变迁路径。而判断政策终结最佳时机的原则,用一句话概括即为"天时地利人和"。

农业税政策为国家在短期内积累社会财富、建设完整的工业体系奠定了基础,对于推进我国发展历史进程做出了不可磨灭的贡献。但随着经济社会的发展,特别是进入21世纪,国家提出统筹城乡发展战略和以人为本的执政理念,其制度绩效和合理性已经日渐式微,无论是中央政府、基层政府和理论界,还是置身其中的农民,都认识到农业税制度是禁锢三农发展的一条坚固铁链,已经成为横亘在城乡之间的一条巨大鸿沟,取消农业税的呼声越来越强烈。中央政府在这个时候及时终结这项低效、过时的政策,解民苦、顺民意、得民心,可谓天时、地利、人和。

(改编自叶青,袁昭颖. 中国农业税的演变、终结与启示[J]. 税务研究,2020(6):134-137.)

拓展材料

第二十四模块 政策周期实验实训

第一节 实验技术

一、政策周期的概念

按照《敬斋古今黈》的解释,若一组事件或现象按同样的顺序重复出现,则可把完成这一组事件或现象的时间或空间间隔称为周期。按照《辞海》的解释,周期是指物体(或物体的一部分)或物理量完成一次振动(或振荡)所需的时间,或天体(或其他物体)再度回到某一相对位置或恢复同一运动状态所需的时间,又泛指事物运动变化过程中出现某些重复特征的一次循环。可见,周期主要是一个时间概念。史学家眼中的周期概念基本上是一个实证概念,与神学、哲学的概念相去甚远。就史学研究最一般的意义而言,周期即指某一历史现象、层次运动变化的周而复始状况。

政策周期理论主张政策过程是一个个阶段性周期,该理论由美国政策学家琼斯(Charles O. Jones)提出。在他看来,一个完整的政策过程包括认知、界定、聚合、组织表达、议程设定、规划、合法化、预算、执行、评估及调整、终结11个环节,这构成一个周期或循环。[①]

---

① Jones C O. An Introduction to the Study of Public Policy[M]. 3rd edition. Monterey, California: Brooks/Cole Publishing Company, 1984:27-29.

后来的学者发展出种种关于政策过程及政策周期的理论。

本书认为,政策周期指政策经过制定、执行、评估、监控、终结等阶段后形成了一个周期;同时,新的政策往往不是凭空产生的,它常常是原有政策的延续,是为适应新情况而对原政策加以调整,从而形成政策的一个新周期,实现新老政策的交替循环。

政策的运行过程是一个整体,其各个功能环节既相对独立,又相互联系,构成一个有机的政策运行系统。实际上,政策过程是一个完整的动态运行过程,而且具有周期性的特点。一个完整的政策周期一般包括以下几个阶段:政策制定阶段、政策执行阶段、政策评估阶段、政策监控阶段、政策终结阶段。

不同的政策持续的时间长短是不一样的,影响政策周期长短的主要因素有以下三个。

(1)目标。目标越大,周期越长,如计划生育政策的目标是控制人口数量、提高人口素质,该目标大,需要的周期长;目标越小,周期越短,如大中专院校毕业生分配制度改革的目标小,需要的周期短。

(2)环境。环境变量越大,政策周期就越长;反之,环境变量越小,政策周期就越短。

(3)难度。政策实施的难易程度与政策周期成正比,如"三农"政策与三峡移民政策。"三农"政策牵涉的范围太广,实施的难度太大;三峡移民政策目标明确、措施具体、资金到位,实施起来虽有难度,但问题解决得相当迅速,而且结果令各方满意。

政策终结的研究既是一个政策周期研究的终点,又是一个新周期产生的起点;它既意味着一个旧周期的结束,又意味着一个新周期的开始。政策周期还意味着新旧政策的循环,因此,政策周期理论的研究还包括对新旧政策二者之间关系的研究。①

二、政策周期的种类

政策周期包括政策生命周期、政策变动周期和政策运行周期等。

1. 政策生命周期

政策生命周期指的是一个完整的政策过程,即从问题的认定到政策的制定,再经过执行、评估、监控、调整诸环节,最后归于终结的全过程。其中,政策制定是核心,政策执行是关键,政策评估是对政策方案合理性的最权威的检验,政策监控是政策运行中不可缺少的一个环节,贯穿于政策过程的始终,政策终结则意味着一个旧周期的结束和新周期的开始。这一历程可以独立存在,但在政策活动中,往往是前后衔接、不断发展的,旧周期的结束通常意味着新周期的开始。

澳大利亚学者布里奇曼(Bridgman)和戴维斯(Davis)指出,公共政策过程包括政策问题认定、政策分析、政策工具、政策咨询、政策协调、政策决定、政策执行、政策评估等阶段和功能环节,从而构成有序的、周期性的政策发展结构。他们还认为,政策发展并不是一个线性的过程,也不是整齐地、可预料地、按部就班地发展,而是一个积极的、互动的

---

① 陈振明.公共政策分析导论[M].北京,中国人民大学出版社,2015:129-130.

过程。①

2. 政策变动周期

政策变动周期是指公共政策在一定的时间范围内,同样或相似的政策现象有规律地反复出现。促使政策产生周期性变动的因素主要有四个。一是政策主体的周期性更迭,就像亚瑟·施莱辛格(Arthur Schlesinger)在他的周期型政策变动模式中所指出的那样,在两党制或多党制国家中,政府的政策往往随着执政党的轮流更替而呈现明显的周期性波动。② 二是客体的周期性变化。这指的是公共政策所指向的问题具有周期性。比如,某些自然灾害的出现具有周期性。三是经济等外部环境的周期性波动。关于经济的研究和实践都表明,经济发展会产生周期性波动,经济的繁荣和衰退常常交替存在。其结果是公共政策,尤其是经济方面的政策,会发生相应的变化,经济周期决定政策周期,政策周期反过来引导着经济周期的运行。四是人们的认识规律。一方面,由于受到认识的主体和客体及其相互作用的限制,人们对客观世界的认识需要经过实践、认识、再实践、再认识多次反复的过程。③ 因此,一项政策从不完善到完善的螺旋式发展过程是必然的。另一方面,人类社会是多元的,人们的利益也存在着差异。因此,人们的政策偏好会受自身利益和意识形态的驱动而左右摇摆,从而导致政策的周期性变更。④

3. 政策运行周期

胡宁生在《现代公共政策学》一书中提出了公共政策运行周期的概念。她认为构成政策过程的各种要素时刻都处在运动之中,其组合而成的结构动态地表现出政策运行的周期性特征。公共政策运行周期主要涉及三个方面的问题:一是单项公共政策的运行周期,包括单项政策的管理周期和单项政策的问题周期;二是公共政策集群运行的周期,包括政策集群的战略周期和战术周期;三是公共政策周期间的转换,包括主导性政策的转移、部分政策的终止和创立新政策。⑤

三、研究政策周期的现实意义

政策本身是一个运动、发展的过程,旧的政策渐趋终结,新的政策不断产生,从而形成政策循环往复的周期现象。政策周期的研究有助于防止政策僵化,促进新的、充满活力的政策产生。具体来说,研究政策周期的实践意义有以下几点。

---

① 钱再见.公共政策学新编[M].上海:华东师范大学出版社,2006:233.
② Schlesinger A M Jr. The Cycles of American History[M]. London: Mariner Books, Houghton Mifflin Company, 1999.
③ 陈振明.公共政策分析导论[M].北京:中国人民大学出版社,2015:130.
④ 宁骚.公共政策学[M].北京:高等教育出版社,2003:480-481.
⑤ 胡宁生.现代公共政策学[M].北京:中央编译出版社,2007:189-195.

1. 巩固和发展现行政策,保持政策的连续性和稳定性

这是因为,通过对政策周期的研究,政策制定者可以了解政策是否实现了预期的目标,政策执行是否产生了偏差,是否需要进行决策追踪;还能依据研究的结论,确定是坚持和修改原政策,还是终止原政策,制定新政策;同时可以根据原政策的经验教训,提高政策的功效。

2. 促进新的、充满活力的政策的产生

新政策往往不是凭空产生的,而是原有政策的延续,是为了适应新情况对原政策加以修改或调整,使政策上升到了一个更高的层次,从而形成政策的一个新周期,实现新老政策的交替循环。因此,从政策之间的相互关系角度看,政策周期是政策的辩证运动,其核心在于政策自身的扬弃,这种扬弃使政策不断吸取养分,不断去除糟粕,从而获得发展的内在力量。

3. 提高政策制定的科学性

通过对政策周期阶段化的研究,可以优化政策制定系统,促进政策决策的科学化,减少政策制定的失误,确保政策发挥应有的作用。它有助于我们通过对以往政策周期的研究,吸取经验教训,克服政策制定上的缺陷,确保政策制定的科学化和程序化,促进中国特色政策制定体系的建立。

4. 推动全面深化改革和现代化建设事业

当前,我国正处于全面深化改革的新的历史时期,改革给我们带来了机遇,带来了希望,也给我们带来了许多新问题和新挑战。促进改革的顺利进行,尤为重要的一点就是通过对各项政策周期及其互动关系的研究,制定出一整套改革政策,在新体制内部形成制衡状态。①

---

① 陈振明.公共政策分析导论[M].北京:中国人民大学出版社,2015:132.

第二节 实验设计

一、实验目的

通过对政策周期的学习,使学生了解并掌握公共政策制定、执行、评估、监控、终结的过程,为以后的行政管理工作打下基础。

二、实验步骤

1. 根据所给材料,熟悉社会问题如何促使新政策形成。
2. 根据所给材料,分析案例中的政策周期。
3. 根据所给材料,分析政策终结的原因。

三、实验要求

1. 所选案例要真实。
2. 案例分析方法要紧密结合公共政策生命周期理论的内容。
3. 实验分析应条理清晰明了。

四、实验成绩

序号	实验要求	分值
1	运用政策周期理论分析所给材料	35
2	详细分析政策终结的具体原因	35
3	根据材料,分析一个新的政策是如何形成的	30

五、思考题

1. 分析政策周期的种类。
2. 结合政策周期理论,分析目前已出台的公共政策。

第三节 实验材料

国家明确取消会计从业资格认定

2017年11月4日,国家主席习近平签署了中华人民共和国主席令(第八十一号),公布了《全国人民代表大会常务委员会关于修改〈中华人民共和国会计法〉等十一部法律的决定》。此次修改将第三十八条第一款"从事会计工作的人员,必须取得会计从业资格证书"修改为"会计人员应当具备从事会计工作所需要的专业能力",这也意味着今后国家层面明确取消会计从业资格认定,会计从业人员不再被要求持证上岗,在我国施行了近30年的会计从业资格管理制度终于退出了历史舞台。

第四节 实验报告

院系			专业	
班级		姓名		学号	
实验教师		成绩		日期	
实验名称					

一、实验目的

二、实验原理

三、实验步骤

四、实验数据（如有，请简要列出）

五、实验结果

六、讨论分析（完成指定的思考题和作业题）

七、实验总结及改进实验的建议（如有，请简要列出）

备注：

第五节 实验答案

基于政策周期理论的会计从业资格管理制度评估分析

政策周期理论最早由美国政策学家琼斯提出,他根据系统分析的概念,将政策分析过程分成问题认定、政策发展、政策执行、政策评估和政策终结五个阶段。从时间维度上看,对于一项公共政策来说,自政策制定之日起,在一个完整的政策周期内,必然会经历政策执行、政策评估、政策监控和政策终结等阶段。因此,审视过往的公共政策,围绕政策周期进行分析研究,对于总结教训、提炼经验有着现实指导意义。

会计从业资格管理制度的形成受到时代背景的影响,因此从政策制定角度,应当审视该制度是为了解决何种问题而诞生,是否与当时经济社会发展的客观条件相契合;而在会计从业资格管理制度实施的几十年里,判断该制度执行情况和执行效果的重点在于评估其对我国经济社会发展的推动作用,对会计行业发展的促进作用,以及对会计人员综合素质能力的提升作用;当会计从业资格制度终结时,我们应当聚焦于该政策在何种背景下、基于何种原因被终结,政策是否完成了其历史使命,制度的终结对经济社会以及会计行业的影响如何,未来是否可能产生新政策对其进行更替等。

一、会计从业资格管理制度的形成

我国会计从业资格制度的起源,最早见于1991年财政部发布的《会计证管理办法(试行)》,该办法提到,会计证是会计人员从事会计工作的资格证书,会计证由财政部统一印制,相关人员经专业知识考试合格,可为其颁发会计证;专业知识考试由省级以上财政部门统一部署、各级发证机关统一组织;未取得会计证的人员,不得任用其独立担任会计岗位工作。由此,我国开启了会计从业人员必须通过政府部门统一组织的考试、取得资格证书并持证上岗这样一整套管理机制。

截至1990年,我国陆续采取了包括设立经济特区、启动全民所有制企业改革、开放港口城市、兴办经济技术开发区等一系列举措,经济形势正在逐步向好的一面发展。然而,在经济运行过程中,国家依然面临着许多问题,多年积累形成的供求总量失衡的格局尚未根本改变,经济结构不合理、经济效益差等深层次问题依然比较突出,宏观经济紧缩中又出现了流通不畅、企业开工不足、就业压力增大等难以避免的新问题。那时,我国会计行业对于会计人员的管理尚不到位,会计工作水平不高,会计人员素质能力参差不齐,急需国家层面出台相关管理规定予以规范和指导。

在这样的背景下,《会计证管理办法(试行)》正式颁布,该制度的出现与当时的时代背景密不可分。从另一个角度看,唯有将会计行业管理系统化、规范化,才能有助于会计人员的自我提升、会计队伍的职业建设以及会计行业的稳步发展。当时,会计考试对于会计从业人员专业知识的要求非常全面,涉及的科目包括财务会计法规、会计基础知识、专业财务会计、计算技术(会计应用数学和珠算)四门,考核的知识点覆盖了法规、会计学基础以及具体操作技能等方面。此外,当时全国各类高等院校尚未普遍开设会计学专业,因此会计考试对于会计从业人员知识体系的补充和完善也起到了一定的作用。

二、会计从业资格管理制度的存续

为了促进会计从业资格管理制度的不断完善,国家层面在各个时期对政策采取了渐进式的调整,到2016年,国家先后更新并出台的制度有《会计从业资格管理办法》《关于修改〈会计从业资格管理办法〉的决定》等。虽然政策在不断更新,但会计从业人员需持证上岗的原则始终未变,这一点在《会计从业资格管理办法》中体现得尤为突出,该办法第四条规定:"单位不得任用(聘用)不具备会计从业资格的人员从事会计工作。不具备会计从业资格的人员,不得从事会计工作。不得参加会计专业技术资格考试或评审、会计专业技术职务的聘任,不得申请取得会计人员荣誉证书。"

随着政策的更新,我国确立了社会主义市场经济体制改革目标,建立了现代企业制度,进行了财税体制改革、住房市场化改革、外汇管理体制改革、国有商业银行股份制改革等,可以说会计从业资格管理制度的发展和我国改革开放的进程是同步的。从经济指标上看,1989年,我国国民生产总值仅为15677亿元,[①]而2016年该指标已达743585亿元,是1989年的47倍多。[②] 大到跨国公司,小到个体户,都离不开会计人员的工作。作为各行各业都不可或缺的工种,会计人员在我国经济发展过程中做出了巨大的贡献。随着会计行业不断发展壮大,从业人员不断增多,带动了很多高等院校相继开设会计学专业,针对会计考试的社会培训行业也在不断发展。

三、会计从业资格管理制度的终结

随着国家层面实施"放管服"全面改革,国家将减少职业资格许可和认定事项作为推进简政放权、放管结合、优化服务改革的重要内容。2014—2016年,国务院分六批取消了319项职业资格许可和认定。然而,对于会计行业来说,会计从业资格管理制度的迅速终结让很多人始料未及。对于该制度终结的迹象,最早的信号是2016年12月8日发布的《国务院关于取消一批职业资格许可和认定事项的决定》,其中提到"建议取消一项依据有

---

① 1989年国民经济和社会发展统计公报[EB/OL]. [2002-03-13]. https://www.mfa.gov.cn/ce/cohk/chn/topic/zggk/qgtjgb/t55755.htm.

② 2016年国内生产总值最终核实为743585亿元[EB/OL]. [2018-01-06]. http://www.gov.cn/xinwen/2018-01/06/content_5253767.htm.

关法律设立的职业资格许可和认定事项,国务院将依照法定程序提请全国人民代表大会常务委员会修订相关法律规定"。官方层面可能基于某种原因,并未明确指出建议取消的职业资格许可和认定事项具体指代的内容,因此也未能引起社会的足够关注。十几天后,人力资源和社会保障部公示的国家职业资格目录清单中,已经没有了会计从业资格项目。首先注意到这一点的是各省级财政部门。2016年12月29日,河南省财政厅发布公告,提到"鉴于人力资源和社会保障部发布的国家职业资格目录清单公示中没有会计从业资格项目,为慎重起见,河南省会计从业资格报名考试工作自2017年1月1日起暂停",可以看出当时连省级财政部门都未能从中央得到明确信息。自此伴随着各地相继暂停会计从业资格考试报名,众多计划在2018年参加考试的考生们陷入了迷茫,关于会计从业资格下一步是否会取消、以前获得的证书是否仍然有效以及是否应当继续参加会计人员继续教育等问题,众说纷纭。

为了平息社会上的大量猜测,2017年3月3日,财政部原负责人在《中国会计报》上以独家专访的形式对此进行了回应,指出会计从业资格确实被列为建议取消的职业资格事项,因取消会计从业资格涉及修订《会计法》,需要依照法定程序提请全国人民代表大会常务委员会修订相关法律规定,会计人员已经取得的会计从业资格证书,仍然可以作为能力水平的证明。2017年6月9日,财政部办公厅发布了《关于征求〈关于加强会计人员诚信建设的指导意见〉意见的函》,其中提到:"根据国务院常务会议精神,会计从业资格行政许可即将在《会计法》修订后正式取消,会计人员管理将失去原有的基础,会计人员管理工作面临转型升级。"至此,作为会计从业资格主管部门,财政部以正式行文的方式给出了会计从业资格行政许可即将取消的明确信息。2017年9月18日,财政部会计司发布了《关于会计从业资格最新进展情况的说明》,该说明提到:"2017年9月12日,人力资源社会保障部发布《国家职业资格目录》,共有59项专业技术人员职业资格……会计从业资格已进入修法程序,待修法完成后,再依法调整《国家职业资格目录》。"

会计从业资格在2016年底公布的国家职业资格目录清单中消失了9个多月后,又重新出现在了2017年9月12日人社部发布的新版《国家职业资格目录》中,并且增加了一条备注——"现已进入修法程序,视相关法律修订情况依法做出调整"。

回顾前文,可以看出2016年底相关部门在《会计法》尚未修订完成的情况下,仓促将会计从业资格剔除出国家职业资格目录清单,这在程序上是欠严谨的,更何况,就在当年8月财政部办公厅发布的《关于印发会计从业资格考试大纲(修订)的通知》中,还将会计从业资格考试列入2017年度工作计划,该通知提到,"对2014年修订的会计从业资格考试大纲进行了修订……自2017年1月1日起施行……各地和各有关部门会计管理机构应当严格按照修订后的会计从业资格考试大纲,认真组织好本地区、本系统的会计从业资格考试工作,确保考试工作平稳顺利"。然而仅仅4个多月后,会计从业资格就在没有任何预兆的情况下从国家职业资格目录清单中消失,使得一直在备战会计从业资格考试的考生们失去了方向,最终导致2017年会计从业资格考试被迫仓促暂停。

这个事件反映出公共部门在实施相应的行政行为时,并未意识到法律程序上的复杂性对政策终结过程所产生的影响,从事后来看,政策终结行为受阻于法律的滞后性是显而易见的。随着2017年11月《会计法》修改完毕,财政部于当月下发了《关于认真做好宣传贯彻新《会计法》有关工作的通知》,其中提到"自新《会计法》施行之日起,取消会计从业资格认定。省级财政部门不再组织会计从业资格认定以及考试、证书核发和换发、调转登记等工作"。自此,会计从业资格管理制度正式退出了历史舞台。

四、会计从业政策终结的原因分析

1. 国家政策的引导

全国各类职业资格证书有1000多种,大量职业资格对专业技术的要求并没有那么高,职业资格的设置反而阻碍了人们的就业、创业。以往会计从业人员均需持证上岗,而会计又是任何企业都不可或缺的工种,国家层面对于会计从业资格认定的取消,直接原因在于降低制度性交易成本,鼓励大众创业、万众创新。

2. 知识体系的更改

随着我国经济不断发展,社会不断进步,会计从业资格考试已经渐渐失去了原本的考核作用。会计证制度的意图是通过会计证这种工具提高会计人员的素质,而会计证的形式否认了这种目的,变成了广大会计人员为了职业而不得不取证,为了取证而不得不去参加培训班,这种恶性循环大大加重了会计人员的负担。会计证不仅没有成为提高会计人员素质的手段,反而成了社会培训机构的敛财工具。

3. 人工智能的发展

未来,财务机器人将会在行业中占据越来越重要的地位。显然,机器人是不可能去参加会计从业资格考试的,更不可能领取会计从业资格证书,但机器人却有着7×24小时不间断工作以及无差错运行的巨大优势。

4. 人员结构的调整

中高端人才缺乏,体现出我国会计人员结构不尽合理的一面。未来,我们需要下大力气进行中高端人才的培养,以适应不断发展的社会经济的需要,更好地与国际接轨。

(改编自周国丞:对会计从业资格管理制度终结的审视与探析——基于公共政策周期理论视角[J].管理观察,2019(26):71-74.)

拓展材料

参考文献

[1] 谢明.公共政策导论[M].5版.北京:中国人民大学出版社,2020.
[2] 杨宏山.公共政策学[M].北京:中国人民大学出版社,2020.
[3] 陈振明.公共政策分析导论[M].北京:中国人民大学出版社,2015.
[4] 宁骚.公共政策学[M].3版.北京:高等教育出版社,2018.
[5] 张金马.公共政策分析——概念·过程·方法[M].北京:人民出版社,2004.
[6] 金太军.公共政策执行梗阻与消解[M].广州:广东人民出版社,2005.
[7] 徐家良.公共政策分析引论[M].北京:北京师范大学出版社,2009.
[8] 林永波,张世贤.公共政策[M].台北:五南图书出版公司,2006.
[9] 钱再见.公共政策学新编[M].上海:华东师范大学出版社,2006.
[10] 胡宁生.现代公共政策学[M].北京:中央编译出版社,2007.
[11] 陈庆云.公共政策分析[M].北京:北京大学出版社,2006.
[12] [美]约翰·W.金登.议程、备选方案与公共政策[M].方兴,译.2版.北京:中国人民大学出版社,2004.
[13] [美]詹姆斯·E.安德森.公共政策制定[M].谢明,等译.5版.北京:华夏出版社,2009.
[14] [美]威廉·N.邓恩.公共政策分析导论[M].谢明,伏燕,朱雪宁,译.4版.北京:中国人民大学出版社,2002.
[15] 卡尔·帕顿,大卫·沙维奇.政策分析和规划的初步方法[M].北京:华夏出版社,2000.
[16] 托马斯·R.戴伊.自上而下的政策制定[M].鞠方安,吴忧,译.北京:中国人民大学出版社,2002.
[17] 宁骚.政策试验的制度因素——中西比较的视角[J].新视野,2014(2):27-33.
[18] 杨宏山.双轨制政策试验:政策创新的中国经验[J].中国行政管理,2013(6):12-15.
[19] 陈玲,赵静,薛澜.择优还是折衷?——转型期中国政策过程的一个解释框架和共识决策模型[J].管理世界,2010(8):59-72+187.
[20] 杨宏山.政策执行的路径-激励分析框架:以住房保障政策为例[J].政治学研究,2014(1):78-92.

[21] 马伟杭,王桢,孙建伟,等.浙江省公立医院医疗服务价格改革的探索与实践[J].中国卫生政策研究,2015,8(5):19-23.

[22] 葛成,王志伟,于春峰,等.对重庆两次医疗服务价格改革的思考[J].中国卫生经济,2018,37(3):57-59.

[23] 邓婕,宋喜国,何涛,等.广东省不同地区医疗服务价格改革政策研究[J].中国卫生经济,2018,37(4):50-54.

[24] 赵宏,杨立嵘,赵磊,等.青海省医疗服务价格改革对公立医院收入影响研究[J].中国医院管理,2018,38(10):7-8.

[25] 孙伟,许光建.新一轮医疗服务价格改革回顾与建议[J].中国医院管理,2018,38(7):1-4.

[26] 訾春艳,冯庆敏,方鹏骞,等."三医联动"下公立医院医疗服务价格改革分析与对策[J].中国医院管理,2018,38(11):4-6.

[27] 徐碧滢,李力桢.多源流理论视角下医师多点执业政策研究[J].现代医院管理,2016,14(1):17-20.

[28] 李文钊.政策过程的决策途径:理论基础、演进过程与未来展望[J].甘肃行政学院学报,2017(6):46-67.

[29] 梁冠楠,王虎峰.基于多源流理论视角的北京医耗联动综合改革政策制定过程研究[J].中国医院,2021,25(3):5-8+14.

[30] 郑石明,雷翔,易洪涛.排污费征收政策执行力影响因素的实证分析——基于政策执行综合模型视角[J].公共行政评论,2015,8(1):29-52+198-199.

[31] 周国丞.对会计从业资格管理制度终结的审视与探析——基于公共政策周期理论视角[J].管理观察,2019(26):71-74.

[32] 尹晔华.公共政策执行监督的困境及对策思考[J].商,2016(26):82.

[33] 张彤彤.生态文明视角下公共政策执行监督机制问题研究——以山东平阴为例[J].山西经济管理干部学院学报,2017,25(1):26-29.

[34] 高建华,崔运武.公共政策有效执行的政治学分析[J].中国行政管理,2006(2):41-43.

[35] 贺东航,孔繁斌.中国公共政策执行中的政治势能——基于近20年农村林改政策的分析[J].中国社会科学,2019(4):4-25+204.

[36] 盛明科.服务型政府绩效评估体系构建与制度安排研究[D].湘潭:湘潭大学,2008.

[37] 夏梦凡.社会治理视角下流浪儿童救助模式探析[J].淮北职业技术学院学报,2016,15(1):70-71+95.

[38] 贾洪波,李继红.流浪儿童救助策略研究——基于史密斯政策执行过程模型[J].北京航空航天大学学报(社会科学版),2019,32(2):70-76.

[39] 王厚芹.如何摸着石头过河？——基于政策试验的中国政府渐进改革策略分析[J].中国行政管理,2021(6):112-118.

［40］ 王绍光.学习机制与适应能力:中国农村合作医疗体制变迁的启示[J].中国社会科学,2008(6):111-118.

［41］ 金振娅,邱玥.新农合,异地住院费用可以直接报销了[N].光明日报,2017-9-10(06).

［42］ 王家源.夯实千秋基业聚力学有所教——新中国70年基础教育改革发展历程[N].中国教育报,2019-9-26(01).

［43］ 向俊杰."一刀切"式环保政策执行过程中的三重博弈——以太原市"禁煤"为例[J].行政论坛,2021,28(5):65-76.

［44］ 董石桃,蒋鸽.渐进性调适:公众议程、网媒议程和政策议程互动的演进过程分析——以"网约车"政策出台为研究对象[J].中国行政管理,2020(1):99-105.

与本书配套的二维码资源使用说明

　　本书部分课程及与纸质教材配套数字资源以二维码链接的形式呈现。利用手机微信扫码成功后提示微信登录,授权后进入注册页面,填写注册信息。按照提示输入手机号码,点击获取手机验证码,稍等片刻,会收到4位数的验证码短信,在提示位置输入验证码成功,再设置密码,选择相应专业,点击"立即注册",注册成功(若手机已经注册,则在"注册"页面底部选择"已有账号立即注册",进入"账号绑定"页面,直接输入手机号和密码登录),即可查看二维码数字资源。手机第一次登录查看资源成功以后,再次使用二维码资源时,只需在微信端扫码即可登录进入查看。